Die Gottesmatrix

P'taah/Gabriele Müller

Die Gottesmatrix

ch. falk-verlag

Umschlaggestaltung: Dirk Gräßle, München
Satz: P S Design, Lindenfels
Druck: Druckerei Sonnenschein, Hersbruck
Printed in Germany

ISBN 978-3-89568-247-6

Inhalt

Vorwort

Lasst euch von P'taah auf den Schwingen der neuen Energie tragen. Fühlt hinein in die Lebendigkeit und Liebe seiner Worte. Geht dabei mit ihm auf die Reise des Lichts und gleitet mit ihm durch die Wogen der Weisheit, die er euch zeigt.

Wenn ihr die Bücher des P'taah vom ersten Band an nacheinander lest, wird eure Energie aufgebaut. Ihr könnt das fühlen und spüren und lebendiger Teil seiner Weisheit sein. Die Erde und ihr hattet noch nie so viele Möglichkeiten wie jetzt in dieser Zeit. Aber die Menschheit muss ihre alten emotionalen Erfahrungen und Verwundungen heilen. Die begonnene neue Energie beschleunigt die alten Traumata und gibt den unerlösten niederen Kräften die Möglichkeit der Zerstörung, da jede einzelne Verwundung eine große kollektive Wunde hervorbringt. Macht euch das bewusst. Eure Aktivität ist mehr denn je zuvor gefragt. Sucht immer das Licht und löst euch von allem, was euch hindert, ein Leben in Liebe zu leben. Vertraut ihm, er hält euch. Vergesst für einen Moment die Welt und alle Probleme und öffnet euch für die Weisheit des P'taah.

OM
Frieden

Die Gottesmatrix

Seid gegrüßt im Namen der Sternenflotte. Ihr alle habt eine bewegte Zeit hinter euch gebracht und steht mit beiden Beinen im Neubeginn. Die letzten Monate waren für viele nicht einfach und sind es jetzt noch nicht. Dass ihr noch so lebt, wie ihr es gerade tut, und die Erde noch besteht, habt ihr der Großen Weißen Bruderschaft und deren Frequenzhaltern auf Erden zu verdanken. Sie alle haben sich zusammengeschlossen, um mit uns gemeinsam diese Veränderungen zu bewältigen, von denen sich viele beklagen, dass sie davon noch nichts im Außen sehen. Bleibt ruhig, das passiert noch. Im zweiten Buch P'taah haben wir euch gesagt, was in euren Herzen zu sehen ist, und im dritten Buch P'taah sagten wir, dass die Erde die Entscheidung trifft, wie sie vorgeht.

Nun, die Erde hat entschieden, und wir haben unsere Möglichkeit wahrgenommen, alle auf der Basis eines unterschiedlichen Bewusstseins mitzunehmen. Denkt bitte nicht, dass es vorbei ist und dass das alles war, was sich an Veränderungen gezeigt hat. So ist es keinesfalls. Die Erde gibt den Rhythmus vor. Das tut sie deshalb, weil von ihrer Schwingung und ihren Frequenzen die Frequenzen des gesamten Raumes abhängen. Erinnert euch, wenn eines sich ändert, verändert es alles mit. Je höher die Erde schwingt, desto höher schwingt der gesamte Raum. Eine Frequenzänderung oder ein Bewusstseinsaufstieg ist wie eine neue Geburt. Bei einer Geburt geht ihr aus der Dunkelheit des Leibes hinaus in das Licht. Erinnert euch an die Schöpfungsgeschichte, die mit der völligen Dunkelheit begann, bis die Worte gesprochen wurden: „Und es ward Licht." Bittet um dieses Licht, damit euch nicht weiter die Dunkelheit umfängt.

Geburt des Neuen

Wenn etwas Neues geboren wird, dann brauchst du dafür ein Zeitfenster und die Klarheit darüber, was es sein soll, das geboren wird. Wie sieht es aus? Welchen Lebensauftrag bekommt es? Mit wem spielt es zusammen? Was ist das Ziel? Was lernt dieses Geschöpf und trägt damit zur Weisheit und zum Wissen des kosmischen Gehirns bei? Du brauchst also einen Plan und eine Triade des Geistigen, des Männlichen, das seinen Samen gibt, und des Weiblichen, das empfängt, um diesem Neugeborenen Form zu verleihen. Diese Form wird, linear betrachtet, natürlich vorher festgelegt. Sie ergibt sich aus den männlichen Attributen und den weiblichen, die zusammengefügt werden. Das Abbild liegt sozusagen schon vor, bevor überhaupt die Zeugung geschieht. Ihr könnt euch das so vorstellen, dass das Negativ erstellt ist, bevor ihr das farbige Bild in den Händen halten könnt. Es muss also im kosmischen Raum auf einer Ebene ein Ebenbild dessen vorliegen, was sich in der Natur zeigen will. Und nach genau diesem Ebenbild wird dieses Wesen mit allen Aspekten und Attributen erschaffen. Nach der Geburt des Wesens entwickelt es sich und reift an Situationen und Lernaufgaben, die ihm gestellt werden. Das hängt davon ab, was dieses Wesen erreichen will. Frequenzhalter haben oftmals sehr schwierige Aufgaben, die sie verantwortungsvoll wahrnehmen müssen, damit sie ihr Ziel erreichen. Ein Ebenbild wird von allem erstellt, damit nichts dauerhaft zerstört werden kann.

Denkt an Gesichter und Figuren großer Herrscher, die einst in Stein gemeißelt worden sind, damit das Volk immer an diese denken und sie verehren sollte. In Ägypten wurden Gesichter aus dem Stein geschlagen, damit einige Herrscher aus dem Bewusstsein der Erde verschwinden sollten. Man sorgte dafür, dass sie „ihr Gesicht verlieren", damit sollten sie auch nicht mehr existieren. Doch durch das Ebenbild, das gelagert ist, ist dies nicht möglich, und daher sind alle noch existent.

Mit der Geburt wird eine Chronik angelegt über dieses Wesen. Dabei spielt es keine Rolle, ob es ein Mensch, ein Tier, ein Grashalm oder ein Planet, ja, ein ganzes System ist. Wir sprechen also über eine neue Chronik, oder aber die neue Geburt schöpft schon aus einer bestehenden Chronik. Und hier finden wir das Erlösungsthema aufs Neue, denn das Ziel ist Erlösung dessen, was sich noch immer in der Warteschleife der Zeit befindet. Diese Themen verschwinden nicht einfach, weil eine neue Geburt stattfindet, sondern diese Chronik wird immer mitgenommen und bei jeder neuen Geburt vorgelegt als Hinweis, was es zu regeln gilt, damit das Füllhorn Platz hat, seine Gaben nun endlich auszuschütten.

Auch wenn ein Bewusstseinsaufstieg erfolgt, wird also die Chronik mitgenommen.

In der bisherigen Ära war das Männliche präsent und hat bestimmt. In dieser Phase befinden sich die meisten noch immer. Zwar plant die Menschheit Veränderungen, aber erkennt nicht, dass sie nicht bereit ist, diese auch zu empfangen und anzunehmen. Wenn ich etwas will aus dem kosmischen Raum, muss ich darum bitten und auch bereit sein, es zu empfangen. Viele bitten, aber dulden keinen Empfang, weil ihre eigene Geschichtschronik es einfach verhindert. Sie sind sozusagen einfach nicht empfangsbereit, und deshalb passiert auch nichts.

Erinnert euch an das Gesetz des freien Willens. Niemand, der im Dienste des All-Einen steht, wird sich dagegenstellen. Wenn sich also das individuelle Bewusstsein und auch noch das kollektive Bewusstsein gegen eine Veränderung stellen, wird eben niemand Zwang ausüben. Die Frage, die hier vorrangig gestellt werden sollte, ist die Frage nach dem Bewusstsein, das da vorherrscht.

Wenn also ein Ebenbild vorliegt und ein Plan besteht, inklusive einer bestehenden Chronik, dann benötigt dieses Wesen auch ein entsprechendes Bewusstsein, damit es diesen Plan erfüllen kann. Die Basis oder die Plattform, auf der sich dieses Wesen befindet, muss stimmen. Entscheidend ist hier also, welche Ausgangsfrequenz hat dieses Wesen gewählt, um diesen Weg zu gehen. Diese Frequenz kann durch bestandene Prüfungen verändert werden. In dem Fall wird die Frequenz angehoben. Wenn ein Wesen sich entscheidet, überhaupt keine Prüfungen abzulegen, kann die Frequenz je nach Taten, Gefühlen und Gedanken auch nach unten in die tiefen Töne gehen. Ein Bewusstseinsaufstieg, der über Oktaven geht, ist also nicht möglich.

Bewusstsein

Um überhaupt das eigene Leben im gesamten Verbund allen Lebens einordnen zu können, benötigt der Mensch ein Bewusstsein, was ihm erlaubt, die vier Säulen in sich zu tragen. Ohne Bewusstsein wäre sich das Leben seiner selbst nicht bewusst und hätte keine Orientierung. Ein Erlösungs- und Aufstiegsprogramm des Lernens wäre also absolut unmöglich. Also müssen wir uns mit dem Bewusstsein befassen, das auf der Erde gelebt wird.

Die vier Säulen der Erkenntnis, Philosophie, Astrologie und Geometrie

Für eine Veränderung des Bewusstseins benötigt man zumindest die folgenden vier Säulen: die Erkenntnis, die Philosophie, die Astrologie und die heilige Geometrie.

Die Erkenntnis benötigt ein Wesen, um aus einer Situation zu lernen, also zu erkennen, was ist. Die Erkenntnis vermittelt jedem auch, was sich hinter einem Bild verbirgt, also das, was du nicht sehen konntest, was aber dennoch vorhanden war. Hintergründe, die ein Spielgefährte hatte, etwas so und nicht anders zu tun. Es ist wichtig, klar zu erkennen, was tue ich, warum tue ich etwas, also, welche Absicht verbirgt sich hinter meinem Wunsch und meiner Handlung. Erkenntnis vermittelt dir die Wahrheit, denn Erkenntnis ist immer göttlich und entspringt der göttlichen Weisheit. Es gilt, diese zu erlangen, und erlangen kann man sie nur, wenn man um Erkenntnis bittet. Schon hier ist eine Balance des männlichen und weiblichen Anteils wichtig, denn sonst würde niemand Erkenntnis annehmen, also auch nicht umsetzen können. Die Umsetzung der Erkenntnis bedingt das Verstehen und Begreifen, wie auch das Mitgefühl für dich und alle Beteiligten. Ohne diese wenigen Grundvoraussetzungen würde kein Wesen begreifen, lernen und sich verändern können. Erkenntnis benötigst du über alle Stufen und Ebenen hinaus, denn jede neue Veränderung bringt neue Erkenntnis, die es zu erlangen gilt. Niemand würde in eine Schule gehen und sich weigern zu lernen. Falls doch, währte sein Verbleib dort nicht lange und die eigenen Fähigkeiten würden sich nicht erweitern. Genauso ist es mit der Schule des Lebens, die in jedem kosmischen Bereich Lernmöglichkeiten, also Erkenntnis, bringt.

Die Philosophie gibt dir die Möglichkeit, auf geistiger Ebene Gedankenmuster zu entwerfen, die du in das Sein mit einbringst. Die Philosophie ermutigt dich, andauernd Fragen zu stellen, um Weisheit zu erlangen. Es geht hierbei nicht um das einfache Wissen, sondern immer um eine größere Weisheit. Die Liebe zur Weisheit, die kosmisch als „Sophia“ bezeichnet wird, braucht ebenfalls die Empfängnis, also das weibliche Attribut, sonst könntest du keine Antworten auf deine Fragen empfangen.

Die Philosophie stellt infrage, beleuchtet das Leben von verschiedenen Seiten und begibt sich jeden Tag aufs Neue auf die Suche, um die kosmische Wahrheit zu finden. Sie ändert den Blickwinkel stetig, um eine neue Ansicht und Sicht der Dinge zu erhalten. Die Philosophie stellt beständig Fragen, um Antworten zu erhalten. Sie gibt sich selten mit dem Einfachen zufrieden und ist immer bestrebt, hinter das Bild zu schauen, um die Wahrheit zu sehen. Es sind Weisheit Suchende, die nach der Weisheit des Lebens streben und dabei nicht müde werden. Einige von ihnen erwachen und erhalten Erleuchtung in einem Moment ihres Seins, weil sie danach gesucht haben, um zu finden, und das alles unermüdlich.

Die Säule der Astrologie lehrt dich über die Einflüsse der Planeten bei deiner Geburt und während deines Lebens. Sie helfen dir, Aufgaben zu bewältigen, und stellen zugleich neue Aufgaben, die sich viele Menschen geweigert haben zu lösen. Achtet besonders darauf, wenn Planeten rückläufig sind. Dann vermitteln sie euch die Chance, etwas nachzuholen, was ihr versäumt habt oder verbessern könntet. Ihr alle seid aus diesem Sternenstaub gemacht und eng verbunden mit den Planeteneinflüssen. Sie flüstern euch zu. Lernt, auf sie zu hören. Sie geben euch Hinweise, wie ihr euer Leben meistern könnt. Nehmt Kontakt zu ihnen auf. Karma ist ein universelles Thema, das alles, was existiert, betrifft. Es herrscht eine beständige Wechselwirkung allen Lebens mit dem Ziel, mit sich im Frieden zu sein. Es gibt himmlische Einflüsse, die euch emporschwingen lassen, andere wiederum bereiten euch Schwierigkeiten und fordern Disziplin und Einengung, damit ihr euch um wichtige Aufgaben kümmert. Gepaart mit der Erkenntnis, findet ihr immer den Pfad, den ihr braucht, um voranzuschreiten.

Die Geometrie lehrt euch, was Harmonie der Schöpfung und deren Beziehungen bedeutet. Schon vor Tausenden von Jahren wurden in Ägypten mit simplen Geräten hochenergetische Bauten erstellt. Dieses Wissen wurde von den Griechen übernommen und auf ihre Art fortgeführt. Geometrie schließt sich in ihrer Harmonie mit der kosmischen Harmonie zusammen und erhält sich selbst. Es ist also, wenn man so will, eine regenerationsmathematische Vorgehensweise bei dem, was gebaut wird. Und wie man sieht, stehen die Pyramiden heute noch und senden ihre Energie in den Himmel und empfangen von dort. Ihre Ausrichtung betrifft bestimmte Planeten, mit denen sie in enger Kommunikation stehen. Diese halten die Möglichkeit der Wiedergeburt für die Menschen, solange sie in der Zeitschleife verweilen wollen. Geometrie vermittelt Weisheit und Erkenntnis. Sie empfängt oder sie gibt Einflüsse vor. Eure Systeme sind geometrisch angelegt, und die Geometrie der Merkabah verhilft euch zur Aufstiegsrotation. Im Altertum sprach man von den Wagenlenkern, da jede Zeit ihr eigenes Bildnis hatte von einer Sache, das der Entwicklung der Menschen angemessen war.

Heutzutage habe ihr alle Möglichkeiten, Wissen und Weisheit zu erwerben, wenn ihr euch den geistigen, astrologischen, geometrischen und philosophischen Aspekten anpasst. Gleitet hinüber in die Empfängnis, das Weibliche, um dem Neuen Form zu verleihen, eine Form, der Bildnis klar ist und das darauf wartet, in die Materie gebracht zu werden. Die meisten Menschen hängen allein in ihrem Verstand fest und versuchen immer noch, alles allein über den Verstand zu regeln. Das geht soweit, dass sie ihre Gefühle vom Verstand geregelt wissen wollen, damit sie sich damit nicht befassen müssen.

In Harmonie lebt ihr, wenn ihr euch den kosmischen Auflagen anpasst und nicht dagegenstellt. Dem Druck werdet ihr auf Dauer nicht standhalten können, denn der Gegendruck ist enorm.

Die vier Säulen des Gedankens, des Tons, der Farbe und des Gefühls

Wir wenden uns nun den nächsten vier Säulen zu, die für eine Schöpfung erforderlich sind, nämlich der Gedanke, der Ton, die Farbe und das Gefühl.

Und schon bei dem Gefühl scheitern die meisten Wunscherfüllungen, weil das Gefühl nicht stimmt, nicht ausgeprägt genug ist oder gar unterdrückt wird. Das männliche Attribut geht kämpferisch zur Sache und sagt euch, dass ihr eure Wünsche nur an das Universum abzugeben braucht, ihr sollt es kreieren und habt sogleich, was ihr euch wünscht. Eine männliche Sicht der Dinge, die mit der eigentlichen Absicht sagt: „Ich erobere, weil ich kämpfe, und hole mir, was ich will." Die weibliche Sicht der Dinge sagt: „Ich wünsche mir, wenn es erlaubt ist, und empfange in Dankbarkeit." Dann breitet sich ein Gefühl der Freude aus und das Weibliche summt oder singt.

Am Beginn der Schöpfung regte sich Gott, will heißen, das Bewusstsein hatte eine klare Vorstellung von der Schöpfung und Gott sprach: „Es werde." Wir haben also den Gedanken mit dem Ton vereint. Es folgten die Farben und die Freude über die Schöpfung, also Farbe und Gefühl.

Die Existenz begann in der Dunkelheit und wurde erleuchtet. Licht ist eine Seinsform, ist Bewusstsein und auch Informationsquelle. Licht bewegt sich und durchdringt. Eure Aufgabe ist es, Licht zu empfangen und es wirklich aufzunehmen. Die meisten Menschen befinden sich zurzeit in der größten Identitätskrise, die je auf der Erde vorhanden war, weil sie nicht in der Lage sind, Licht aufzunehmen. Sie werden noch immer gefangengehalten in der Zeitschleife der Angst, um die gleichen Wiederholungen zu durchlaufen, ohne dass eine Weiterentwicklung stattfindet. Ein Grund dafür ist, dass sie urteilen, Gefühle unterdrücken und zensieren und immer noch in Unkenntnis statt Erkenntnis leben. Erkenntnis aber gehört zum Licht, da es dir Informationen bringt, damit du eben diese Erkenntnis erlangst und dich besser kennenlernst. Licht ist auch ein Aktivator, ein Wegweiser, mit dessen Geometrie du Sonnen verbinden kannst, Lichtkorridore erstellen kannst, kommunizieren kannst und dein Leben ins Unermessliche bereichern kannst. Licht ist ein Beschleuniger deiner Entwicklung, wenn du es denn zulässt. Licht hilft dir hinzusehen, zu erkennen, zu überwinden, zu erneuern und schöpferisch tätig zu sein. Es setzt Impulse und öffnet universelle Korridore, die du durchschreiten kannst. Licht, gepaart mit Geometrie, gehört zu den höheren und höchsten Weisheiten, die dir Wissen vermitteln und deine Frequenzen in die höchsten Ebenen katapultieren und dort halten. Licht ist Intelligenz, die zur Entwicklung erforderlich ist.

Die Farben enthalten Klänge, die sozusagen die kosmischen Konzerte spielen. Euer Körper enthält die Farben der Chakren. Wenn ihr nur zwei oder drei eurer Chakren offen und farbenfroh habt, vernehmt ihr nur ganz wenige Töne. Das ist so, als ob in einem Orchestersaal voller Musiker nur die Flöte, die Violine und die Triangel spielt. Die anderen Mitglieder müssen stumm und gelangweilt herumsitzen, anstatt die grandiosesten Stücke zu spielen. Die Farben beeinflussen eure Gesundheit, ja, sogar Leben und Tod, Kraft und Stärke oder Depression und Krankheit. Auch sie sind Frequenzen, die euch Informationen zukommen lassen. Die Farben eurer DNS sind wichtig, wenn ihr euch emporschwingen wollt. Die Chakren und die DNS arbeiten zusammen. Stört das eine oder ist es eingeschränkt, dann zieht das Störungen und Einschränkungen im anderen Bereich nach sich. Kommt ihr über das siebente Chakra nicht hinaus, habt ihr keine Verbindung mit der geistigen Welt, die ihr nicht seht. Dann ist eure Erkenntnis gestört, weil ihr nicht aufnehmt, was euch angeboten wird. Das Wort, das ihr sprecht, hat Macht. Die meisten Worte, die gesprochen werden, haben jedoch eine zerstörerische Wirkung, weil sie aus einem Denken und einem Gefühl des Zorns getätigt werden.

Die Göttin empfängt in Liebe, lässt eine Entwicklung zu und freut sich über das Neugeborene. Sie hegt und pflegt es in Liebe, diese neue Schöpfung, die ins Leben getreten ist, deren Ebenbild schon vor langer Zeit hinterlegt wurde und sich nun in der Materie zeigt. Sie erkennt mit der Geburt das Bild wieder, das bereits im Geiste schon den Kontakt zu ihr suchte, im Herzen kreiert und in der Gebärmutter hinterlegt wurde – die sogenannte Blaupause. Die göttliche Matrix war aktiv. Sie hat das Ebenbild in eine Kopie (Blaupause), in eine materielle Form gebracht.

Blaupause-Matrix-Codes

Matrix steht für die Gebärmutter (Ma ist das weibliche Feuer), aber auch für die Mathematik, deren Zahlen die Lebenszahl des Wesens ausmachen, deren Geometrie über die Struktur des Körpers mit entscheidet, der Astrologie, die den Imprint liefert bei der Geburt, damit dieses Wesen die Schöpfung verstehen lernt. Alles arbeitet Hand in Hand und findet sich in der Matrix wieder, weil eben alles zusammengehört und unzertrennlich miteinander verbunden ist. Trennungen führt allein der Mensch herbei und bringt sich damit um wertvolle Erfahrungen. In der Matrix sind wertvolle Codes enthalten, die zum einen aus Zahlen bestehen und zum anderen aus lebendigen

Buchstaben, die beide im göttlichen Feuer lodern und dadurch lebendig sind, wie das Wort Gottes selbst. Wenn der All-Eine spricht, lodern Flammen aus seinem Mund, um das Feuer in allem zu entfachen. Es ist ein großer Unterschied, ob du etwas liest, wobei hier wichtig ist, dass es energetisch von großer Kraft ist, oder ob du das gesprochene Wort selbst hörst und die Schwingungen des Lichts direkt aufnimmst. Die Aufgabe der Energie ist es, sich immer wieder zum Licht hin zu wandeln und aufzusteigen, nämlich die Jakobsleiter hinauf. Ein geborenes Leben entwickelt sich in jedem Moment, insbesondere in der Kindheit, weil die Zensur fehlt und die Welt kennengelernt werden will in allen Facetten. Nach und nach erst kommt die Zensur durch andere und dann durch den Menschen selbst, der sich damit einschränkt und seine Weiterentwicklung verhindert. Die göttliche Matrix gibt den Weg vor. Der Mensch kann den direkten Weg wählen oder auch Umwege einlegen, sogar rasten, wenn er will. Das Leben an sich ist geduldig. Alles, was ein Mensch auf Erden nicht regelt, nimmt er überallhin mit und bekommt es immer wieder vom Schicksal angeboten. Das geschieht einfach deshalb, damit keine Seele verlorengeht. Jedenfalls sind diejenigen besser dran, die sich direkt mit ihrer Aufgabe befassen. Eine jede Aufgabe heißt vor allem „Erlösung", nämlich Erlösung von den Schwierigkeiten, die euch bereitet wurden und die nicht in Liebe gewandelt worden sind.

Das Leben sorgt immer für das Leben, und die Liebe wendet sich immer der Liebe zu. Die Erlösung ist Teil der Liebe, die auf dein Wohlergehen bedacht ist, damit du wieder voller Lebensfreude deine Bahn ziehen kannst und zurück zu deinen lichtvollen Wurzeln findest. Alle Planeten um dich herum ermöglichen dir diese Schule und liefern dir ebenfalls auch das Anschauungsmaterial, entsprechend den Codes deiner Matrix.

Diese Codes setzten Impulse für dein Leben, das heißt, sie fordern dein Schicksal auf, dir die Momente deines Lebens zu erschaffen, die dich in die höchsten Höhen katapultieren, wenn du sie denn wahrnimmst und nicht die Augen verschließt. Codes haben auch die Eigenschaft, Massenereignisse auszulösen, die erforderlich sind, damit die Menschheit erwacht. In den meisten Fällen habt ihr eure Matrix-Codes selbst programmiert und festgelegt, wann etwas geschehen soll. Einige Wenige haben göttliche Codes erhalten, weil sie besondere Aufgaben haben. Diese Menschen haben wenig bis gar keinen Einfluss auf ihr Leben, weil alles göttlich vorgegeben ist. Dazu haben sich diese Menschen bereiterklärt, bevor sie inkarniert sind. Wenn sie sozusagen von diesem Weg abweichen, hat der Himmel Pech gehabt, und ein neuer Lichtstrahl wird zur Erde gesandt. Es kann sich dann auch um einen Walk-in (ein in ein bereits bestehendes Wesen Eintretenden) handeln, der dann wichtige Aufgaben weiterführt.

Ursprünglich ist der Mensch geboren, um mit einem Lichtkörper auf der Erde zu wandeln, der ihm im Vergleich zu eurem fleischlichen Körper wesentliche Vorteile bringt. Ein Lichtkörper kann leicht verschiedene Formen annehmen und sich frei durch den Raum bewegen. Allein durch euren Knochenbau hättet ihr damit Probleme. Verunreinigungen sind mit dem Lichtkörper sofort erkennbar, in eurem Körper erkennt ihr wenig bis gar nichts. Eure DNS ist im Durchschnitt nicht geschaffen, alle Angriffe zu orten oder zu erkennen. Sie arbeitet nur reduziert. Das könnt ihr euch so vorstellen, als ob ihr an euren Augen nur einen winzigen Spalt hättet, wo ihr hindurchsehen könnt, und der große Rest bleibt euch verborgen. Zudem leben die meisten immer noch in Hypnose. Ein Hypnosezustand ist ein Zustand der Willenlosigkeit, indem ein anderer

Im Hypnosezustand

euch manipuliert. Alles, was man euch in diesem Zustand einredet, glaubt ihr und haltet es für wahr. Ihr tötet sogar dafür. Die größte Identitätskrise der Erde ergibt sich daraus, dass viele sich weigern aufzuwachen, die Codes aber auf Weckalarm stehen und pausenlos diese Signale abgeben. In diesem weder schlafenden noch wachen Zustand ist es schwierig, die eigene Orientierung zu finden. Eine Klarheit kann nur schwer herbeigeführt werden, weil man noch nicht Herr seines Willens ist. Deshalb lebt ihr weiter in einem Halbspektrum der Farbscala, die euer Leben einengt und auf ein Minimum reduziert. Hinzu kommen eure oft leblosen Chakren, die mit der DNS in Verbindung stehen und ebenfalls nicht kraftvoll wirken können und zudem noch in unharmonischen Geschwindigkeiten rotieren, ohne Anbindung an die kraftvollen und reinen höheren Chakren. Ihr beschäftigt euch wenig mit eurem Körper, weil ihr in Schuld und Scham für euren Körper empfindet. Ihr handelt unter Hypnose anders als im Wachzustand und hört zugleich die göttlichen Codes, die euch zuraunen, dass ihr göttliche Wesen seid, lichtvoll und prachtvoll. Diese permanente Disharmonie drückt euch nieder. Ihr fühlt euch schuldig, weil ihr die Wahrheit kennt, aber nicht wisst, wie ihr sie leben sollt. Dann macht ihr nichts und bleibt stehen, weil ihr keine Lösung habt, nicht wisst, wohin der Weg führt. Inzwischen ist es noch schwieriger, weil euch die weibliche Energie die Intuition vorgibt, nämlich das Gefühl, das von euch jahrtausendelang zensiert oder unterdrückt wurde. Es muss sozusagen wieder erweckt werden, um in vollem Umfang arbeiten zu können. Wenn die Intuition euch ereilt, dann verwerft ihr sie wieder, weil der Verstand nicht einsieht, warum er gerade so oder anders handeln soll, und die Chance ist verpasst.

Die vier Säulen der Intuition, der Inspiration, des Instinkts und der Illumination

Die Intuition ist eine der nächsten vier Säulen, die euer Leben beeinflussen. Zur Intuition kommen der Instinkt, die Inspiration und die Illumination, die nur auf der Erde von der Erde in Zusammenarbeit mit den höheren Welten gegeben wird. Wenn ihr allein bei euren ersten sieben Chakren stehen bleibt, werdet ihr keine Verbindung zu den geistigen Welten erlangen. Wenn ihr denn mit Hilfe eures Höheren Selbstes eine Verbindung hergestellt habt, dann müsst ihr ab da auf Empfang umschalten, um zu erhalten, was euch die Höheren Sphären zu geben haben. Ihr folgt sozusagen den Anweisungen der Höheren Welten, was wiederum bedeutet, dass euer eigener Wille zurücktreten muss. Aus den Höheren Sphären kommt der göttliche Wille und wird euch dargebracht, daher gibt es keinen Handel mit dem Ego. Diese Kommunikation erfolgt oft über die Intuition oder die Inspiration, die ihr erhaltet für Lösungen, die ihr sucht. Ihr glaubt, dass alles von euch kommt, was unter der Hypnose nicht sein kann, da ihr in diesem Zustand in erster Linie Befehlsempfänger seid, der dann die hypnotischen Suggestionen ausführt. Wenn die Suggestion lautet, dass dies dein eigener Wille ist, dann glaubt man es eben und handelt dementsprechend. Und diejenigen, die nichts hinterfragen und nur glauben, was sie sehen, sind die Folgsamsten in diesem Zustand.

Euer Instinkt greift immer dann ein, wenn es um eure Sicherheit oder euer Überleben geht. Dann handelt ihr instinktiv richtig, weil ihr im Schockzustand euren Verstand ausschaltet. Und wie man sieht, funktioniert es.

Die Illumination ist ein Zustand des lodernden göttlichen Feuers, das wieder euer eigentliches Sein entfacht und auch die DNS in Bewegung bringt. Ihr entflammt sozusagen wieder für Gott, kehrt der Illusion den Rücken und richtet euch neu auf euer eigentliches Ziel aus. Es ist ein erstrebenswerter Zustand, der euch unendliche Möglichkeiten eröffnet. In dem Moment habt ihr ein Gefühl, dass ihr euch auflöst, eine Explosion in eurem Inneren stattfindet und euch aus dem Körper herausschleudert und ihr im Gefühl der auflösenden Hingabe an die Liebe seid. Dieser Vorgang ist enorm wichtig, damit ihr aus dem Rad des Schicksals austreten könnt bzw. herauskatapultiert werdet.

Astrologisch gesehen seid ihr im Kreis des Karma gefangen, das energetisch umhüllt worden ist. Ein Zeitrad sozusagen, das euch in eurem Karma festhält. Das innere Feuer jedoch explodiert und verbindet sich wieder mit dem Triadenkreis, der euch die Freiheit ermöglicht. Feuer war schon in alten Zeiten heilig und wertvoll. Besonders in den heiligen Tempeln wurde es gehütet und geschützt und brannte Tag und Nacht. Sorgt dafür, dass euer inneres Feuer wieder brennt, lodert und niemals verlöscht. Eure Merkabah setzt sich aus Licht, Feuer und der Seele zusammen. Wenn sie rotiert, dehnt sich das Licht aus und erhebt sich. Lernt wieder, mit der Vogelenergie zu arbeiten. Ihr selbst könnt keine Merkabah bauen, noch weniger sie lenken, denn der Lenker ist euer innerer Gott, zu dem ihr wieder den Kontakt herstellen solltet. Er ist der Wagenlenker. Hierzu benötigt ihr die DNS.

Wenn sich euer Bewusstsein verändert, hat sich vorher die DNS verändert. Sie ist es, die Einfluss auf euer Bewusstsein hat. In Zusammenarbeit mit der Erde wird dieses Bewusstsein durch das Spiel des Lebens erweitert. Ereignisse lassen euch Erkenntnis erlangen, wenn ihr hinseht, und verändern damit euer Bewusstsein. Diese Situationen werden für euch erschaffen. Die Natur ist einer eurer größten Lehrmeister. Wenn eure Umweltverschmutzung so verheerend ist, dass ihr nur noch

Verschmutzung in grauer oder brauner Farbe habt und die Sonne nicht mehr sehen könnt, dann erkennt, dass die Sonne lichtvolle Intelligenz darstellt, zu der ihr den Kontakt wiederherstellen solltet, von der ihr aber durch gedanklichen und tatsächlichen Unrat getrennt seid. Wären wir heute wieder in Ägypten, würde ich sagen: „Werdet wieder Sonnenanbeter."

Ihr lernt erkennen, was wirklich wichtig ist. In der Hauptsache besteht die größte Desorientierung deshalb zurzeit auf Erden, weil die Codes den Weg vorgeben, der Verstand aber nicht weiß, wie er die Anweisungen umsetzen soll. Ohne die Hilfe der geistigen Welt ist das nicht zu schaffen. Die Göttin gibt jetzt den Weg vor, und dies ist auch ein intuitiver Weg. Zu viele Menschen glauben einfach, sie könnten das schon alles alleine machen. Wir sagen euch, dass es so nicht funktioniert. Ihr werdet in der nächsten Zeit viele Möglichkeiten erhalten, das kennenzulernen. Es sollte euch doch klar sein, wenn die Göttin den Weg vorgibt, der Intuition heißt, dass vieles geschieht, was eben nur mit eurer Intuition zu regeln ist. Der Verstand hat in dem Moment keine Chance, wie bei einem instinktiven Verhalten. Ihr könnt zwar versuchen, weiter mit dem Verstand die Welt bezwingen zu wollen, aber wie weit kommt ihr damit? Ihr könnt weiter versuchen, allein zu gehen, anstatt euch mit der geistigen Welt zu verbinden. Wenn euch das zufriedenstellt, bitte. Wenn ihr allerdings manifestieren wollt, benötigt ihr die geistige Welt und euer Höheres Selbst. Die DNS arbeitet mit Kreuzungen. Eine Kreuzung ist eine Vereinigung zweier Gegebenheiten, sich zu treffen und zu vereinen. Das Ziel also ist es, dich mit deinem Höheren Selbst zu vereinen, was aber nur möglich ist, wenn du deine Altlasten los wirst und wieder rein und klar im Licht stehst. Das Feuer an sich steht auch für das Geistige, das von den meisten Menschen immer wieder mit dem Verstand verwechselt wird. Der

Verstand soll das Geistige umsetzen und es als einer der vier Handlungsreisenden in die Materie bringen. Er ist aber nur eine Säule. Ihr braucht mindestens vier Säulen. Das ist so, als ob du mit deinem Zeh laufen und springen wolltest, anstatt den ganzen Fuß zu nutzen.

Wenn du bereits Kontakt zu deinem Höheren Selbst aufgenommen hast und ihr schon kommuniziert, dann seid ihr deshalb noch nicht verbunden und wieder ganz eins. Vor jeder Inkarnation trennt ihr euch größtenteils von eurem Höheren Selbst ab, und nur mit dem Höheren Selbst zu sprechen, ihm jeden Tag eure Sorgen mitzuteilen, heißt eben nicht, dass eine Vereinigung schon hergestellt ist.

Atlantis-Crash

Zur Zeit von Atlantis lebten die Menschen in einem sehr hohen Bewusstsein, das sie auf ihre eigene Art gefördert haben, um es zu erhalten. Der Weg war, Inzucht zu treiben. Man paarte sich ausschließlich mit denen, die ein sehr hohes Bewusstsein innehatten, immer wieder und wieder. Ihr könnt euch das vorstellen wie bei den Adelsfamilien, die sich immer wieder mit Adelsfamilien paarten, die sowieso schon alle verwandt oder verschwägert waren. Diese beständige Inzucht führte zu gewissen Problemen, die ihr in den Ahnengeschichten der Adligen ebenfalls findet. Es gab regelmäßig Personen im Ahnengefolge, die schlichtweg durchgedreht sind, also geistig absolut instabil waren. Verwechselt hierbei bitte nicht den Geist mit dem Verstand. Erinnert euch, dass der Verstand an euren Körper gebunden ist, der Geist jedoch nicht. Also gab es zur Zeit von Atlantis große Probleme durch Inzucht. Einige Wesen wollten wie auch ihr heute alles erheben, sogar das Tier, was schon in Atlantis verboten war. Warum? Nun, das Tier ist und bleibt kriegerisch und liebäugelt nach wie vor mit der Aneignung des gesamten Kosmos. Manchmal duckt es sich eine Zeit, aber nur, um sich dann noch größer zu erheben. Diese Zucht oder das Experiment wurde als nicht durchführbar erkannt, und die Höchsten des Standes baten darum, dass diese Schöpfung vernichtet werden durfte, was auch genehmigt worden ist. Auf die damit verbundenen Auswüchse gehe ich jetzt nicht ein, insbesondere die Vernichtung wichtiger Kristalle. Solange ihr euch also von dem Tier nicht verabschiedet, euer Ego nicht abgebt und den inneren Frieden erlangt, habt ihr Probleme, euch mit eurem Höheren Selbst wieder zu vereinen.

Euere Systeme beruhen auf dem Fundament der Überwindung. Vieles müsst ihr überwinden: eure Angst, euer Ego, eure Wünsche, eure Gefühle. Das bedeutet, ihr müsst wieder Herr eurer selbst werden, also die Herrschaft über euch selbst erlangen. Im hypnotischen Zustand ist das nicht einfach. Eine der großen Hilfen dabei ist die Vernunft, weil diese göttlich ist.

In den geistigen Reichen ist die Unterscheidung der Geister sehr wichtig, insbesondere benötigt ihr Klarheit darüber, was Phantasie und was geistige Wirklichkeit ist. Oftmals werdet ihr getestet, ob ihr schon die notwendige Klarheit besitzt und die Vernunft walten lasst. Ein weiterer wichtiger Test ist, ob ihr nur für euch allein oder zum Wohle aller lebt. Wie handelt ihr?

Viele behaupten, sie seien schon sehr lichtvoll, weil sie ihre Schwierigkeiten dem einen oder anderen menschlichen Wesen übergeben haben, das sehr hoch entwickelt ist, sogenannten Meistern. Nun, ihr Lieben, es ist nicht eure Aufgabe, alles an andere abzugeben, sondern eure Aufgabe ist es, eure Schwierigkeiten selbst zu überwinden. Ihr könnt das natürlich gern machen, allerdings bekommt ihr dann neue Probleme, damit ihr eurer ursprünglich göttlichen Aufgabe, die ihr gewählt habt, gerecht werden könnt, um daran zu reifen.

Habt ihr je schon probiert, wie wundervoll es ist, mit eurem Höheren Selbst zusammenzuarbeiten? Das bedeutet nicht, dass ihr ab dem Moment keine Probleme mehr hättet. Im Gegenteil, oftmals erhaltet ihr sie nun gerade, damit ihr sie endlich loswerdet und das Höhere Selbst euch wichtigere Aufgaben geben kann. Aber ihr seid dabei nicht allein. Ihr erhaltet alle Hilfe, die ihr benötigt. Vertraut darauf, genauso läuft es ab. Eure Aufgabe ist, das Problem anzusehen und nicht wegzuschauen. Was ich ansehe, das kann ich verstehen, und was ich verstehe, kann ich erlösen und in Liebe transformieren, indem ich vergebe. Wenn ihr euch immer wieder weigert, weil ihr das, was einst geschehen ist, nicht mehr ansehen könnt, dann geht ihr direkt am Ziel vorbei und bleibt dort stehen, wo ihr die Augen verschlossen habt. Vergesst nicht, ihr seid es, die alles auf Erden verändern können. Erinnert euch an Atlantis. Eine der vielen Möglichkeiten war, ständig neue Illusionen zu erschaffen. Allerdings seid ihr damals nicht im Raum der Illusion hängen geblieben, sondern in die Realität zurückgekehrt. Ihr hattet die klare Unterscheidung, was ist Illusion und was ist Wahrheit. Damals habt ihr hingesehen und gesagt, so geht es nicht, weil unsere Schöpfung den gesamten kosmischen Raum gefährden wird. Das bedeutet nicht, dass ihr nun die Erde vernichten sollt, weil eure Schöpfung nicht perfekt ist. Dennoch sind es eure Gedanken und Gefühle, die alles erschaffen und zugelassen haben. Der Weg ist die Transformation, dafür aber benötigt ihr eure DNS. Diese versteht euch und spricht zu euch, während ihr sie nicht hört noch seht, denn dort gibt es Wächter der Schleier, durch die euch eine klare Sicht verborgen bleibt, so lange bis ihr in göttlichem Sinne damit umgehen könnt. Denn wenn ihr wieder voll und ganz in eure Macht zurückkehren wollt, dann müsst ihr auch lernen, mit der Macht umzugehen. Wie kann das aber sein, wenn ihr vor euch selbst die Augen verschließt? Wie wollt ihr dann wieder machtvolle Wesen werden? Die Macht bedingt Verantwortung und Vernunft.

Wenn eure DNS wieder in vollem Umfang tätig sein soll, dann braucht ihr neue Anschlüsse. Das ist so, wie wenn ihr an eurem Computer ein neues Gerät anschließt oder in eurem Haushalt. Ihr braucht wenigstens eine freie Steckdose und ein Gerät mit einer Kabelverbindung, die ein neues System in Betrieb nehmen soll. Genauso ist es mit euch. Ihr benötigt einen neuen Kreislauf, an den ihr angeschlossen werden könnt und der euch mit dem wieder verbindet, was euch abhandengekommen ist. Das setzt eure Klarheit voraus, denn je mehr ihr euch wieder eurem reinen, klaren Ebenbild nähert, desto reiner müsst ihr sein. Stellt euch vor, ihr hättet einen jahrtausende alten Topf, der nie gereinigt worden ist und an dem die Verschmutzungen der Zeiten kleben. Würdet ihr in diesen Topf etwas Wertvolles einbringen? Nein, natürlich nicht. Ihr würdet zuerst den Topf von seinen Verschmutzungen befreien, waschen und schrubben, bis er wieder seinen Glanz hat. Und erst dann ist er wieder benutzbar. Geistig ist das genau dasselbe. Euer eigenes Gefäß muss rein sein. Euer Ebenbild muss erkennbar sein, was nur möglich ist, wenn ihr euch anseht.

Der Baum des Lebens

Der Baum des Lebens ist die Mitte des DNS-Systems. Mitte deshalb, weil er mit allem verbunden ist und selbst die Verbindung vom Materiellen mit dem Geistigen darstellt. Seht euch die Bäume in der Natur an. Was machen sie? Sie transformieren. Sie nehmen mit den Wurzeln Wasser aus dem Boden auf und leiten es über den Stamm, die Äste und die Blätter nach oben per Verdunstung in die Atmosphäre. Daher ist es wichtig, dass ihr die richtigen Wurzeln habt, um eure Atmosphäre zu versorgen, und das Wasser nicht verschmutzt ist. Dann kommt das Wasser von oben wieder in Form von Regen zur Erde zurück, um wieder von den Wurzeln des Baumes aufgenommen zu werden. Sorgt dafür, dass es das Wasser des Lebens ist. Über die Blätter findet auch der Gasaustausch statt. Kohlendioxid wird zu Sauerstoff transformiert und freigesetzt, die die Lebewesen und der Baum selbst wieder einatmen bis in die Wurzeln, die damit versorgt werden. Ihr habt also ein ganzes Stoffwechselsystem in einem Baum, der euch das Leben ermöglicht. Alte Bäume können euch viele Geschichten erzählen und Weisheit vermitteln, wenn sie nicht gerade achtlos gerodet werden. Wenn ein Baum seine Blätter abwirft, dann geht er in einen Ruhezustand über, er geht nach innen. Er zieht sich zurück, um dann im Frühling wieder nach außen zu gehen. Im Prinzip seid ihr mit dem Baum verwandt, und was man euren Bäumen antut, tut man auch euch an.

Der Baum des Lebens ist noch weitgreifender, weil er den materiellen Boden mit dem Quantenbewusstsein und dem interdimensionalen Raum verbindet. So langsam erhaltet ihr eine Ahnung davon, wozu ihr fähig seid und was alles ihr in die Materie bringen könnt. Jedoch benötigt ihr dazu die Anbindungen, die euch fehlen. Über diese Verbindungen und Anbindungen entscheidet nicht der Mensch, sondern das göttliche Sein, die höheren Ebenen der Weisheit, des Lichts und der Liebe. Ihr könnt eure Absicht darüber kundtun, entscheiden werden andere, denn mit dem Moment, wo diese Verbindung hergestellt wird, muss klar sein, wessen Geistes Kind ihr seid. Ein Mensch kann das nicht festlegen, insbesondere dann nicht, wenn das Ego den meisten Raum einnimmt und diese Verbindung nur dafür nutzen will, um bewundert zu werden. In dem Fall zieht die geistige Welt den Stecker und die Verbindung ist unterbrochen. Macht euch bitte immer wieder klar, dass ihr zu dem reinen, klaren Ebenbild auf Erden werden müsst, das von euch auf anderen Ebenen existiert. Das bedeutet nicht, dass ihr absolut perfekt sein müsst, aber der Topf oder das Gefäß muss klar und rein sein, und das ist eben nur möglich, wenn ihr hinschaut. Auch wenn ihr dabei klar erkennt, hier oder da bin ich noch zu machtbesessen, unaufrichtig oder neidisch, dann habt ihr schon Großes vollbracht, weil ihr nun die Möglichkeit der Transformation habt und nutzen könnt. Niemand ist verdammt, solche Attribute auf ewig zu leben. Sie waren mal Krücken in eurem Leben, mit denen ihr gelaufen seid, weil ihr aus eurem damaligen Bewusstsein heraus dachtet, dass sie eine Hilfe oder Erleichterung darstellen. Eure heutige Erkenntnis kann eine ganz andere sein, die euch tanzen und springen lässt. Dabei sind euch diese alten Krücken nur im Weg. Also legt sie weg, ihr braucht sie nicht mehr.

Wenn ihr euren spirituellen Weg fortsetzen und den vollen Zugang zu eurem spirituellen Bewusstsein leben wollt, dann bedeutet das, dass ihr erwacht sein müsst. Wie sonst wollt ihr die Verantwortung für euer Tun übernehmen? Im Schlaf ist niemand verantwortlich, erlangt aber auch keine Weisheit und Fähigkeit. Mit anderen Worten gesprochen, ihr müsst wieder eure Unschuld verlieren und ein vollwertiges Mitglied der Familie zu werden. Stellt euch eine Familie auf der Erde vor, die aus einem Vater, einer Mutter und drei Kindern besteht. Zwei von diesen fünf Personen schlafen permanent. Sie bekommen weder mit, was die Familie macht, was innerhalb der Familie vorgeht, was draußen in der Welt passiert, aber sie träumen pausenlos davon, mit dieser Familie zu leben und Freude zu haben. Dennoch weigern sie sich aufzuwachen. Schaut euch nun den Rest der Familie an. Was fängt man mit Mitgliedern an, die pausenlos schlafen? Es sind Wesen ohne Verantwortung, ohne Integrität, was jedoch alles benötigt wird, wenn man den Pfad beschreiten will. Es sind keine klaren Entscheidungen möglich, und kein eigener Wille kann eingesetzt werden. Wir haben euch in Band 1 bis 3 des P'taah oft genug darauf hingewiesen, wie wichtig es ist, aus der Hypnose aufzuwachen und Verantwortung zu übernehmen. Einige sind an uns herangetreten mit der Bitte um Zusammenarbeit, allerdings liegen davon noch viele im Bett und schlafen. Das tun sie deshalb, weil sie nicht bereit sind, Verantwortung zu übernehmen. Wir wollen diesen Schlaf auch nicht weiter stören und wenden uns wieder unserem Baum des Lebens zu. Die Energien, die euch insbesondere fehlen, sind die lemurischen und die plejadischen mit allen darin enthaltenen Fähigkeiten. Um über alle eure schöpferischen Fähigkeiten zu verfügen, benötigt ihr nun mal den Schöpfer. Das heißt, ihr müsst den Willen und die Absicht haben, euch wieder mit dem Schöpfer zu verbinden, wieder eins zu sein. Das alles geschieht nicht außerhalb von euch, sondern in euch selbst. Genauso, wie ihr eure DNS nur innerhalb eures Seins findet. Diejenigen, die ständig weiter im Außen suchen, treten auf dem Fleck. Die Göttin stellt die innere Welt dar. Hier ist der Ort, wo die Wunder beginnen, die sich im Außen zeigen sollen.

Nur wer den inneren Weg geht, wird die vollständige Anbindung erreichen. Eure eigenen Äste verbinden euch wieder mit den anderen Ebenen. Das ist ganz einfach, weil es innerhalb der DNS weder Ort noch Zeit gibt, also keine Distanzen, die ihr überwinden müsst. Alles ist immer jetzt. Daher haben euch die Meister dieser Welt immer wieder gesagt, dass ihr im „Jetzt" leben sollt. Der Verstand allein hat das nur nicht umsetzen können, weil er in erster Linie für die Linearität geschaffen wurde. Das heißt, ihr habt über euren Baum des Lebens die Möglichkeit, wieder eure Wurzeln zu finden, die ihr benötigt, wenn ihr euch auf dem Boden der DNS-Energien bewegen wollt. Dieser sogenannte Boden ist immer und ständig in

Bewegung, und ohne euer Höheres Selbst und dessen Führung solltet ihr den Weg allein nicht gehen. Ihr würdet auch nicht allein und unvorbereitet ein euch völlig fremdes Gebiet betreten ohne vorherige Klarheit, was euch dort erwartet oder worauf ihr achten sollt.

Das Zeitalter der Göttin bietet euch also alle Möglichkeiten, die ihr benötigt, um wieder der göttlichen Matrix zu entsprechen. Euer Ebenbild jedoch findet ihr im Energiebereich der DNS auf den höchsten Ebenen. Das bedingt, einen stabilen Baum des Lebens zu haben, was bei den meisten nicht der Fall ist. Bei ihnen ist der Baum des Lebens genauso erkrankt wie eure Bäume in der Natur, die vor euren Augen eingehen, oder es sind nur wenige Fusseln vorhanden statt einer starken Wurzel. Es ist wichtig, dass ihr euch mit eurem eigenen Baum des Lebens vertraut macht. Wir meinen damit nicht die in letzter Zeit von vielen angebotene Quantenheilung, die ihr euch holt in verschiedenen Formen, weil das zum einen den Baum des Lebens nicht heilt und zum anderen das Quantensystem ein Seinszustand ist, in dem ohnehin keine Krankheit existiert. Eure Erkrankungen liegen in den tieferen Energieformen, und den Quantenzustand erreicht ihr nur, wenn diese tieferen Formen geklärt und geheilt sind. Das geschieht über die höchsten göttlichen Energien, die nicht im Quantenzustand, sondern interdimensional arbeiten. Das muss so sein, damit die materielle Ebene erreicht wird. Viele sprechen dabei von reinem Bewusstsein, das weder sie noch andere haben, die selbst noch schlafen oder keine Frequenzhalter sind. Die wahre Heilung setzt am Ort des Geschehens an, damit die Wurzel des Übels entfernt werden kann. Erst dann kann wahre Heilung einsetzen.

Eine reduziert arbeitende DNS ist dazu ohnehin nicht in der Lage, weil diese DNS bestimmte Tarnkappenviren nicht erkennt und sich täuschen lässt. Und solange die Menschheit schläft, sind alle Systeme im Ruhezustand, das heißt, vom Stoffwechsel bis hin zur DNS arbeitet alles in einem reduzierten Zustand, der erst wieder durch das Erwachen aktiviert werden muss. Genau wie im Schlaf sind nur alle lebenserhaltenden Systeme aktiv, also alles, was für diesen Zustand benötigt wird, und genauso ist es mit der DNS. Ein schlafendes Wesen ist nun mal kein schöpferisches, spirituelles Wesen, also arbeiten diese Energien auch nicht, weil sie in diesem Zustand nicht benötigt werden. Und für die Heilung sind ebenfalls die lemurischen und plejadischen Energien wichtig, die euch in der Interaktion fehlen. Sie schlafen ebenfalls, solange ihr euch nicht aus eurem Bett erhebt und aufwacht.

Das, was ihr in euch vorfindet, zeigt sich im intergalaktischen Sein, denn die Gottesmatrix ist für die gesamte Schöpfung die Vorgabe einer vollkommenen Struktur, die ihr Bild in der materiellen Erscheinung hat. Je höher eine Energieform ist, desto mehr ist sie in der Lage, sich selbst zu erschaffen. Der Weg dahin heißt „dienen“. Wenn jemand im Dienste Gottes steht, geht er schon deshalb nicht mehr allein, weil er geführt und auf seinem Weg gehalten wird. Was immer ihm dann auf diesem Weg begegnet, ist zu akzeptieren und gegebenenfalls zu transformieren. Um aus eurer Polarität herauszukommen, benötigt ihr den übergeordneten Blickwinkel, damit ihr nicht in das Resonanzgesetz hinein manipuliert werdet.

Der Kelch

Und wie Christos einst den Kelch leeren musste, müsst auch ihr den Kelch leeren, jeder für sich. Was immer ihr dann am Boden vorfindet, ist genau das, was ihr zu transformieren habt. Das betrifft jeden Menschen, jedes Land, jeden Kontinent, jede Galaxie. Von Gott habt ihr die reine, vollkommene Matrix erhalten, die Verunreinigungen stammen von euch selbst und müssen gereinigt werden. Das heißt, jeder muss sich sein Schicksal anschauen und transformieren, was nicht aus der Liebe ist. So betrifft es vorrangig die östlichen und ostasiatischen Länder, die den Kelch leeren müssen, auch wenn Blut fließen sollte. Ihr habt alle die Möglichkeit, euch mit dem Blut des Christos zu verbinden, damit euer eigenes Blut wieder rein und klar wird. Einen Kelch zu trinken, ist das kleinere Übel, an dem niemand vorbeikommt, auch wenn alle bitten, dass dieser Kelch an ihnen vorübergehe. Wenn jemand dazu bereit ist, dann hilft auch die gesamte Familie und Seelengemeinschaft. Deine Befreiung ist die Befreiung aller. Sie befinden sich alle in der DNS und warten auf deine Entscheidung und den ersten Schritt in die Freiheit. Sie sind genauso von dir abhängig wie du von ihnen, weil alles miteinander verbunden ist. Versucht bitte nicht, die DNS genauso zu teilen, wie ihr alles andere teilt. Obwohl es eigenständige Energien sind, sind sie deshalb trotzdem eng miteinander und ineinander verbunden. Sie arbeiten zusammen und existieren, weil das Göttliche existiert. Einige Energien arbeiten enger zusammen für einen bestimmten Zweck, dennoch sind an der Lösung der Aufgabe stets alle beteiligt. Erinnert euch, dass alles Bewusstsein ist. Auch die DNS ist Bewusstsein, aber ein intergalaktisch und interdimensional übergeordnetes, denkendes Bewusstsein. Euer Denken reicht da bei weitem nicht heran. Ihr seid zu langsam und zu begrenzt. Ihr wäret im Vorteil, wenn ihr euch von eurer DNS denken lassen würdet. Diese Informationen laufen in Höchstgeschwindigkeit über das Licht oder das Quantenbewusstsein ab. Voraussetzung dafür ist, dass ihr es auch aufnehmen und verarbeiten könnt. Uns ist aufgefallen, dass sich eben viele Menschen weigern, Lichtpotenzial aufzunehmen. Sie setzen dann Blockaden, indem sie diese Informationen abwehren, die sie dann auch körperlich spüren. Die

Intelligenz eines Menschen hängt von dessen DNS ab, genauso wie das Bewusstsein. Man kann darauf aufbauen und es erweitern, je nachdem, was man vorfindet.

Die Göttin ist wie eine Mutter, die ihr Kind beschützt und verteidigt. Sie duldet nicht, dass man ihrem Kind Schaden zufügt. Sie weiß, wo jeder von euch sich befindet, was er denkt, plant oder tut. Sie ist sehr fürsorglich, aber sie sorgt auch dafür, dass die Ordnung der Göttlichen Matrix wiederhergestellt wird. Dabei ist sie nicht allein.

Die Schalen des Zorns

Von ihr erhaltet ihr den Kelch, von Gott selbst erhaltet ihr jedoch die Schalen des Zorns, sieben an der Zahl. Vergebung heißt nicht, dass jeder so weitermacht wie bisher. Wir sagten euch in den drei vorhergehenden Büchern des P'taah, dass sich die Geister scheiden, sofern jemand eine Entscheidung trifft. Für die Erde bedeutet das, dass sich Bosheit und Niedertracht noch viel deutlicher zeigen, ja sogar hofiert werden. Wenn ihr den Punkt erreicht habt, dass man euch die negativen Attribute als erstrebenswert offeriert, dann ist der Zeitpunkt gekommen, wo denjenigen die Schalen des Zorns gereicht werden. Diese Schalen müssen ebenfalls geleert werden, was durch Posaunen verkündet wird. Wenn Schalen des Zorns ausgegossen werden über die Menschen, dann hat das verheerende Wirkungen von Krankheit und Vernichtung. Sinn ist es, dass die Initiatoren am eigenen Leib erfahren, was sie anderen zumuten. Das, was in der Planung ist von der dunklen Seite, ist die energetische Zerstörung des vom Himmel erstellten Schutzkörpers. Ziel ist es, dadurch in den gesamten Raum zu gelangen, um die kriegerische Gier zu leben. Wenn dieser Zeitpunkt gekommen ist, wird die Ernte eingeholt, das heißt, dass alle Frequenzhalter und die ein Licht in sich tragen direkt eingesammelt werden. Erinnert euch, Gott wartet immer sehr lange, damit auch der

Letzte noch die Chance hat, sich dem Licht zuzuwenden. Er hält die Schalen des Gerichts, aber ein Gericht gibt es in jedem Fall. Und solange die Menschen die Dualität nicht überwinden, das heißt, dass sie immer an einem Pol stehen, um den anderen anzugreifen oder sich zu verteidigen, werden sie nicht mit der DNS zusammenwirken können.

Doppelhelix

Solange ihr die Dualität nicht überwindet, seid ihr in eurer Doppelhelix gefangen, die den materiellen, sichtbaren Teil eurer DNS darstellt. Erst wenn ihr die übergeordnete Position einnehmt, könnt ihr die Trippelhelix erlangen. Diese benötigt ihr, um an die Superhelix angeschlossen zu werden, damit ihr Zugang zum intergalaktischen Gehirn habt. Hier ist alles Wissen gespeichert, und wenn der Anschluss steht, seid auch ihr in der Lage, Genialität zu leben. Die Genialität kommt nicht vom Verstand, sondern ist eine Aktivierung der DNS. Genies und Meister dieser Welt hatten eben diese Verbindung, aus der sie die Erde bereichert haben. Vieles ihrer Genialität wird bis heute nicht verstanden, weil eben das Bewusstsein meist nur bis zur Doppelhelix reicht, also nur in den unteren, materiellen Bereichen gelebt wird. Und auch nur so kann derjenige etwas verstehen und nimmt es meist wörtlich. Wir sagten euch bereits in den vorhergehenden Büchern des P'taah, dass diese Aussagen als Gleichnisse zu verstehen sind. Schaut euch also die Gleichnisse an, und dann schaut dahinter, um die Wahrheit zu erkennen.

Der Samen der Plejadier hat das gesamte Universum geprägt. Wenn ihr euch von ihnen getrennt fühlt, wie wollt ihr dann das gemeinsame Potenzial nutzen? Eine Weiterentwicklung beginnt immer mit der übergeordneten Position und mit dem Glauben. Der Glaube ist ebenfalls in eurer DNS verankert.

Wenn jemand nur glaubt, was er sieht, bewegt er sich innerhalb der Doppelhelix, weil er den Pol des Ungläubigen einnimmt, der erst den Beweis braucht, damit er etwas glaubt. Das Wort Glauben hat jedoch nichts mit dem Begriff Beweis zu tun, sondern mit dem Begriff des Vertrauens. Wenn jemand an dich glaubt, dann hat er das Vertrauen in dich, dass du eine Situation schon siegreich meisterst. Der Beweis dafür zeigt sich dann automatisch und muss nicht gefordert werden. Je mehr ihr euch in das Reich der Energien begebt, desto mehr Führung benötigt ihr. Sonst könnte ein Verwirrspiel beginnen, von dem ihr euch zurückzieht und wieder wertvolle Möglichkeiten verstreichen lasst.

Ihr könnt euch die DNS wie einen eigenen Lebensbereich vorstellen, ein Reich vor der materiellen Schöpfung, ein absolut geistiges Reich. Hier jedoch findet ihr alles, was ihr sucht, und könnt fehlende Verbindungen wiederherstellen. Wissen und Weisheit liegen hier verborgen. Da die materielle Ebene genauso mit der geistigen Ebene verbunden ist, könnt ihr aus und von der Materie lernen und daraus die geistige Weisheit ziehen. Ohne ein Streben nach der göttlichen Weisheit und dem Zusammenspiel von allem, was ist, wird euch diese Weisheit vorenthalten. Ihr seid es, die suchen müssen, die bitten müssen, die dienen müssen. Gott will gesucht und gefunden werden. Das wird euch nur auf dem inneren Pfad gelingen. Des Weiteren wird dazu das erforderliche Bewusstsein der Demut, der Liebe und vor allem der Offenheit, die der eines Kindes entspricht, gefordert. Deshalb sagt man euch immer wieder, dass ihr wie die Kinder sein sollt. Wenn ihr von den höheren Ebenen leben wollt, dann benötigt ihr die DNS. Hier erhaltet ihr Informationen, die ihr in euren Alltag bringen könnt. Es sind nicht zwangsläufig Informationen, wie ihr berühmt werdet, weil ihr Geheimnisträger seid, sondern es sind

Informationen, die vorrangig mit euch und eurem Sein zu tun haben, damit das klare Ebenbild erreicht wird. Dann erst kommt alles andere.

Macht euch bitte bewusst, dass es ein Unterschied ist, ob ich Informationen erhalte und diese nur lese oder ob ich mit diesen Informationen etwas wirklich Wichtiges anfangen kann.

Wenn ihr im Bewusstsein aufsteigen wollt, dann benötigt ihr Wissen und die geistigen Lehren. Für diese ist in erster Linie der Orden der Melchizedeks zuständig, die die Menschheit von Anbeginn gelehrt haben. Michael Melchizedek ist Herr der Heerscharen. Er entscheidet, wann das Licht Informationen an das Licht weitergibt. Er betraut euch mit bestimmten Aufgaben, wenn die Zeit reif ist und ihr so lebt, wie es sein sollte. Er ist das Licht und das Oberhaupt der Heerscharen, die die göttliche Ordnung, die göttliche Matrix wiederherstellen und neue Welten nach dem gleichen Muster und der gleichen göttlichen Ordnung erschaffen. Er regiert als Mitschöpfer im Reich der Paradiessöhne des Vateruniversums und ist innig bestrebt, die Ordnung auf Erden wiederherzustellen. Der Orden der Melchizedeks arbeitet an eurem Bewusstsein, und der Orden Michael ist zu eurem Schutz da, damit ihr nicht den niederen Kräften anheimfallt. Er arbeitet mit Galaxien und regiert diese von Nebadon aus. Er bildet mit Metatron und Gabriel die Triade des göttlichen Ausdrucks, der nach außen geht. Und hättet ihr nur eine leise Ahnung von dem, was sie vollbringen, würde euch der Atem stocken. Die Lehren der Melchizedeks findet ihr in verschiedenen Kontinenten. Ihr kennt sie als Schriftrollen, früher als Tafeln, z. B. der Smaragdina, oder in alten indischen Aufzeichnungen bis hin zu persönlichen Unterweisungen. An ihnen kommt niemand vorbei, schon deshalb nicht, weil du das höchste Gewand erhalten musst, dass du in der DNS vorfindest.

Michael Melchizedek

Vielleicht könnt ihr die Menschen austricksen, die himmlischen Hierarchien sicherlich nicht. Daher die Aufforderung, aufrichtig mit euch selbst zu sein, denn das ist der oberste Grundsatz. Nur wer ehrlich zu sich selbst ist, ist in der Lage, Veränderungen herbeizuführen. Wir meinen nicht die Beschönigung dessen, was ihr lebt oder gelebt habt. Erinnert euch, es sind eure Urteile, nicht die unseren.

In dem Reich des Vateruniversums werden die Bücher des Lebens geschrieben, die Erlasse in Lichtflammen herausgeschleudert weit in die Räume und die heiligen Lichtschwerter genutzt, um die Wahrheit von der Illusion zu trennen und um abzuschlagen, was nicht des Lichtes ist. Das alles geschieht unabhängig von Beweisen, die sich auch zeigen, aber niemals dann, wenn ein Mensch sie fordert. Denn das würde bedeuten, dass die Alten der Tage vor jedem antanzen müssten, um ihre Macht zu demonstrieren, und viele nur der Macht folgen würden, was sie ohnehin tun. Sie würden einfach die Herde wechseln, der sie folgen. Nein, ihr seid gefordert, selbst wieder in eure Macht des Lichts zu gehen, um als ein vollwertiges Mitglied der gesamten Lichtbruderschaft aufzuerstehen und mitzuwirken an und in den Schöpfungsräumen. Daher müsst ihr Prüfungen ablegen, denn euer Bewusstsein wird gemessen immer wieder, ob eine Ebene erreicht und gefestigt ist. Im alten Ägypten hat man das Herz auf die eine Waagschale gelegt, und die andere Waagschale erhielt eine Feder. Das Herz durfte nie schwerer als die Feder sein. Wenn die Waage ausgeschlagen hat, musste der Adept wieder zurück und an sich arbeiten. Die Reinigung der Seele war noch nicht vollzogen. Erst wenn die Waage ruhig blieb, durfte man weiter voranschreiten. Und wenn ihr die Geschichte des Jesus-Christus lest, stoßt ihr zwangsläufig auf die Zahl 33 seines Lebens, die in der DNS eine besondere Bedeutung hat. Es macht einen Unterschied, ob du eine einstellige, zweistellige oder dreistellige Zahl hast, die energetisch wirksam wird. Heilige Zahlen und Winkel findet ihr in den Pyramiden. Wir haben über die Stellung der Pyramiden in den vorhergehenden Büchern gesprochen. Ein weiteres Kriterium ist euer Gehirn. Wir sagten euch ja, dass ihr wieder kristallin werden müsst. Das heißt, dass die pyramidalen Strukturen auch in euren Gehirnen angesiedelt werden müssen, damit ihr überhaupt in der Lage seid, supergalaktisch zu denken. Eine veränderte DNS verändert euch und verändert auch eure Gehirnstrukturen. Mit anderen Worten, ihr werdet an ein höheres Bewusstsein angepasst mit allen Fähigkeiten, wenn ihr dazu bereit seid. Das hört sich immer so an, als bräuchtet ihr selbst nichts dazu zu tun, aber so ist es natürlich nicht. Die Frequenzhalter wissen, wovon ich spreche. Und diejenigen, die bereits die höheren Ebenen erreicht haben, wissen, dass sie nicht wissen, weil sie sich erst hier orientieren müssen. Sie sind noch immer verbunden mit den niederen Ebenen und müssen sich zugleich im Neuland bewegen. Das ist nicht immer ganz einfach. Jede Reinigung bringt auch eine Phase der Schwächung mit sich, der dann wieder der energetische Aufbau folgt. Wir haben zum einen die Orientierungslosigkeit der Erde und zum anderen die Orientierungslosigkeit auf den neuen Ebenen. Vertraut darauf, dass es euch in Kürze besser geht und ihr in eure Kraft kommt. Arbeitet eng mit Michael zusammen und auch mit der Natur, vor allem, wenn ihr in Großstädten lebt.

Im alten Ägypten hat man die Natur verehrt und mit den Tieren gelebt. Sie waren Bestandteil des Lebens, der in heiliger Form integriert worden ist. In keiner Zeit danach wurden die Tiere so geachtet wie in der Zeit Ägyptens. Sie spielten im Alltag eine große Rolle wie auch im Bewusstsein. Sie hatten heilige Aufgaben, waren Krafttiere, und man hat sie als Kopfschmuck getragen. Ihnen wurde große Verehrung zuteil, weil die Ägypter wussten, wieviel Tiere zu geben haben und wie eng sie mit dem Menschen verbunden sind. Dein Krafttier kann dir auf dem spirituellen Weg sehr helfen.

Vergesst bitte nicht, dass ihr diejenigen seid, die eine Veränderung bewirken. Deshalb seid ihr alle hergekommen. Das ist es, was ihr euch vorgenommen habt. Dafür stehen euch alle Hilfsmittel zur Verfügung. Ihr solltet wieder kreativ spielen, wie die Kinder. Wenn etwas nicht sofort funktioniert, dann lassen die Menschen diese Idee wieder fallen, anstatt einen anderen Weg zu suchen. Kinder probieren so lange, bis es funktioniert. Sie sind neugierig und vertrauen auf ihren Erfindungsreichtum. Macht es ihnen nach. Wenn ihr die Welt nicht verändert, wird es niemand tun. Es muss von euch und genau von dieser Ebene aus passieren. Wenn ihr sitzt und wartet, dass Wunder geschehen, werdet ihr Wunder sehen, aber sie werden denen geschehen, die aktiv sind, nämlich aktiv nach innen gehen, um dann aktiv diese Weisheit im Außen umzusetzen.

Es wird nicht lange dauern und ihr werdet die Neuausrichtung abgeschlossen haben. Die Nacht wird dem Tag weichen und die Morgenröte wird sich zeigen in all ihrer Pracht.

In den drei vorhergehenden Büchern des P'taah haben wir euch immer wieder auf die pyramidalen Systeme hingewiesen, die eine Menge an Geheimnissen enthalten. Zum anderen sind sie mit dem kosmischen Raum verbunden, so wie auch ihr mit ihm verbunden seid. Um eine Merkabah zu erhalten, benötigt ihr die Fähigkeiten Orions, für die Weisheit benötigt ihr die Sonne, für die Liebe die Venus, für die Spiritualität Neptun, für die Kommunikation Merkur, für die Stärke Mars, für Veränderungen Uranus, für die Konzentration auf das Wesentliche

Saturn usw. Ihr seht, wie wichtig jede einzelne Verbindung ist. Diese Verbindung kann euer Leben einengen oder bereichern, je nachdem, wie ihr damit umgeht. So handelt es sich bei dem im dritten Buch P'taah erwähnten Netzwerk des Lichts um pyramidale Zentren des Lichts, die verbunden werden, um gemeinsam die Codierungen des Lichtkörpers, der ein Christuskörper ist, mit dem Lichtgitter zu verbinden. Die große Weiße Bruderschaft wird mit den Frequenzhaltern des Lichts eine Pyramide der 144 000 errichten, damit die Lichtspirale ihren Weg nehmen kann. Ihr Lieben, die Veränderungen stecken in den Kinderschuhen, sie haben soeben begonnen. Die Eminenzen hinter den Eminenzen werden versuchen, das zu verhindern, und die Pharmaindustrie wird sie mit den entsprechenden Viren unterstützen, die die Menschheit auf ein Maß reduzieren soll, das überschaubar und besser sklavisch nutzbar sein soll. Es ist ein Beschleunigervirus, der einen Menschen innerhalb von drei Tagen zur Strecke bringen soll. Er greift das Immunsystem an, damit eine Heilung keinen Erfolg haben soll. Es ist also wichtig, dass ihr euer Immunsystem wieder auf 100 % hochfahren könnt, was nur über die Aktivierung der DNS möglich ist. Verbindet euch so oft wie möglich mit der großen Pyramide in Ägypten, denn sie ist die Pyramide des Lichts und eine Wissenspyramide. Eure Aufgabe ist es, wieder mit diesem Wissen zu arbeiten. Euer Geburtsrecht steht in den Hallen von Amenti geschrieben. Ihr seid dazu auserkoren, das ewige Leben zu erlangen und Welten zu durchschreiten. Das ist euer Geburtsrecht.

pyramidale Zentren

Ende des Zyklus'

Das Ende des Zyklus' kommt in jedem Fall, bevor die Eminenzen hinter den Eminenzen euch eures wahren Bewusstseins berauben können. In dieser Zeit werden euch viele falsche Christusse angeboten. Hütet euch, denen zu folgen. Geht stattdessen in eure eigene Macht und Stärke, denn die werdet ihr brauchen, insbesondere, wenn ihr den falschen Messias des Geldes weiter anbetet, wird euch dieser falsche Messias auf seiner Spirale in den Abgrund ziehen. Beginnt damit, dass ihr das Geld segnet, und messt ihm keinen weiteren Wert mehr bei. Alles, was um euch herum geschieht, wird nur noch künstlich aufrecht erhalten. Die Posaunen Gottes haben den Tag der Befreiung bereits verkündet, und also steht dieser fest geschrieben im Buch des Lebens. Wenn ihr weiter wartet und nichts tut, nicht aktiv den Weg nach innen geht, werdet ihr es mit jedem Tag des Wartens zunehmend schwerer haben. Wie wollt ihr alle Energien zur Verfügung haben, wenn ihr euch diese nicht erbeten habt und aktiv mit ihnen arbeitet. Zu glauben, dass man nur sitzt und darum bittet und alles Weitere geschieht von selbst, wäre so, als ob man im Kindergarten Prinz und Prinzessin spielt und sich ein Schloss wünscht und dann verärgert ist, weil es nicht gleich vor einem steht. Ihr seid gefordert, mehr denn je.

Orion bereitet euch auf diesen großen Tag vor, der euch aus der Sklaverei durch die Einschränkung eurer DNS holt. Arbeitet eng mit diesem System zusammen, aber bedenkt dabei, welche Seite ihr wählt. Ihr müsst euch selbst vorbereiten, und das kann niemand anderes für euch machen. Seht es endlich ein. Nur weil sich ein Ergebnis nicht gleich zeigt, bedeutet das nicht, dass es nicht eintreffen wird. Das wird von Höheren Mächten des Lichts entschieden, und sei es nur eine Seele, um die es dabei geht, damit diese nicht verloren ist. Eure DNS wird für euch wichtiger denn je. Damit sorglos herumzuspielen, sei keinem geraten, der nicht wirklich wild auf die Tiefen der Abgründe ist. Wir haben euch immer wieder aufgerufen, Verantwortung zu übernehmen für euer Handeln. Diese Verantwortung ereilt euch ab jetzt schneller denn je zuvor. Das Spiel heißt geheime Post und nimmt immer den direktesten

Weg. Niemand weiß, wo sie herkommt, und dennoch erreicht sie jede Adresse. Das geht so weit, dass die Erde und die Göttinnen dafür sorgen, dass ganze Nationen diese Post erhalten. Die Form ist verschieden, dennoch waren die Naturereignisse bisher ein Kinderspiel. Die Falschheit, die aus der Gier aller geboren worden ist, zeigt sich weltweit in Hunger, Hitze, Überschwemmungen und noch stärkeren Stürmen. Die Erde wird vor Zorn beben, weil sie nur ihrer Schätze wegen geliebt wird und ihre Seele dabei auf der Strecke bleiben soll. Sie wird vor Wut Feuer speien und den Himmel verdunkeln. Bei allem, was euch ab jetzt widerfahren wird, benötigt ihr die Lichtsäule und vor allem eine gut funktionierende Merkabah.

Eine Merkabah funktioniert nur gut, wenn sie in Balance ist. Wenn also von beiden ausschließlich der männliche Teil gelebt wird, dann eiert die Merkabah in der Drehung des weiblichen Teils wie ein Reifen, der eine Unwucht hat. Sie funktioniert nicht richtig. Erst wenn der weibliche Anteil in Balance gelebt wird, erst dann habt ihr die Möglichkeit einer aufsteigenden Rotation, die die neue Geschwindigkeit halten kann. Auch müssen eure pyramidalen Strukturen erweitert werden. Erinnert euch, es geht um Bewusstseinserweiterung, also alles Vorhandene muss erweitert werden, nicht nur Teile davon. Solange ihr selektiert, was gut oder nicht gut ist, solange seid ihr nicht in dem übergeordneten Bereich des dualistischen Prinzips, das ihr aber zur Erweiterung benötigt. Ihr könnt das Wichtige nicht allein vollbringen. Das geht nur in Zusammenarbeit mit der Einheit, also mit den Höheren Lichtwelten. Die Gaben, die ihr hier benötigt, stehen euch auf dieser Ebene nicht zur Verfügung. Sie werden euch sozusagen gereicht, wenn ihr darum bittet. Wenn ihr diese dann erhaltet, ist es an euch, weise damit umzugehen, sonst werden sie euch wieder genommen. Gaben, die man erhält, kann man auch wieder nehmen, wenn derjenige damit nicht nach den Gesetzen der Liebe umgeht. Kehrt um in eure Demut und erinnert euch, dass ihr nur ein Aspekt, ein Quäntchen des Ganzen hier seid, das in dem Zustand nicht über alle Weisheit verfügt. Und da jede Erfindung bisher nur für kriegerische Zwecke genutzt worden ist, könnt ihr euch nach eurem freien Willen selbst zerstören, erhaltet von uns aber kein Know How dafür.

Die Höheren Lichtwelten

Die Höheren Lichtwelten dienen dem All-Einen stringent, also strikt nach dessen Vorgaben. Frequenzhalter des Lichts haben vor ihrer Inkarnation einen Eid geleistet, dem All-Einen zu dienen, das Licht zu heiligen und all ihr Streben zu leben, ein lebendiger Dienst an Gott zu sein. Es ist nicht eure Aufgabe, den Menschen zu dienen. Denen könnt ihr helfen, wenn ihr dazu in der Lage seid. Eure Aufgabe ist es, Gott zu dienen, deshalb seid ihr hier. Der Tag der Befreiung wird ebenfalls von den Höheren Lichtwelten entschieden, die die Frequenzen ständig messen, damit keine Seele Schaden nimmt oder in Zwischenwelten hängen bleibt. Für den Tag der Befreiung benötigt ihr die Tage der Vorarbeit, das heißt, ihr müsst die Vorbereitungen treffen. Der erste Schub des Aufstiegs vollzog sich im Inneren, der zweite Schub vollzieht sich im Äußeren. Erst wenn ihr in eurer inneren Welt den Frieden herstellt und diesen auch dort halten könnt, wird euch erlaubt, den äußeren Aufstiegsweg zu nutzen. Das geschieht schon zu eurem Schutz, damit das Licht euch nicht verglüht. Legt ab eure Arroganz, denn sie bringt euch selbst in Gefahr. Stellt euch eine Situation eures Lebens vor, die euch bedrohen könnte. Ihr könnt das nicht erkennen und erhaltet eine Anweisung aus den Höheren Lichtwelten. Euer Verstand versteht nicht, warum er dies oder jenes tun soll, und euer Ego weigert sich. Was sollen dann die Höheren Lichtwelten zu eurem Schutz tun? Ihr benötigt Gehorsam gegenüber den Höheren Lichtwelten, weil es für euch oder andere lebensrettend sein kann. Aber seid euch auch darüber im Klaren, mit welchen Welten ihr überhaupt korrespondiert. Klärt, ob ihr es mit Blendwerken zu tun habt oder mit dem Raum der Wahrhaftigkeit. Bittet Erzengel Michael, mit seinem Schwert alles abzuschlagen, was euch daran hindern will, euch im Raum der Liebe zu halten. Bittet ihn darum, alles abzuschlagen, was euch aus dem Raum der Liebe hinabziehen will in ein niederes Resonanzgesetz der Doppelhelix.

Wenn ihr mit den Höheren Lichtwelten arbeitet, dann fragt öfter mal, was ihr wirklich fragen solltet. Denkt daran, hier zählt nur, was für alle gut ist. Die Höheren Lichtwelten halten ihren Raum rein und klar, was auch für die Absichten eines Menschen gilt. Ihr schaut noch zu wenig hinter die Bilder, die man euch liefert, ihr durchschaut die Vorwände nicht, wenn ihr euch ausschließlich auf dem Boden der Polarität bewegt. Ein Vorwand ist eine Wand, die vor euch aufgebaut wird, damit ihr nicht sehen sollt, was dahinter geschieht. Ihr könnt es fühlen, aber nicht wirklich greifen. Das Jahr 2013 ist das Katalysatorjahr des Neuen, was mit energischer Wucht herausgeschleudert wird. Wir sagten euch zuvor, wenn ihr im Stress der Naturereignisse und Bankrottsituationen seid, habt ihr es viel schwerer, gelassen zu bleiben, um eure Anbindungen nutzen zu können. Eure Fähigkeiten müssen dringend erweitert werden, denn Lösungen werdet ihr nur aus der übergeordneten Position heraus erhalten. Ihr müsst selbst zur Friedenstaube werden, damit ihr die Flügel ausbreiten und der Taube folgen könnt. Nur als Taube werdet ihr die Möglichkeit haben, die Hand zu ergreifen, die sich euch aus den Höheren Lichtwelten entgegenstreckt. Aber überlegt wohl, welche Hand ihr dieser entgegenstrecken werdet, ob die linke oder die rechte.

Hütet euch vor den Allwissenden, auch denen, die immer alles besser wissen. Das ist der männliche Teil, der sein Federkleid aufbläht und sich im Licht der Bewunderung vor seinem Publikum produziert. Der weibliche Teil weiß, dass die neue Zeit begonnen hat, in der das alte Wissen nichts nützen wird. Die Göttin weiß, dass sie oft genug ihrer Intuition folgen muss und dieses das einzige Wissen sein kann, das ihr überhaupt im Moment zur Verfügung steht. Ihr ist klar, dass sie immer empfangsbereit für die Höheren Weisheiten sein muss, um für alle das Beste zu geben. Der männliche Anteil wird sich noch mehr erheben, und das Grauen nimmt seinen Lauf, so lange, bis ein Bewusstsein erlangt ist, das mit Empathie verbunden ist. Wir sagten euch bereits, dass die Eminenzen hinter den Eminenzen keine Empathie haben. Aber gerade diese Empathie ist es, die euch retten wird, wenn ihr sie denn einsetzt.

Empathie

Bisher bedurfte es großer, weltweiter Ereignisse, damit das Mitgefühl des Menschen aktiviert werden konnte. Mitgefühl ist unerlässlich für die höheren Energien eurer DNS. Es sind die höchsten Energien, die dort angesiedelt sind und die sich der Erhaltung des Lebens zuwenden. Das Leben sorgt dort für das Leben, niemals aber für dessen Vernichtung. Das mütterliche Prinzip ist es, mit dem ihr euch wieder verbinden müsst, damit ihr eure DNS aktivieren könnt. Das Christusprinzip ist das Prinzip des Mitgefühls, der Handreichung, des Friedens und der Folgsamkeit gegenüber dem Willen des Vaterprinzips der göttlichen Ordnung. Folgt ihm nach. Die Zeit ist jetzt. Er muss sich nicht mit euch verbinden, sondern ihr müsst euch mit ihm verbinden. Und das wiederum könnt ihr nur, wenn eure Codes mit den Christuscodes' übereinstimmen, was niemals ohne Mitgefühl geschehen kann. Mitgefühl ist ein wichtiger Christ-All-Code, der an zentraler Stelle positioniert ist und seine Aufgabe wahrnimmt. Er hat sozusagen eine Schaltfunktion zu weiteren Schalttafeln eurer DNS, die erst an die Superhelix angeschlossen werden kann, wenn alle Schalttafeln auf einer Frequenz arbeiten, nämlich der Frequenz der bedingungslosen Liebe, und aus dem Bewusstsein heraus, dass alles von Gott ist und nichts von euch selbst. Da alles von Gott ist, gehört euch nichts. Ihr könnt darüber nur verfügen, wenn Gott es will und die Göttin dafür die Form bereitstellt.

Daher wird man die Welt ködern, indem euch der falsche Messias locken wird mit niederen Zielen, die ihr leicht erstreben könnt, doch die allesamt nichts mit Liebe zu tun haben, geschweige denn mit Mitgefühl. Und solange ihr diesem falschen Messias folgt, schreitet ihr selbstbewusst in den Abgrund, damit ihr nie und nimmer in eure eigene Macht kommt. Denn eure eigene Macht ist das Ende seiner Macht über euch, und die Macht wird er nicht kampflos aufgeben. Die Falschheit sucht ihre Triumphe, und die Ablenkung mit primitiven Nichtigkeiten hilft ihr dabei. Sie wird die Wahrheit in den Dreck treten und behaupten, dass alles Lüge ist. Und der Angriff auf Gott wird mit dem Endschlag ausgeführt werden, weil die Falschheit glaubt, dass sie die Lüge nur noch kontrollieren kann, wenn die Menschheit auf ein überschaubares Maß reduziert wird. Eine reduzierte Menschheit ist eine Auslese aus brauchbareren Sklaven, die in einer noch nie dagewesenen Abhängigkeit stehen sollen und die um jedes Hemd betteln müssen, denn alles andere hat man euch schon genommen.

Diese Menschen werden weiter den Versprechungen des falschen Messias lauschen und die Hoffnung nicht aufgeben, dass sie eines Tages befördert werden. Sie werden mit dem Schatten der Vernichtung tanzen und ihm aus der Hand fressen, sie werden sich mit ihm paaren, in der Hoffnung auf seine Versprechungen. Und sie werden erwachen vor dem Untergang in dem Raum der Wahrheit, den alle durchschreiten müssen, um zu erkennen, welchen Weg sie gewählt haben. Die Umkehr wird ihnen verwehrt sein, so lange, bis sie ein Bewusstsein erlangt haben, das ihnen das Mitgefühl ermöglicht. Engel des Lichts werden ihnen mit ihren Schwertern den Weg versperren, denn ihr Reich wird im Abgrund der Finsternis liegen. Für dieses Reich haben sie gekämpft, und aus der Gnade heraus werden sie das erhalten, wofür sie gekämpft haben. Sie haben das Wertvollste gegeben, nämlich ihr Leben, für die Gier einer Eminenz hinter der Eminenz. Sie haben heilige Attribute zertreten für Macht und Geld. Daher werden sie die Ersten sein, die die Schalen des Zorns kosten und deren Geschmack nie vergessen, die von den Höheren Lichtwelten nach dem Geheiß des All-Einen ausgegossen werden.

Senkt euer Haupt vor den Höheren Welten des Lichts, der Liebe und des Mitgefühls, denn sie werden aus weit übergeordneten Positionen die Führung übernehmen, wenn sie darum gebeten werden. Erkennt ihre Heiligkeit und erhaltet eine Ahnung von ihren Fähigkeiten, von der Macht, über die sie verfügen. Glaubt nicht, dass nur leicht erreichbare Ziele euch Zufriedenheit bringen, sondern erkennt den Weg der Gnade der Allmacht.

Die erste Schale des Zorns

Und so wurde die erste Schale des Zorns geleert, die da ist die Schale der Pestilenz. Sie wird großes Ungemach über die Menschheit bringen. Ein neuer schwarzer Tod wird umgehen und seine Sense schärfen. Sein Weg führt von Westen und er geht mit dem Wind. Er bringt flächenartig auftretende Krankheiten (wie Grippe), die die Menschen dahinraffen. Es ist ein sich selbst vermehrender Tricolor-Virus, der getarnt im System sein

Unheil anrichten wird. Das fatale an diesem Virus ist, dass er durch chemische Gaben Auftrieb erhält. Das ist so, als ob man Feuer mit Benzin löschen würde. Wir empfehlen euch, in eure Stärke zu gehen. Eure Stärke ist die Stärke eurer Liebesfähigkeit, eurer Fähigkeit zu vergeben, eurer Fähigkeit, für euch selbst die Fürsorge zu übernehmen. Wenn ihr die Quelle der Liebe anzapft, habt ihr die Allmacht angezapft. Diese Quelle sprudelt unablässig und wird niemals versiegen. Lasst sie sich ausbreiten in eurem ganzen Körper und den gesamten Raum einnehmen, den ihr zur Verfügung habt. Das sei der erste Schritt.

Wenn ihr die Welt verändern wollt, müsst ihr bei euch anfangen. Jede große Veränderung, ja, sogar die gesamte Schöpfung beruht auf Vertrauen. Ohne Vertrauen gibt es keine Veränderung. Vertrauen müsst ihr aufbringen ohne Beweise, sondern im Glauben daran, dass alles, was jetzt geschieht, einen tieferen Sinn hat, auch wenn ihr ihn nicht versteht. Vertrauen ist ein Motor, der die DNS antreibt, denn Vertrauen hat mit Liebe zu tun. Haltet euch immer vor Augen, dass alles Energie ist und Energie ständig mit allen Energien in Kommunikation steht, egal, welche Formen sie auch angenommen haben. Es ist wichtig, dass ihr euch das bewusst macht und erkennen könnt, wann höhere Energien am Wirken sind. Und bevor ihr eingreifen wollt, fragt, ob das angemessen ist. Falls nicht, unterlasst es, sonst könntet ihr den Abläufen schaden und anderen zusätzliche Arbeit bereiten. Wenn ihr mit den Höheren Lichtwelten zu tun haben wollt, dann sind diese Energien immer weniger greifbar für euch und somit weniger begreifbar. Euch bleibt nur das Vertrauen, eine andere Wahl habt ihr nicht, wenn ihr innig mit eurer DNS in Verbindung treten wollt. Das ist auch der Grund, warum viele Menschen nichts mit dem Quantenbereich oder reinen Energien anfangen können. Der Verstand hat kein Vorstellungsvermögen davon, daher trauen sie einem reißenden Tiger mehr Kraft zu als den Höheren Energien, die sie weder sehen noch wahrnehmen können. All jene, die bereits eine bewusste Kostprobe erhalten haben, wissen um diese Existenzen. Sie haben die Geschichten der inneren Welten etwas kennengelernt, insbesondere den Teil, der mit ihrer eigenen Geschichte zusammenhängt. Es ist wichtig für euch, eure eigene Geschichte zu kennen. Damit legt ihr eure Reiseroute fest.

Für eine Erhebung benötigt ihr Licht. Dieses Licht kann ausnahmslos nur in euch selbst entfacht werden. Das ist enorm wichtig. Bittet um dieses Licht und bittet darum, dass ihr es lodernd erhaltet. Gießt beständig heiliges Öl darüber, damit es niemals erlöschen kann. Erinnert euch, Gott ist Licht, er ist das Licht allen Lichts. Es gibt kein größeres Licht als seines. Wie wollt ihr euch mit dem Licht verbinden, wenn ihr selbst kein Licht im Inneren habt? Das Licht in eurem Inneren nimmt den Weg der Nadis (feinstoffliche Energieleitbahnen) und der heiligen Gänge, die dann durch euren Körper emporzüngeln, um sich mit dem Höheren Licht zu verbinden. Es kann sich nur etwas verbinden, was vorhanden ist. Daher seid ihr aufgerufen, das innere Feuer endlich zu zünden und dafür zu sorgen, dass es hell lodert und für alle sichtbar ist. Dieses Feuer ist heilig und göttlich und verzehrt zugleich, was gereinigt werden soll. Eure innere Reinheit hängt mit eurer Wahrheit zusammen, die ihr bereit seid anzuerkennen und mehr noch, nämlich zu leben. Werdet geradlinig im Glauben und Vertrauen. Seid der Fels, den die Menschen brauchen werden, wenn das Wehklagen ertönt. Wie sonst wollt ihr anderen Halt geben, wenn ihr selbst wankend seid?

Wenn man euch eine Tablette reicht, schluckt ihr diese im Glauben darauf, dass sie euch helfen wird. Wenn Gott euch seine Hand helfend entgegenstreckt, werdet ihr spitzfindig und macht ihm Vorhaltungen, weil dieses oder jenes in der Welt geschieht oder auch nicht geschieht. Zu Unrecht, denn es sind eure Projektionen und das, was ihr in euch tragt. Nichts anderes kann sich zeigen. So sind die Systeme angelegt, auch wenn ihr es nicht wahrhaben wollt.

Wir sprechen hier nicht von Verniedlichungen oder Kavaliersdelikten. Erinnert euch, Vertrauensmissbrauch ist Gottesmissbrauch.

Ihr kommt am besten durchs Leben, wenn ihr euch schleunigst die göttlichen Attribute aneignet: Liebe, Wahrheit, Güte, Mitgefühl, Dankbarkeit, Zufriedenheit, Frieden, Freundschaft. Das sind die Wegweiser für eure Zukunft. Folgt ihnen und lasst die Vorwände fallen, die euch das Ego liefert, wenn es behauptet, dass niemand bei all den Grausamkeiten so durch die Welt käme. Das Ego will dich damit auf dem Boden des Kampfes halten, der dich töten wird, weil das Ego erst Ruhe gibt, wenn der Gegner tot ist, damit es keine Angst mehr hat. Das Ego lügt.

Wenn die Gottesattribute gefordert sind, dann sind es mit Sicherheit keine schwachen Attribute. Also überlegt wohl, wem oder was ihr vertraut und worauf ihr baut. Ein moralisch einwandfreies Verhalten ist gefragt, ohne wenn und aber. Moral hat nichts mit Ehre zu tun, denn Ehre gehört zu dem Stolz des Egos. Moral ist kosmisch und global auf eurer Erde überall gleich und gebietet, stets so zu handeln, dass niemand durch dieses Handeln Schaden nimmt. Es beinhaltet die Fürsorglichkeit und das Leben zum Wohle und Segen aller. Euch geht es nur gut, wenn es allen gut geht. Das wisst ihr, auch wenn ihr es oft genug verdrängt. Die Moral teilt, die Gier

Moral

reißt an sich und vernichtet sich letztlich selbst. Sie kann nicht anders. Die Moral erhält das Leben und sorgt für ein liebevolles Miteinander. Denkt an alle großen Meister, die voller Güte, Weisheit und Moral gelebt haben. Die Weisheit haben sie erhalten, weil sie die göttlichen Attribute gelebt haben.

Niemand ist weise geboren worden, und die Meister sind nicht vom Himmel gefallen, sondern gefahren oder herabgestiegen, um eine Perle auf dieser Erde zu werden, die nur durch beständige Reibung zu einer Perle werden kann, eingesperrt in einer Muschel vom Sand der Vergänglichkeit. Sie alle hatten keinen leichten Weg. Betrachtet die Geschichte eurer Ahnen, die alle ins Licht aufgefahren sind und auf Höheren Ebenen ihren Platz eingenommen haben. Ihre Zeit war nicht leichter als eure heute. Jede Zeit hat ihre Tücken und Schwierigkeiten. Dennoch haben sie es geschafft, weil sie ihr Ziel immer klar vor sich hatten und niemals geduldet haben, dass sie andere aus dieser Liebe und Hingabe herausreißen konnten. Sie haben nach den göttlichen Regeln gelebt und sich die göttlichen Attribute angeeignet. So wie das Blut in euren Adern bei allen gleich fließt, ist auch für alle die Moral die gleiche. Es gibt keine unterschiedliche Moral der Kulturen. Verwechselt das bitte nicht mit den Sitten oder Bräuchen der Regionen eurer Erde, die von Menschen gemacht sind. Alles von Menschen Gemachte hat mit Gott nichts zu tun, es sei denn, es geht um die Umsetzung seines heiligen Willens.

Der Untergang einer Zivilisation wird durch deren Moral bestimmt und gemessen. Wenn ihr eure Geschichte zurückverfolgt, werdet ihr feststellen, dass die Moral dabei eine große Rolle spielte und den Zerfall der Zivilisationen hervorgerufen hat. Mit zunehmender Amoral tritt die Liebe in den Hintergrund und die Vernichtung hat freie Bahn. Gott wird sich eurem eigenen Willen nicht in den Weg stellen. Er gab euch den freien Willen, damit ihr ihn nutzt und euch immer wieder entscheiden könnt. Ihr habt also die absolute Freiheit des kosmischen Raumes, die die absolute Verantwortung bedeutet. Freiheit ohne Verantwortung gibt es nicht. Vertraut darauf, dass ausnahmslos jeder zur Verantwortung gezogen wird.

Die Mo-Ra-l ist der einzige Garant für ein fürsorgliches Miteinander. Sie ist stabiler als gesellschaftliche Regeln, die sich laufend ändern, weil sie ewig ist. Wie ihr seht, habt ihr das Wort Ra (Sonnengott) als Inhalt des Wortes. Also könnt ihr die Wichtigkeit des Stammes erkennen und dessen Bedeutung erahnen. Die Sonne ist das höchste sichtbare Licht im Universum und dem göttlichen Prinzip gleich, das alles Leben aus der Erde nach oben zieht durch seine Kraft. Denkt also senkrecht und nicht mehr linear.

Das lineare Denken provoziert euch, viele Pläne zu schmieden, die eben nur eure Pläne sind und nicht dem Wohle aller entsprechen müssen. Das senkrechte Denken liefert euch Gedanken der Höheren Welten, auf denen der Segen ruht und die euch im Jetzt halten. Die Konzentration auf den Moment ist wichtig. Die Menschheit hat große Probleme, sich zu konzentrieren, weil sie es verlernt hat und alles, was ihr tut, von endlosen Unterbrechungen gespeist ist. Noch nicht einmal einen Film könnt ihr sehen ohne diverse Unterbrechungen. Alles wird aus dem Zusammenhang gerissen, damit ihr euch schwertut, Verbindungen herzustellen und vor allem zu halten. Die Pyramide kann euch helfen, weil ihr dort die Energie von oben aufnehmen könnt.

Für die DNS ist es Voraussetzung, dass ihr kristallin werdet. Diesen Zustand könnt ihr nicht allein herbeiführen. Ihr benötigt dazu die Höheren Welten und deren Einfluss und Fähigkeiten, eure gelartige Masse zu wandeln, da die DNS auf kristalliner

Basis arbeitet. Die kristalline Struktur oder auch der Kristallschliff, den ihr benötigt, lassen euch die Verbindung zu den Höheren Welten herstellen. Jede Erkenntnis, die ihr im Leben erlangt, ist ein Schliff an eurem eigenen Kristall. Der höchste und reinste Kristall ist der Samenkristall Gottes. Partikel davon könnt ihr über die Sonnensysteme erhalten, aber ihr müsst diese auch aktivieren können. Das funktioniert am besten, wenn ihr an euren kristallinen Strukturen arbeitet. Ihr entscheidet, ob ihr ein Rohdiamant seid oder einen Schliff erhaltet. Auch die Merkabah hat eine kristalline Struktur und wird durch göttliches Feuer in eurem Herzen erbaut.

Samenkristall

In einem Kristall können Kraft und Licht gebündelt werden. Er kann erstrahlen, senden und empfangen. Ein Kristall ist ein Speichermedium, das Wissen und Energie speichern kann. Aus ihm könnt ihr Informationen erhalten, ja, sogar in ihm reisen. Das alles ist in einer gelartigen Masse völlig anders, wenn ihr euch diese zähe Masse vorstellt, die bei den meisten auch noch trübe ist.

Kristalle sind lebendig. Zur Zeit der Atlantis gab es kristalline Einrichtungen, weil diese lebendig waren und einen ständigen, regen Austausch gewährleisteten. Große Energie-Kristalle hielten die Energieversorgung ganzer Städte. Es gab auch eine Kristall-Zucht, die mit unendlich viel Liebe durchgeführt worden ist. Aus den Kristallen eurer Erde könnt ihr viel erfahren, wie auch von den Bäumen, die ihre Geschichten erzählen. Kristalle und Pyramiden haben das Leben der Erde seit Anbeginn geprägt. Mit dem Moment, wo das Feuer nutzbar gemacht werden konnte, erlangte der Mensch die Fähigkeit, sich weiterzuentwickeln. Nur ein geringer Teil der Menschheit entwickelte sich, nämlich diejenigen, die sich mit den Plejadiern paarten, ihren Samen aufnahmen, der ihnen eine spirituelle

Entwicklung ermöglichte. Dies ist die Sternensaat, von der immer gesprochen wird. Ihr benötigt also die DNS-Anbindungen zu euren lemurischen und plejadischen Schichten. Wenn sich euer Bewusstsein erweitert oder erhebt, dann hat das mit Ausdehnung zu tun. Diese geht über euer Universum hinaus, denn in der DNS gibt es keine Distanz, die man überwinden müsste. Was euch hier in der Hauptsache fehlt, ist die Balance zwischen männlichen und weiblichen Anteilen. Der Magnetismus, das Spiel zwischen Anziehung und Abstoßung, ist ein wichtiger Bestandteil eures Lebens. Was zieht ihr an, was stoßt ihr ab?

Wir haben in den vorhergehenden Büchern immer wieder die Wichtigkeit eurer Absichten erwähnt. Wir haben euch immer wieder zur eigenen Wahrheit aufgefordert. Die DNS erkennt eure wahren Absichten genau.

Auch wenn ihr uns gegenüber oder euren Brüdern und Schwestern gegenüber unwahr seid, eure DNS führt ihr nicht hinters Licht. Sie reagiert auf alles, was von euch ausgeht. Sie weiß genau, ob ihr bereit seid, die Verantwortung für euer Handeln zu übernehmen oder nicht. Es findet eine beständige Interaktion von euch und eurer DNS statt. Jedes Signal wird aufgenommen, und dementsprechend reagiert eure DNS. Ihr seid mit einem bestimmten Bewusstsein geboren, das von eurer DNS gehalten worden ist, bis zu dem Moment, wo ihr bereit seid, euer Bewusstsein zu erweitern und zu erheben. Ein wichtiges Signal für eure DNS. Nicht ihr haltet das Bewusstsein, sondern eure DNS hält es für euch, daher kann es auch nur dort verändert werden. Bewusstsein setzt die Klarheit voraus, dass ich weiß, was ich tue, dass ich den göttlichen Plan kenne und dem Pfad der Weisen folge. Die Doppelhelix ist verantwortlich dafür, dass Menschen sterben, denn sie leben intensiv die Polarität von Leben und Tod. Irgendwann wechseln sie die

Seiten, statt die übergeordnete Position einzunehmen, die ihnen gestattet, „über den Dingen zu stehen“.

Ihr seht also, dass die Dinge wieder kristallklar für euch werden sollten, damit ihr die Klarheit erhaltet, die ihr braucht. Das Zeitalter der Göttin fordert euch auf, euch mit Emotionen und spiritueller Weisheit zu befassen und vor allem die mütterlichen Aspekte zu leben. Fürsorge für das Leben und natürlich für euch selbst zu empfinden. Reißt daher die Mauern des Vorwands nieder, denn hinter diese könnt ihr selbst nicht blicken, weil sie euch die Sicht auf die Wahrheit versperren. Und wenn ihr wahre Heilung wollt, dann benötigt ihr die DNS-Energien, die aus den göttlichen Regionen stammen und sich über alle chemischen Reaktionen hinwegsetzen können, weil sie allesdurchdringend sind. In Allem zu sein, ist eine göttliche Kraft und der göttliche Zustand des „Ich Bin“. Es ist ein Zustand der Allgegenwärtigkeit und der damit verbundenen Kraft und Macht im Jetzt, die eine intensive Interaktion gestattet. Auf der kristallinen Ebene geschieht alles leichter und schneller, schon aufgrund der Reinheit und der besseren Weitergabe der Lebensinformationen. Ihr könnt euch das wie eine sprudelnde Quelle vorstellen, in der das Wasser mit Leichtigkeit tanzt und springt. Im Gegensatz dazu könnt ihr euch auch eine zähe, trübe Suppe vorstellen, wo sich die Flüssigkeit langsam und zäh dahinquält. Die Entscheidung dürfte nicht schwerfallen.

So ist der höchste Kristall ein Meisterkristall des Thoth, und die Aufstiegsform ist die Pyramide des Lichts der 144000 aufgestiegenen Meister, die die Spirale des Aufstiegs in Gang setzen. Wie das Licht die Blumen aus der Erde hervorlockt, so zieht das Licht des All-Einen euer Bewusstsein nach oben. Im Prinzip bräuchtet ihr nur stillzuhalten.

In Ägypten heilte man mit dem Anch (Ägyptisches Kreuz). Das funktionierte so, dass Energien der DNS über das Anch in die kranke Stelle des Patienten flossen oder übergingen, um dort wieder die göttliche Ordnung herzustellen. Das Anch arbeitet mit der Energiebalance des männlichen und weiblichen Systems. Man hat damit große Heilerfolge erzielt. Es ist eine spirituelle und doch auch materielle Kombination, durch die man Heilung erfährt. Voraussetzung war, dass der Heiler selbst rein und kristallin war, um damit arbeiten zu können. Die Energien des Anch konnte jeder sehen und spüren. Sie führten zu einer sehr schnellen Heilung. Eure Heilungsmethoden sind entweder langweilig und verlogen. Es gibt nur wenige wahre Heiler, die ihr Handwerk verstehen und die wissen, dass sie ohne die Höheren Ebenen keine Heilung vollbringen können. Sie wissen ebenso, dass Heilung auch erlaubt sein muss. Ein wahrer Heiler lebt in seinem Kristall und integriert diesen in sein Leben. Er steht somit mit allen anderen Kristallen in Verbindung, zum Austausch von Informationen, die benötigt werden. Ein Kristall teilt das Wissen, ein Ego nicht.

Sternensaat

Die Sternensaat, die ihr seid, hängt also mit euren Brüdern und Schwestern von den Plejaden zusammen. Sie haben dereinst die spirituelle Saat gelegt mit ihrem Samen, und das Saatgut ist immer noch vorhanden. Es kann jederzeit reaktiviert werden. Auch sie sind eure Väter, die ihr Wissen mit euch dadurch geteilt haben, dass sie sich mit euch verbunden haben. Diese Verbindung fand in Liebe und mit Respekt statt. Sie gaben ihren Samen an euch als Erwählte, weil sie ihre Körper ablegen wollten, und bevor es dazu kommen konnte, wurde der Same gegeben, damit die nächsten Generationen diesen weitertragen. Euch wurde damit die Möglichkeit eröffnet, ein spirituelles Sein zu leben.

Spirit-uell (Spirit = Geist) sollte euch helfen, das geistige Leben zu erkennen und es in euer materielles Leben zu integrieren.

Im geistigen Sein gibt es nur Wahrheit; die Lüge ist in der Materie der Illusion zu Hause. Erinnert euch, alles ist geistig, der Ursprung allen Seins. Damit ihr zu diesem Ursprung zurückkehren könnt, wurde diese Verbindung für euch geschaffen. Zum Ursprung zurückkehren bedeutet nicht, dass man dafür gleich seinen Körper verlassen muss. Aber man kann sich wieder mit dem Ursprung vereinen und mit diesem auch in einem Körper verbunden sein. Daher ist die Heiligkeit des Lebens unantastbar, und jede Lüge ist eine Lüge, in das Gesicht Gottes gesprochen. Und wer wieder tief in die DNS eindringen will, muss vorher das Gesicht Gottes schauen, der den Weg dafür freigeben muss. Es ist eine Schwelle, die dich mit dem Höchsten Sein, der Interdimensionalität und dem quantenhaften Sein verbindet. Der kosmische Raum steht dir dann wieder offen, wo du, wie auch die anderen, Kontakte herstellen kannst. Die Richtung deines Lebens muss klar sein, denn wenn dir der Himmel wieder offensteht, stehen dir auch neue, bisher ungeahnte Möglichkeiten offen. Die Entscheidung darüber, was jemand erhält, wird nicht mehr vom Menschen getroffen, sondern aus Höheren Welten entschieden. Weise Lehrer werden deine Begleiter sein. Diese können ein anderer Aspekt deiner selbst sein. Das heißt, du begegnest dir selbst und lehrst dich selbst oder erhältst Lehren aus den Höheren Ebenen. Intensiv mit der DNS zu leben, ist nicht immer ein Zuckerschlecken, weil es dem Ausspruch folgt, dass jedes Haar eures Hauptes gezählt ist. Und das wiederum bedeutet, dass ihr alles, ausnahmslos alles, bereinigen müsst, was mit euch zu tun hat, unter Umständen jeden Tag. Ihr müsst sozusagen euer Leben in seine Hand legen und ihn in seiner Allmacht walten lassen. Das ist für viele nicht einfach, die meisten weigern sich. Diejenigen, die diese Entscheidung getroffen haben, werden belohnt werden, auch wenn ihr Weg schwerer anmutet als das oberflächliche

Leben der anderen. Der spirituelle Pfad ist der Pfad, den der Lichtreiter nimmt. Ein Geschenk der Plejadier, damit ihr überhaupt Zugang zu euren anderen Aspekten erhaltet, in Zusammenarbeit mit Kessil-Ra (Orion), die euch zusammen in gemeinsamer Arbeit den geistigen Aufstieg ermöglichen. Ihr seid die Sternensaat, das Licht der Erde, diejenigen, die das Licht halten, das geistig und dennoch materiell sichtbar ist. Ihr seid es, die Veränderungen bewirken, ihr seid diejenigen, die ein neues Jerusalem auf der geistigen Ebene erbauen. Dazu ist es erforderlich, dass ihr den Bund wieder mit euren Brüdern und Schwestern von den Plejaden und Lemuria schließt. Die Lemurianer haben intensiv mit der DNS gearbeitet. Sie waren diejenigen, die das Metier am besten beherrschten. Sie konnten ihr Gewand wechseln, wann immer es erforderlich war, denn sie hatten ein Bewusstsein, das kein Volk der Erde bisher wieder erreicht hat. Wenn du ein Gewand gewechselt hast, dann hast du dieses Gewand durch die DNS, verbunden mit einer Lichtsäule, erhalten, was dir Heilung ermöglichte, deinen Geist befreite, deinem Baum des Lebens wieder eine feste Wurzel (Shen-Abu) gegeben und deine Systeme wieder reaktiviert hat. Die Samen wurden berufen, die Stränge der DNS ordneten sich neu und erweiterten sich auf den Urzustand, sodass nun die Wurzel mit Keter (der Krone des Baumes) wieder zusammengefügt werden konnten.

Nie kann ein Mensch ganz heil werden, wenn er sich nur in dem bipolaren Bereich der Doppelhelix bewegt und seine Anbindungen an die höheren Welten gestört oder nicht vorhanden sind. Wir sagten euch in den vorhergehenden Büchern, dass Heilung immer all-umfassend ist. Daher trachtet nach der Einheit und dem kompletten Farbspektrum Metatrons. Es sind die Frequenzen, die euch fehlen und wieder integriert werden müssen. Das, was ich Himmelsgewölbe nenne, nennt ihr Himmelszelt, und wie in einem Zelt lebt ihr auch. Ein Zelt ist klein und schottet euch ab vom Rest der Welten. Wir aber reisen durch die Gewölbe und eröffnen neue. Ein Gewölbe ermöglicht dir, Lehren zu erhalten, was in den unterirdischen Gängen und Räumen der Pyramiden symbolisch angedeutet und beschrieben ist. Ein Zelt bietet dir Schutz vor Regen, wenn es nicht gerade weggeschwemmt wird. Doch wenn du mal in dunkler Nacht unter einem Himmelsgewölbe stehst und den Sternenbrüdern lauschst, die zu dir sprechen, wirst du eine Ahnung erhalten von der Weite deines eigenen Seins und den damit einhergehenden Möglichkeiten, die in dir ruhen. Du wirst die Ausdehnung deines Bewusstseins erfahren und nie wieder klein und eingesperrt leben wollen. Ein Gewölbe kann besseren Schutz bieten als ein Zelt. In einem Zelt bist du oft einsam, in einem Gewölbe niemals. Energie kommuniziert immer.

Eure DNS und somit euer Bewusstsein muss sich verändern. Denn die Erde hat entschieden, dass sie in die Einheit zurückkehrt. Das bedeutet für euch, dass sich kosmische Energien mit der Energie der Erde verbinden. Denn die Erde ist dabei, wieder ihre DNS zu aktivieren und zu erweitern. Und so greifen Energien in bestehende Energien der DNS der Erde und in eure. Darum ist es wichtig, aus der Doppelhelix herauszutreten und die Erweiterung mitzumachen. Die Erde duldet keinen falschen Messias mehr. Sie hat sich auf den Pfad begeben, der sie in die Wirklichkeit führt. Die Zelte werden abgebaut und stattdessen wirkliche Kathedralen des göttlichen Seins errichtet. Aus den Gewölben werden heilige Stätten, die schon immer miteinander verbunden waren und nun wieder bewusst und intensiv eine Einheit erleben. Ihr kommt immer mehr und mehr in die Erinnerung, wer ihr wirklich seid. Es wird euch bewusst gemacht, wenn ihr selbst nicht die Augen davor verschließt.

Nur wer die Anbindungen an die höheren Chakren hat, ist in der Lage, innerhalb des Zeitfensters und außerhalb im ewigen Raum zu arbeiten. Diese sind es, die die Veränderungen bringen, die im Vertrauen leben und den geistigen Bereich verstehen. Diese erkennen klar die Bühne der Zeit, auf der Geschichten aufgeführt werden. Die Frequenzhalter stehen nur noch mit einem Zeh auf diesem Boden, weil sie sich erhoben haben, um wichtige Aufgaben zu regeln. Ihr Interesse gilt ausschließlich dem ewigen Sein. Sie trachten nach der göttlichen Intelligenz, dem kosmischen Superhirn, das ihnen die Türen und Tore neuer Welten öffnet, wo sie neue Gaben empfangen dürfen. Sie erheben sich in die höheren Chakren, auf die sie sich einstimmen, während die Wurzel sie hier hält, damit sie sich unbeschadet auf den Weg machen können.

Als euer Planet noch in den Anfängen steckte und Urantia voller Licht (Ur = Licht) und Leben war, kamen verschiedene Sternenbrüder auf diesen Planeten, um einen Beitrag zu diesem Experiment zu leisten. Wir sagten euch ja im ersten Buch P'taah, dass das alles ein Experiment ist.

So kam mit den verschiedenen Völkern auch das Volk Israel auf diesen Planeten. Die Is-Ra-Eliten waren das auserwählte Volk, das die höheren Lehren auf diesen Planeten gebracht hat, da sie Licht von Seinem Licht waren und das Licht heiligten und immer reinhielten. Wie der Wortstamm euch zeigt, ist es eine Aussaat, eine Elite, die eine spirituelle, weise Lichtsaat des Göttlichen ist. Die Fürsorglichkeit des Vaters, der alle Vorsorge für seine Kinder getroffen hat, gab ihnen den Auftrag, dafür zu sorgen, dass die Aufstiegsspirale gesetzt wurde durch die heiligen Lehren, die sie verbreiteten. Durch diese Auserwählten habt ihr die Möglichkeit der Wahrnehmung des Geistigen erhalten und letztendlich

Das auserwählte Volk

auch den Heiligen Geist, denn nur über diesen könnt ihr die Spiritualität wahrnehmen. Sie haben dafür gesorgt, dass die Baupläne der DNS so angelegt waren, dass ihr das Wissen aus den Höheren Reichen aufnehmen könnt. Die Eminenzen hinter den Eminenzen wollten und wollen das noch immer verhindern. Deshalb stieg der Christus herab zur damaligen Zeit, damit euch die Wiedergeburt gegeben wurde, das heißt, dass ihr in der Lage seid, das Todeshormon zu überwinden, um aus dem Rad der Zeit herauszutreten, die ständigen Wiedergeburten hinter euch zu lassen und das ewige Leben im Licht wieder zu erlangen. Dieses Is-Ra-El ist ein spirituelles Is-Ra-El, und sein auserwähltes Volk sind alle Wesen auf allen Kontinenten der Erde, die sich für das Licht entschieden haben und den spirituellen Pfad wählen. Es ist das Volk, das wieder eingesammelt wird am Ende der Tage, ebenfalls aus allen Kontinenten der Erde, weil sie kamen, um die Weisheit des Lichts zu bringen. Dieses Lichtprogramm sorgt für das ewige Wachstum des Bewusstseins in die höchsten Lichtregionen hinein. Die Einweihungsstätten für dieses Programm waren und sind immer noch die Pyramiden, speziell jene, die den Christus-Winkel haben, wie die Große Pyramide in Ägypten, wo auch Jesus seine Ausbildung erhalten hat. Bisher ging es um das materielle Jerusalem als ein Knotenpunkt des Kampfes um die Vorherrschaft des Lebens auf der Erde. Von dort aus wird die Existenzangst gespeist und verbreitet. Und diejenigen, die sich vom Licht losgesagt haben, werden den Weg zurück nicht beschreiten können. Sie haben die Tür sozusagen selbst zugeschlagen.

Altes Jerusalem

Das alte Jerusalem ist ein materielles Jerusalem der Gier und Habgier, das sich selbst zerstört. Es ist herausgefallen aus den klaren, reinen Strukturen der Lichtkristalle und kann weder deren Heiligkeit noch deren Informationen aufnehmen. Das alte Jerusalem findet ihr weltweit, denn die Gier nach Macht tritt stärker denn je hervor. Auch das alte Jerusalem ist ein geistiger Zustand, der materialisiert wurde, den die Menschen auf diesem Planeten leben. Diese Machtstrukturen gehen bis zur Besessenheit und erschaffen Feinde, wo keine sind, um die Herrschaft zu legalisieren, damit die Knechtschaft besser angenommen wird und mit Dankbarkeit über die „Rettung fremder Herrschaft" brav und folgsam den fremden Befehlen gefolgt wird. Das materielle Jerusalem hat jedoch keinen Platz mehr in der Welt der Göttin, die das emotionale-spirituelle Leben in den Vordergrund stellt. Und alle, die das geistige Leben und die Heiligen Lehren des Lichts negieren, finden sich an das materielle Jerusalem gekettet.

Goldene Zeiten gab es viele auf der Erde. LeMuria hatte ihre goldene Zeit wie auch Atlantis, das eine goldene Hochkultur hatte. Seit dem Missbrauch der kristallinen Strukturen allerdings darf niemand mehr mit Kristallen sein Unwesen treiben. Das Zusammenwirken mit heiligen Kristallen ist nur soweit gestattet, wie auch das Bewusstsein desjenigen entwickelt ist. Viele glauben, wenn sie sich einen Kristallschädel ins Wohnzimmer stellen, hätten sie Zugang zu den Kristallschädeln der goldenen Pyramide des Sonnenlichts. Es ist nichts gegen ein solches Bewusstsein einzuwenden, aber eure Aufgabe ist eine andere. Die Strukturen eures Gehirns aus Fleisch wandeln sich mit zunehmender Zusammenarbeit mit der DNS selbst in kristalline Strukturen. Das ist ausnehmend wichtig. Euer Gehirn selbst wird zu einem Kristallschädel, in dem alle Informationen gespeichert sind. Das ist auch logisch, wenn ihr insgesamt kristallin werden sollt. Ihr haltet Kristall für eine harte Struktur, was es nicht ist. Auf höheren Ebenen ist Kristall formbar und anpassungsfähig, absolut wandelbar in Form und Farbe. Die gelartige Masse eures Gehirns nimmt kristalline Strukturen an, die den Pyramiden

Kristallgehirn

gleichen und die in einer bestimmten Form angeordnet sind. Diese pyramidalen Formen können mit dem gesamten Universum Verbindung aufnehmen und, was noch wichtiger ist, das Bewusstsein ermächtigen, diese Informationen umzusetzen, zu verstehen und zu begreifen. Diese Informationen laufen in der Sprache der DNS ab, die mit der Superhelix verbunden ist, und das wiederum bedeutet die Verbindung mit dem Superhirn, das ebenfalls kristallin ist. Diese Sprache ist eine Sprache der Bilder, des Feuers, der Glyphen und Piktogramme, die in eurem Bewusstsein in einem Moment ein immenses Wissen freisetzen. Ihr begreift einfach und wisst. Diese Sprache ist die Sprache von Gott und Göttin. Es ist eine kreative Sprache energetischer Natur, die mit einem geringen Aufwand einer Glyphe eine ganze Abhandlung vermitteln kann bis hin zur höchsten göttlichen Weisheit. Anders formuliert, es ist eine spirituelle Sprache, die von den höchsten Ebenen ausgeht und so machtvoll ist, dass sie vor euren Augen Materie verändert, wenn das erwünscht ist. Eine Kopie von einem menschlich-kristallinen Gehirn wird in die Sonnenpyramide der Kristallschädel aufgestellt, denn mit diesen Schädeln wird das Superhirn weiter und weiter gespeist. Jeder im gesamten Universum hat Zugriff zu diesen Informationen, wenn er denn körperlich in der Lage und vor allem seelisch rein ist, diese Sprache zu verstehen und anzuwenden. Diese Sprache der DNS setzt sich aus fünf Sprachen zusammen, die kunstvoll und bilderhaft oder auch glyphenhaft sind. Es sind die Piktogramme, die ihr auch in Ägypten findet, als Teil der ewigen Sprache des Lichts. Ägypten selbst steht für die weibliche Gehirnhälfte mit einer hochspirituellen Eigenschaft. Die DNS ist hier besonders aktiv. Ihr könnt fühlen, sehen und verstehen, wie sich Energien ineinanderschieben, miteinander verbinden und sehr wirkungsvolle Ergebnisse bringen. Hier ist der Ort, wo ihr die

Ebenen wechseln könnt, die euch die DNS anbietet, wo es keine Zeit gibt und keine Begrenzung, weil ihr hier in alle Zeitfenster eintreten könnt, ohne auch nur die geringste Distanz überwinden zu müssen. Es ist wirklich ein erhebender Ort. So wie hier die Pyramiden angeordnet sind, benötigt ihr eine Anordnung der Kristallpyramiden in eurem Gehirn. Denkt dabei jedoch an das Spiegelbild der Formation. Die Hüterin der Kristallschädel ist weiblich. Es ist diejenige, die in der Sprache des Gleichnisses „die Alte" genannt wird, die mit der „Jungen" den Schädel hütet, die das kristalline, neue Gehirn symbolisiert. Alles nur wörtlich zu nehmen, zeugt von einem Bewusstsein der ersten Ebenen. Die höhere Weisheit dahinter zu erkennen jedoch, weist auf die höheren Ebenen hin. Wenn du durch die Hallen der Tempel gehst, kannst du oft das Wispern hören: „Höre und verstehe" oder „Ich sehe dich". Es ist das Raunen der Weisen, die dein altes Wissen wieder freisetzen wollen. Sie helfen dir auf dem Weg in die Freiheit und Einheit, damit du in der Lage bist, wieder ein vollwertiges Mitglied der himmlischen Familie zu sein. Dazu benötigst du aber die Sprache der DNS. Nur über die kristallinen Gehirnstrukturen bist du in der Lage, eine Flut von Informationen unterschiedlicher Art zu verarbeiten, ohne dass deine Systeme überlastet werden. Die pyramidale Struktur ist eine Gottesstruktur, daher kann sich nur die göttliche Form mit der göttlichen Struktur des Lichts verbinden. Für den Menschen in seiner Entwicklung bedeutet das, dass er Gott den gesamten Raum einräumen muss und sich mit den Attributen Güte, Liebe und Barmherzigkeit vereinen muss, also mit den weiblichen Attributen. Wenn du das Kind Gottes bist, kannst du nicht anders sein wollen als Gott selbst und als was er dich erschaffen hat. Du hast also alle Anteile im Kleinen, wie sie im Großen existieren. Wenn du als Mensch selektierst und nur wenige auswählst, die du für deinen selbstgewählten „Lebenskampf" benötigst, wirst du vergeblich versuchen, die Heiligkeit des Seins zu ergründen. Die Liebe kämpft nun mal nicht, also höre auch du auf zu kämpfen. Lege die Waffen nieder und läute den Frieden deiner Seele ein. Denn niemand von den höheren Ebenen duldet, dass der Raum der Liebe durch Kampf verunreinigt wird. Hier ist der Raum, wo die Grenzen klar abgesteckt sind. Nur wenn du die Heiligkeit des Lebens achtest und würdigst, darfst du mit der DNS bis in die höchsten Ebenen arbeiten. Solltest du zu denen gehören, die nur behaupten, sie können mit der DNS heilen, ohne in das Angesicht Gottes geschaut zu haben, dann werden sich diese Ebenen vor dir verschließen. Der Baum des Lebens wird Schaden nehmen, weil du dich gegen das Leben gestellt hast. Wir sagten dir ja, auf den Ebenen und Energien der DNS bist du nicht mehr derjenige, der entscheidet. Hier wird dir gegeben oder auch nicht. Je höher sich das Bewusstsein entwickelt, desto fürsorglicher ist der Umgang mit den zur Verfügung gestellten Energien. In diesem Bereich sorgt das Leben für das Leben in Liebe und Fürsorge, zieht es das Licht zum Licht und sorgt für den Erhalt des Lebens, das das Bedürfnis hat, sich auszudehnen.

Wenn du ängstlich bist, bist du völlig fehl am Platz, denn hier begegnen dir unter Umständen Wesen, die für dich furchterregend aussehen können. Nur den Siegern beugen sie sich im Wissen um die göttliche Macht des All-Einen. Auch diese Wesen kämpfen nicht, weil hier jeder Kampf der eigene Untergang ist, anders formuliert, alles, was du in diesen Energiebereichen gibst, erhältst du postwendend zurück. Daher würde sich jeder sehr überlegen, wie er vorgeht, wobei die meisten auch einfach nur Erlösung suchen, damit sie ins Licht eingehen können. Jedes Leben sehnt sich nach Frieden, weil dieser Baustein in der Göttlichen Matrix als ein Grundpfeiler des Lebens enthalten ist. Ohne Frieden gibt es keine Weiterentwicklung.

Der Unfriede hat dereinst die Menschen aus dem goldenen Zeitalter von Atlantis herausgerissen, die aus selbstherrlicher Überschätzung die Kraft der Kristalle zum Missbrauch der Macht genutzt haben. Die Konsequenzen auf dieser Ebene haben sie auch direkt erhalten, – die Zerstörung, die sie angerichtet haben, hat sie selbst ereilt. Der goldene Kristallschädel von Atlantis steht mit den anderen Kristallschädeln in der Sonnenpyramide in einer Reihe, um sein Wissen und seine Mahnung an alle weiterzugeben, die kommen, um zu lernen. Du kannst intensiv mit einem Kristallschädel arbeiten, wenn du stark genug bist, um mit dem umgehen zu können, was du dort erlebst. Denn dabei tauchst du in Welten ein oder Geschehnisse, von denen du nicht beeindruckt sein darfst. Hier sind wieder die Sieger gefragt, die die innere Stärke erlangt haben. Vor allem sollte niemand ohne Erlaubnis herumexperimentieren.

Ihr solltet Metatron als Beschützer an eurer Seite haben, der die Gottesmatrix ins Außen der Welt gebracht hat. Niemand als Mensch kann entscheiden, ob er für Höhere Welten bereit ist. Ihr könnt den Wunsch äußern. Wenn dann alle Vorbereitungen getroffen sind und ihr eurem eigenen Wunsch gefolgt seid und aktiv an der Verwirklichung dieses Wunsches gearbeitet habt, dann erst geben die Höheren Welten den Weg frei. Und gerade dann solltet ihr unter dem Schutz Metatrons stehen, der die Matrix hält und eure Geometrie neu anordnen kann. Von ihm erhaltet ihr eines der wichtigsten Gewänder. Eine optimale Führung in der geistigen Welt zu haben, ist also wichtig.

Manche glauben, dass sie sich an bestimmten Wegen und Hierarchien vorbeimogeln können. Der Gedanke kommt den Menschen, weil sie vom Verstand her Schwierigkeiten haben, sich die DNS mit allen Notwendigkeiten vorzustellen. Dazu müsste der Verstand sich alles zugleich vorstellen können, Einblicke in die Quantenbereiche und Interdimensionalitäten haben. Hat er aber nicht. Wir haben zuvor gesagt, dass diese Energien zum einen alle miteinander in Verbindung stehen, zum anderen ineinander und miteinander verbunden sind. Keine dieser Energien existiert allein für sich. Auch wenn ein Mensch glaubt, er bräuchte dies oder jenes nicht, sieht die DNS das völlig anders, da jede dieser Energien in der Zusammenarbeit mit allen anderen eine bestimmte Aufgabe hat, die euch das neue Leben ermöglicht. Die DNS erkennt sofort, wessen Geistes Kind ihr seid, und reagiert entsprechend auf euch.

Eine der wichtigsten Voraussetzungen dabei ist, das Licht in sich zu tragen. Wenn ihr die Materie verändern wollt, benötigt ihr Licht, weil der Grundbaustein der Materie eben Licht ist. Licht arbeitet mit Licht und grenzt sich klar von der Dunkelheit ab. Anders formuliert heißt das, dass es ohne Licht keine Materie gibt. Das bedeutet, dass ihr allen Anforderungen der DNS gerecht werden müsst, wenn ihr mit diesen Energien wieder eins sein wollt.

Energien abgrenzen

Die Seher unter euch Meistern können die Energien sehen, die von euch ausgehen. Sie erkennen an der Farbe eurer Energien schon, wessen Geistes Kind ihr seid. Wenn ihr jemanden auch nur zu etwas überreden wollt oder lügenhaft moralisch erpressen wollt, damit er euren Lakaien spielt, kann man diese Energie sehen. Sie versucht auf den anderen überzugreifen und von den dortigen Energien zu zehren oder sie zu unterdrücken. Vielen ist das nicht bewusst, weil sie es eben nicht sehen oder ihr Bewusstsein für die Aktivitäten von Energien nicht ausreicht. Die DNS jedoch wirft euch auf euch selbst zurück, indem sie euch alles zeigt, was ihr euch bisher nicht angeschaut oder nicht begriffen habt. Selbsterfahrung und Selbstdisziplin sind die Grundlagen dieser Arbeit. Die meisten Menschen haben noch nicht einmal eine klare Vorstellung vom Bewusstsein, weil sie es ständig im Außen suchen.

Vor Jahrtausenden hatten die Menschen weitaus mehr Lichtbewusstsein als ihr heute. Sie wussten um die heilige Geometrie und Astronomie. Ganze Bauwerke wurden weltweit auf die Astronomie ausgerichtet. Innerhalb kürzester Zeit verschwand dieses Wissen, und wenn ihr diese Werke heute betrachtet, habt ihr keinen Zugang zu deren Weisheit, weil euch das Bewusstsein dafür abhandengekommen ist. Wenn ihr an die Pyramiden denkt, dann seht ihr in erster Linie den überirdischen Bau. Der gleiche Bau hat aber auch unterirdische Seiten, deren Ausrichtungen ebenfalls eine große Bedeutung haben, denn die Erde ist Bestandteil der Einheit. Daher wurde alles in dieser kosmischen Verbindung erbaut, damit die Erde und der kosmische Raum in Harmonie verbunden sind. Die heilige Art der Architektur hat auch auf die Harmonisierung der Elemente großen Einfluss. Eure unschön und lieblos dahingebauten Städte hemmen die Elemente und Energien. Daher provoziert ihr etliche eurer Wetterprobleme durch eure Bauweise. Lernt, euch und euere Energien zu kontrollieren, euren Willen zu stärken, was nicht bedeutet, den anderen zu bezwingen, und seid voller Achtung und Respekt vor den Wünschen und Bedürfnissen der anderen. Lernt, euren Energiebereich abzugrenzen und den Raum der Liebe zu halten. Duldet nichts anderes und weist es sofort von euch. Ermächtigt euch, die Macht der Liebe zu leben. Geht endlich heraus aus dem Schuldkreis der Machtlosen und Opfer.

Allein, wenn ihr diese kurze Aufforderung lest, wisst ihr schon nicht, wie ihr das machen sollt, weil euer Verstand es sich nicht vorstellen kann und euer eigener Richter andere Ansichten von Wert oder Unwert eurer selbst hat. Ihr werft euch die Knüppel selbst in den Weg.

Wir geben eurem Verstand eine Anschauung:

Stellt euch vor, unser Energietester spricht mit einem Menschen, den er überreden will, etwas zu tun, was dieser nicht will. Von unserem Energietester gehen dabei dunkle Energien auf die Versuchsperson über, weil er diese ja bezwingen will. Dazu muss dieser Energietester nicht mal direkt vor der Person stehen, es reicht auch schriftlich oder telefonisch, weil die Energien immer mit dem verbunden sind, was ihr dazu nutzt. Die Versuchsperson fühlt sich unwohl, ohne dass ihr genau bewusst ist, warum sich der Energietester unangenehm anfühlt. Bedrängung und Beeinflussung nehmen zu. Das muss gar nicht harsch sein, das kann auch freundlich oder hinterhältig sein, oft mit einem jammernden Ton, weil Jammern gut beeinflussen kann und Mitleid provoziert. Da die Versuchsperson die Energien unseres Energietesters nicht mehr erträgt, geht sie freundlich weg. Die Energien des Energietesters sind aber noch immer mit der Versuchsperson verbunden auf sehr subtile energetische Art, und es dauert eine Weile, bis sich unsere Versuchsperson davon erholt. Unser Energietester sucht sich inzwischen ein neues Opfer, denn ein Scheitern erträgt er nicht. Schließlich will Herrschsucht herrschen und nicht verlassen werden. Zumindest erzählt er anderen, wie toll er jemanden fertig gemacht hat.

Was ist nun auf energetischer Ebene genau passiert?

Unser Energietester hat Herrschsucht oder Falschheit an den Raum abgegeben. Genau das erhält er von allen anderen zurück. Du bekommst, was du gibst.

Unsere Versuchsperson hat ihre Energien eingezogen, die Stärke der Farbe ist verändert, sie wurden matter, und hat Hilflosigkeit an den Raum abgegeben. Diese Signale geschehen in eurem Unterbewusstsein, werden aber von allen klar aufgenommen. Also erhält unsere Versuchsperson Hilflosigkeit und tritt die Flucht an.

Wie hätte es sein sollen?

Unserem Energietester sollte im Vorfeld klar sein, dass er herrschsüchtig ist. Er sollte sich schnellstens davon verabschieden und sich der Liebe und dem Respekt zuwenden.

Unsere Versuchsperson hätte sich abgrenzen sollen. Sie hätte ein Energiefeld um sich erstellen sollen, das unserem Energietester den Zutritt verwehrte. Ein Versuch der Manipulation wäre sofort gescheitert.

Allein die Worte: „Ich will nicht manipuliert oder bedrängt werden" hätte unsere Versuchsperson dagegensetzen können. Auf der energetischen Ebene hätten diese ihre Wirkung gezeigt und unser Energietester hätte seine Energien wieder einziehen müssen.

Wenn ihr also mit der DNS im Einklang arbeiten wollt, dann benötigt ihr Klarheit, was ihr warum tut. Die Absicht ist maßgebend, wie wir schon gesagt haben. Es ist für Menschen nicht immer einfach, das herauszufinden, aber euer Höheres Selbst ist euch gern dabei behilflich.

Energien haben kein Distanzproblem, genausowenig wie Gedanken, Taten oder Worte. Erinnert euch, alles ist Energie und wirkt immer und überall. Energie ist nicht an einen Ort gebunden. Eure Verantwortung liegt darin, mit den euch zur Verfügung stehenden Energien klar und rein umzugehen und niemanden zu missbrauchen oder zu schädigen. Wenn ihr euch entschlossen habt, im Raum der Liebe zu bleiben, dann grenzt euch ab. Macht dabei geistig und mit Worten klar, wer oder was ihr seid und was ihr duldet oder zurückweist. Weist alles von euch, was nicht aus der Liebe und dem Licht ist. Das betrifft ebenso eure inneren Anteile. Was nun in euch geschieht, geschieht auch der Erde, seid ihr doch eng miteinander verbunden. Kosmische DNS-Energien wirken mit den DNS-Energien der Erde und holen ebenfalls alles hervor, was nicht aus der Liebe ist. Die ersten unter euch können schon vieles sehen, was die Energien euch bringen. Das Geistige wird immer sichtbarer werden, je mehr die Frequenzen sich erhöhen. Damit ist es nicht mehr leugbar. Wessen Geistes Kind jemand ist, wird immer deutlicher. Das ist so gewollt, damit jeder sich klar darüber wird, was er ablegen sollte. Die Entscheidung liegt bei euch.

Es ist in eurer Macht, was ihr leben wollt, und das ist unabhängig von dem, was ihr habt. Bewusstsein ist nicht an Geld oder Güter gekettet. Da alles aus dem Geistigen hervorgegangen ist, geht alles in das Geistige zurück, also es vergeistigt sich immer mehr. Das Geistige jedoch beginnt in euch, und das Wassermannzeitalter fordert euch auf, euch mit eurem geistigen Potenzial zu befassen. Dazu benötigt ihr Demut. Der Stolz steht für sich allein und duldet keine Verbindungen, und der größte Teil der Menschheit lebt einen ungeahnten Stolz. Schade. Bewusstsein hat mit dem Bewusstmachen dessen, was ihr lebt, zu tun. Also ist die Erkenntnis gefordert, warum ihr etwas so oder so macht. Der Weg besteht also darin, von eurem kleinen, individuellen Bewusstsein zurück in das Einheitsbewusstsein zu gehen. Für diese Wandlung braucht ihr die Engelhierarchien bis hin zu den Thronen und Heerscharen, die euch helfen, damit diese Wandlung seelisch, geistig und körperlich vollzogen werden kann. Hier ist es hilfreich zu wissen, wer du wirklich bist, als Wurzel dessen, was du warst, bist und immer sein wirst.

Katalysator-Codes

Für viele Situationen im Leben habt ihr Katalysator-Codes eingesetzt, individuelle oder kollektive. Eine Umweltkatastrophe kann ein kollektiver Code sein, eine Krankheit oder ein bestimmtes Erlebnis ein individueller Katalysator.

Das Jahr 2013 ist ein Katalysator-Jahr. Die Zahl Zwei, gefolgt von der Null, fordert das Ende des Dualitätsprinzips, um von einem höheren Standpunkt aus die Welt zu betrachten. Die Zahl Eins stellt den Neubeginn dar, neben dem der Katalysator als die Drei steht. Also ergeht die Aufforderung zur Veränderung ganz klar an euch. Die Aufgabe eines Katalysators ist es, zündhaft etwas zu verändern, also es aufzulösen und etwas Neues an diese Stelle zu setzen. Dieses zündhafte Auflösen, das eine gegenseitige Reaktion bedingt, geschieht immer plötzlich. In dem Wort Katalysator habe ihr zwei wichtige Begriffe, nämlich das Wort „Ka“ als euer ätherisches Doppel, das euren Körper umhüllt und zugleich durchdringt, und das Wort „Tor“. Dieser Energiekörper wird durch die Photonen der Sonnenstürme gespeist, wie auch die gesamte Erde. Jeder Planet hat einen eigenen Ka-Körper, der schon in Ägypten eine große Rolle spielte. Eure Körper müssen mit Licht geflutet werden. Mit den Sonnenstürmen setzt ihr einen Beschleuniger, der den Katalysator umarmt und euch in die richtige Richtung auf der Spirale nach oben zieht. Da ihr euch mit Energien wenig befasst habt, müsst ihr vertrauen, dass es in die richtige Richtung geht. Was ihr machen könnt, ist, genau festzulegen, wohin die Reise geht. Beabsichtigt und beschließt, dass ihr Licht und Liebe seid und nichts anderes duldet. Das gibt die Richtung vor und hilft zugleich, euch gegen alles abzugrenzen, was eben nicht Liebe und Licht ist. Eure Aufgabe dabei ist es, darüber zu wachen, dass ihr eben wirklich nichts anderes in eurem Raum der Liebe verweilen lasst, sondern alles direkt hinausbefördert, was nicht aus der Liebe und dem Licht ist.

Eure Erde hat massive Katalysatoren gesetzt, die euch helfen sollen, euren Weg wieder zu finden. So wie ihr selbst mit den Parallelwelten eurer DNS zu tun habt, schieben sich Parallelenergien wieder in die Erdenergien. Wir baten euch in den vorhergehenden drei Büchern P'taah, euch zu klären, euch Wurzeln zu holen und mittels der Inkarnationstherapie euren Weg zu bereinigen. 2013 dringen die Katalysatoren ins Bewusstsein, sodass sich niemand mehr wie ein Dieb bei der Nacht davonstehlen kann. Weder individuell noch terrestrisch global. Die Nachrichten werden sich überschlagen, und wir erinnern euch vorsorglich, eure Intuition zu nutzen. Die Parallelenergien, die sich mit den Energien der Erde vermischen, bringen euch Wesenheiten auch aus den geistigen Ebenen. Ihr werdet, wenn ihr offen seid dafür, sogenannte „Gesichte" haben und selbst sehen können. Achtet darauf, mit wem ihr Verbindung aufnehmt oder haltet. Behauptet nicht vorschnell, dass ihr wisst, mit wem ihr es zu tun habt. Viele werden sich über die Tarnmöglichkeiten wundern.

Die dunklen Energien haben sich nur kurz zurückgezogen und beraten sich, wie sie ihr jahrtausendealtes Machtrefugium wieder ausbauen können. Sie verstehen nicht, dass durch euch geliebte Meister eine Ära des Lichts Einzug gehalten hat. Das Licht hat das Tor genutzt und nutzt es immer noch. Warum, glaubt ihr, könnten sonst die Verschiebungen des Bewusstseins stattfinden? Wie sonst hätte die DNS aktiviert werden können? Die dunkle Seite führt euch vor und lacht euch aus. Na und? Angst lacht aus Dummheit, wenn sie nicht weiter weiß. Die Meister unter euch wissen es besser. Wir bitten euch, euch

zurückzulehnen und zu entspannen, atmet tief durch, denn wir brauchen euch in kurzer Zeit aufs Neue.
Wir wollen uns anschauen, wie es weitergeht.

Wie geht es weiter?

Dass dabei die DNS eine Rolle oder gar die Rolle spielt, ist euch inzwischen klargeworden. Ihr habt geholfen, das Christusgitter neu auszurichten, nämlich zum Licht. Die jahrelangen Vorarbeiten, die ihr geleistet habt, tragen Früchte, und nach getaner Arbeit solltet ihr euch ausruhen. Überlasst uns nun, alles zu festigen und die weiteren Wege zu ebnen. Denn wir feiern das Manifest der Glorie des Lichts. Ruht euch aus und lasst geschehen. Eure Systeme richten sich ebenfalls aus und können das am besten in Ruhephasen, die ihr euch gönnen solltet. Setzt gezielt einen Endpunkt hinter eure Vergangenheit. Damit beendet ihr sie auch energetisch. Das männliche Prinzip hat gekämpft und ist müde. Die neuen Energien sind noch nicht vollständig auf der Erde, die alten Schwingungen bäumen sich noch auf. Sie sind sozusagen fassungslos, dass sie keine Wirkung mehr zeigen. Wir sagten euch in den vorhergehenden Büchern, dass das Alte nicht mehr wirken wird. Das kann es gar nicht, denn es hat keinen Boden mehr unter den Füßen. Und wenn die dunkle Seite keinen Gegner mehr zum kämpfen hat, mit wem als sich selbst sollte sie dann noch kämpfen können? Sie wird es tun, wenn es sein muss, bis zur Selbstvernichtung. Also ruht euch aus und gebt eurem Körper Ruhe, wann immer er danach verlangt. Einige können die Energiewellen spüren, die durch die Körper gehen, und sie werden wissen. Stemmt euch nicht dagegen, sondern lasst uns euch die Spirale hochziehen. Bleibt einfach entspannt. Ihr selbst seid Spiralen des Lichts, also folgt der größeren Spirale, die wiederum der noch größeren Spirale folgt hinein in das Zentrallicht allen Lichts.

Interdimensionales Wesen

In der Vergangenheit habt ihr dafür eure Körper wieder an die Erde zurückgegeben. Diesmal könnt ihr euch auf eure Ur-Matrix besinnen und aus der angebotenen Fülle schöpfen. Es ist euch gegeben, wieder rein und klar aus eurer Ur-Matrix herauszutreten und ein Leben auf der Erde mit allen Möglichkeiten zu leben, die ihr in euch tragt. Kehrt zurück zu dem interdimensionalen Wesen, das ihr seid. Was heißt das?

Einsam und verlassen fühlt ihr euch, weil ihr euch die vielen Schleier der Hypnose auferlegt habt, um ein individuelles Leben auf diesem Planeten zu führen. In Wirklichkeit seid ihr nie einsam, weil ihr nie allein seid. Ihr könnt das nur nicht erkennen. Eure Aufgabe ist es, wieder zur Einheit zurückzukehren. Die Einheit beginnt bei euch selbst, nämlich in euch.

Die DNS steht euch offen und ihr könnt den Kontakt zu euch selbst herstellen. Auf allen Seinsebenen und in den verschiedensten Seinsformen über Zeit und Raum habt ihr die Möglichkeit, Kontakt zu euch aufzunehmen und über diesen Kontakt hinaus gemeinsam zu leben und eure Erfahrungen und Fähigkeiten auszutauschen und zu teilen. Wenn ihr mehr Fähigkeiten wollt, sucht sie in euch. Besinnt euch auf eure Ur-Matrix, in der alle Fähigkeiten vorhanden sind. Dann könnt ihr die geistige mit der materiellen Welt verbinden. Alles ist mit allem verbunden. Ihr macht euch das nicht bewusst, weil ihr euch schämt, nämlich dessen, was ihr bisher gelebt habt, weil ihr euch allein und unbeobachtet gefühlt habt. Wir sehen immer, was ihr tut, warum ihr es tut, mit wem ihr es tut, ob ihr hilflos oder falsch seid, wie immer ihr seid. Die geistige Welt hat ja keinen Schleier vor den Augen so wie ihr. Wir verschließen auch unsere Augen nicht vor der Wahrheit. Unser Auftrag ist es, euch auf euer Verhalten hinzuweisen der Erkenntnis wegen, was ihr wirklich tut, damit ihr es ändern könnt.

Ursprünglich wolltet ihr die Unterschiede leben und kennenlernen. Niemand hat sich wie heutzutage dadurch bedroht gefühlt. Um eure Feindschaften aufrechtzuerhalten, sucht ihr immer nur nach dem Trennenden. Das macht ihr aus einem alten Schock der Inkarnation heraus, weil die Trennung von der Einheit hinein in die Individualität eben deutlich schockierend war. Bisher ist es niemandem in den niederen Frequenzen gelungen, den Geburtsschock zu mildern. Früher habt ihr mit der kommenden Seele Kontakt gehabt, habt euch lange vorher unterhalten, habt Pläne geschmiedet und diese Seele auf Erden geboren, damit auch diese ihren Beitrag zur Allgemeinheit leisten kann. Man kannte sich, wenn ihr so wollt. Ihr habt auch ganz klar festgelegt, dass ihr euch nur für Lichtgeburten hergebt.

Euer neuer Auftrag ist es, bei all den scheinbaren Trennungen eure Gemeinsamkeiten zu sehen.

Wenn ihr euch in eurer DNS bewegt, trefft ihr auf euch in den verschiedensten Formen. Obwohl ihr dort unterschiedlich ausseht, fühlt ihr euch nicht von euch selbst bedroht, weil ihr euch erkennt. Ihr bildet eine Einheit, die zusammen ein interdimensionales Wesen bildet, das intergalaktischen Zugang hat zu anderen Wesenheiten und deren Informationen. Wir betonen hier nochmals, dass die Erfahrungen mit der DNS auch mit euren höheren Chakren zusammenhängen, eurem Regenbogenlicht, das sich auch aus verschiedenen Farben zusammensetzt, um einen gemeinsamen Regenbogen zu bilden.

Alle Menschen auf der Erde haben die gleichen Bedürfnisse nach Liebe, Frieden, Wohlergehen, Fülle, Kreativität, Kunst, Musik, Entfaltung, Fürsorge. Das ist die Seele, die hier spricht. Es sind innerste Bedürfnisse, die vorhanden sind, weil ihr ein Recht darauf habt und es Teil der Ur-Matrix ist. Wenn ihr gegeneinander vorgeht, weil Menschen äußerlich anders sind oder eigene Meinungen haben und sich ausleben, ohne euch um Erlaubnis zu bitten, weshalb sollten sie dann gefährlich sein? Was genau bedroht euch denn? Ist es wirklich eine Bedrohung oder geht es vielmehr darum, Macht auszuüben, den anderen zu knechten, zu unterwerfen, ihn seiner Güter zu berauben? Hält euch die Angst so sehr gefangen, dass alles auf der Welt eine Gefahr für euch darstellt? Solange ihr den Angstpol nicht verlasst, werdet ihr nicht interdimensional werden. Das ist klar, denn dann betrachtet ihr geistig gesehen auch dort alles als Feindbild, gegen das ihr kämpft. Letztendlich kämpft ihr gegen euch selbst und seid verzweifelt, weil ihr nicht wisst, wie ihr den Frieden finden könnt. Fordert ihn einfach, den Frieden mit euch selbst, der zu euch gehört wie der Atem zum Leben.

Die neue Energie will euch reich beschenken, hat euch Tür und Tor geöffnet, sodass ihr nur zugreifen braucht. Daher haben wir euch gesagt, dass ihr dafür sorgen sollt, dass eure Hände leer sind, um die neuen Gaben aufzunehmen. Euer Ziel sollte sein, dass ihr eure Fähigkeiten, zwischen den Welten zu reisen, wieder aufnehmt. Wenn ihr mit diesen Reisen beginnt, schafft ihr weitere Veränderungen, die sich auch körperlich zeigen. Denn in eurer Gottesmatrix ist verankert, dass ihr euch körperlich jeder Situation und jedem Leben anpassen könnt. Gott hat euch nicht steif erschaffen, sondern die Fähigkeit zur Veränderung in die Hand gelegt. Ihr könnt unter Wasser atmen wie an der Luft, auch wenn einige Schlauberger hier spitzfindig werden und behaupten, dass das nicht ginge. Ihr könnt eure Systeme so verändern, dass es geht, weil es schon mal so war. Ihr braucht den größten Teil eurer Fähigkeiten nur wiederzubeleben. Die Gottesmatrix ist auf das Leben und den Erhalt des Lebens ausgerichtet. Und Gott schützt die Seinen, wie eine Glucke die Eier. Wenn also eure göttliche Matrix Fähigkeiten aufweist, dann stehen euch diese auch zur Verfügung. Ihr habt die Gottesmatrix erhalten, damit ihr sie nutzen könnt.

Eure Aufgabe ist es, diese Fähigkeiten wieder herauszufinden und sie zu reaktivieren. Das geht nur über die DNS und das Erwachen aus der Hypnose. Wenn ihr nur Schleier vor Augen habt, dann seht ihr den Wald nicht, in dem ihr lebt. Zurzeit habt ihr wirklich die Wahl, wie euer neues Leben aussehen soll. Achtet auf euer Gefühl dabei. Es muss stimmen und wird sich von euch keine Vorschriften machen lassen. Wenn die Unterdrückung zu stark wird, wird es eine explosionsartige Freisetzung geben. Eure Fähigkeiten gehen wirklich so weit, dass ihr eure Gliedmaßen nachwachsen lassen oder eurem Körper eine völlig andere Form geben könnt, sei es ein fliegender Vogel oder ein anderes Tier. Im alten Ägypten haben sich die Meister mit ihrem Krafttier verbunden und in schwierigen Momenten deren Form angenommen. Deswegen waren Tiere in Ägypten so heilig, weil da diese Fähigkeiten noch bekannt waren und praktiziert wurden.

Eure Krafttiere tragen euch auch in eurer DNS zu den Orten, die für euch von Bedeutung sind. Tiere haben euch wirklich mehr zu geben, als ihr ahnt. Daher solltet ihr sie als Götter betrachten und ihnen danken. Ihr Verständnis vom allumfassenden Sein ist ausgeprägter als eures.

Der weitere Plan ist also, dass ihr über euch selbst hinausgeht, aus dem kleinen Sein zwischen Arbeit und Wohnung. Eure Erhebung und die Vereinigung ist das Ziel. Ihr solltet nicht in der Pyramide verweilen, sondern euch darüber erheben. Die Erhebung ist nur mit dem Schlussstein möglich. In der Vergangenheit wart ihr den Einflüssen anderer unterworfen. Jetzt seid ihr gefordert, selbst Einfluss auszuüben, nämlich den Einfluss der Liebe und eurer Geburtsrechte gemäß eurer Gottesmatrix. Dazu müsst ihr alle eure Anteile einsammeln und euch in den Schmelzofen Gottes begeben, wo zusammenschmelzen wird, was zu reinigen ist, und neu hervorgehen wird das Eine aus dem Vielen. So wie Gott einsammelt, müsst auch ihr einsammeln, was ihr gesät habt, denn dies ist eure Ernte.

Auch die Erde verbindet sich mit den anderen Erden, die in Parallelwelten existieren. Parallelwelten haben nicht zwangsläufig die gleichen Schwingungsraten oder Frequenzen. Wenn ihr euch in der DNS als Lichtreiter betätigt, habt ihr die Möglichkeit, die Ebenen zu wechseln. Ihr könnt in anderen Welten auf verschiedene Weise existieren und mit euren Körpern, die euch zur Verfügung stehen. Wenn ihr sicherer seid, ist euch das auch körperlich möglich. Ihr könnt zum Beispiel Lehren aufnehmen in einer Parallelwelt und diese auf eurer Erde umsetzen. Deshalb baten wir euch, dahin zu gehen, wo die Erde hingeht. Je nach der Höhe eurer eigenen Frequenzen seid ihr in der Lage, auch in höheren Reichen Informationen aufzunehmen. Mit Sicherheit erhaltet ihr alles, was zu eurer Berufung gehört, die ab jetzt zu leben ist. Als Lichtreiter hast du ein Bündnis mit Gott geschlossen, damit du dich frei in seinen Reichen bewegen kannst. Ein Bündnis mit Gott ist immer ein ewiger Bund, der niemals gelöst werden kann. Und was immer deine Aufgaben sein werden, du wirst alle Hilfe erhalten, die du benötigst. Sogar in den kleinen Dingen des Lebens wacht Gott über dich und sorgt dafür, dass du geschützt bist. Als Lichtreiter hast du es natürlich mit Pferden zu tun. Du erinnerst dich bestimmt an die geflügelten Pferde der Plejadier. Sie haben mit ihrem Samen den Grundstein gelegt, damit ihr auf dem geistigen Pfad wieder nach Hause findet, die Umkehr einschlagt weg vom Materialismus.

Lichtreiter

Der Pfad des Pilgers ist der Pfad der spirituellen Lehre, damit seine Seele lernen kann, wenn sie sich dafür öffnet. In alten Zeiten wurde die Merkabah als Wagen mit Zugpferden dargestellt, symbolisch für die kristalline Merkabah, denn die Pferde muss man fest am Zügel halten, wenn die spirituelle Reife beginnt. Über diese spirituellen Lehren findet ihr auch euch in eurer Menschheitsgeschichte wieder, um euch selbst besser verstehen zu können. Hier erkennt ihr, dass ihr die Gesamtsumme eurer parallelen Existenzen seid, also eure Sternenflotte, die durch euch agiert. Dazu werden die Schleier zerrissen, wie einst mit der Kreuzigung des Jesus Christus der Vorhang zerrissen worden ist, damit die ewige Wiedergeburt stattfinden und Gott erkannt werden kann. Und da Gott sein Angesicht zeigt, hütet euch davor, in dieses Gesicht zu schlagen. Wir sagten euch bereits, dass jeder Angriff ein Angriff auf Gott und ein Schlag in sein Gesicht ist, was euch somit klarer und verständlicher wird. Diese rettende Maßnahme der Wiedergeburt stammt von Kesil-Ra (Orion), damit ihr den Weg zurückfindet, heraus aus der Enge einer dreidimensionalen Ebene, die euch keine Entfaltung bieten kann.

Das Alpha-Omega-Programm

Das Alpha-Omega-Programm findet sein Ende. Jedes Experiment muss irgendwann beendet werden, nämlich dann, wenn sich Ergebnisse zeigen und man davon ausgehen kann, dass keine neuen hinzukommen. Daher haben wir euch immer wieder gebeten, eure Entscheidung zu treffen. Da die Schalen des Zorns ausgeschüttet werden, wird große Trübsal über jene kommen, die nicht aufhören können, Gott anzugreifen.

Für das Licht und die Sprache der DNS benötigt ihr den Heiligen Geist, der sozusagen die Vermittlerrolle hat und auch Übersetzer ist. Die Shekinah (Heiliger Geist) verhilft euch zur Heiligung eurer inneren Welten und zur Ausdehnung eures Bewusstseins. Das ist wichtig, damit ihr im Quantenbereich nicht nervös werdet, weil ihr dort an mehreren Orten gleichzeitig existiert oder in mehreren Welten zugleich, wenn ihr so wollt. Das ist euer Geburtsrecht und in der Gottesmatrix so verankert. Je tiefer ihr eindringt in die Welt der DNS, umso mehr erkennt ihr, dass euch euer Verstand auf diesen Ebenen nicht mehr dienen kann. Wie soll euer Verstand begreifen, dass ihr an mehreren Orten gleichzeitig existiert, wenn er es nicht gelernt hat! Ihr benötigt ab einer gewissen Ebene den Glauben, das Vertrauen und vor allem das Mitgefühl. Also neue Säulen, mit denen ihr gestärkt weiterwandern und eure Reise in das Reich der unendlichen Möglichkeiten fortsetzen könnt. Euer spiritueller Kanal bedarf einer Erweiterung, damit ihr diese Lehren aufnehmen könnt. Shekinah wurde von den alten Weisen auch mit Sophia gleichgesetzt, als die Weisheit des Lichtes, das nicht zu sehen ist und doch ewig existiert als Bestandteil des Allerhöchsten Schöpfers. Wenn du auf dieser Ebene der lila Flamme begegnest, ist das erst der Anfang deiner Veränderung auf den neuen Pfaden des göttlichen Seins für die Lichtwelten, die Gott für dich erschaffen hat. Shekinah-Sophia wird ihre Weisheiten über dich ausgießen und Heilung einfließen lassen. Denn jede Weisheit deines Lebens, die du dir anschaust, bringt dir neue Erkenntnis, die Heilung bewirkt. Heilung wiederum benötigst du, weil deine Systeme geändert werden, denn ein neuer Lichtkörper steht für dich bereit, der dich an einen neuen Lichtkreislauf anschließen wird. Du wirst dann sanft geflutet, damit du zu dem wirst, was du warst und auf deine Geburtsrechte zurückgreifen kannst. Dies ist deine wahre Verwirklichung, nämlich nach dem Höchsten zu streben, das dir als Mensch möglich ist. Der Weg und deine Reise als Pilger sind unendlich, wie auch die Liebe Gottes unendlich ist. Dein Weg führt hinaus in die lichtesten Höhen, wo du Seite an Seite vereint bist mit ihm und ebenfalls neue Welten erschaffen kannst in Zusammenarbeit mit den El-Ohim und den Hierarchien des Lichts als Kind des All-Einen, von ihm erschaffen und gegeben, der alle Weisheit mit dir teilt auf dem Weg, die „Sohnschaft“ zu erlangen und selbst ein Paradieskind zu sein.

Ihr erinnert euch, dass alles aus Triaden besteht, und so benötigt ihr dringend den dritten Helixstrang als Beginn der Veränderungen, denn nur als Triade seid ihr wieder „eins“ und nicht mehr „halb“. Wenn ihr die Bilder der alten Inder betrachtet, gaben sie ihnen und ihren Statuen oft drei Köpfe, drei Arme usw. Sie in ihrer Weisheit haben gesehen, sie konnten diese Körper bildlich sehen und haben sie deshalb auch dargestellt. Deshalb ist das Jahr 2013 so wichtig, weil es im Prinzip zwei Dreien enthält. Die Zwei mit der Null als Vollendung, mit der Eins als Drei in der Quersumme und der Drei am Ende. So bildet dieses Jahr eine doppelte Drei, also im Prinzip zwei Katalysatoren. Christus hatte die Zahl 33, und mit der dritten Drei ist dieses Prinzip wirklich vollendet. Merkt ihr, wie wichtig ihr seid?

Das Alpha-Omega-Programm ist also beendet. Die Frage ist, nach welcher Seite schlägt das Pendel aus? Ursprünglich beinhaltete das Programm, den Weg nach außen zu gehen und über das Außen zu lernen. Im Zuge der Wirrnisse, die noch in diesem Jahr auf euch zukommen, werden die meisten wohl eher dem materialistischen alten Jerusalem nachjagen, aus Angst an der Angstspirale festhalten, damit sie zu denen gehören, denen es gut gehen soll. Das bedeutet, dass hier die Abhängigkeit mehr denn je gelebt werden wird. Die Angst loszulassen, weil man fallen könnte, ohne zu ahnen, wohin man fällt, ist größer denn je. Würdest du hinsehen und in dein Innerstes gehen, würdest du erkennen und über diese Angst hinausgehen, sie sozusagen überwinden. Es gibt Parallelplaneten, denen es zurzeit wie euch geht. Das Alte stirbt ab, es hat keine

Wurzeln mehr und findet keine Nahrung, denn die Zeit der Angstnahrung ist vorbei. Deshalb habt ihr auf Erden Probleme mit der Nahrung, die man euch reicht. Alles zeigt sich im Außen. Diese Angstnahrung ist ungenießbar und muss unbedingt durch Liebesnahrung ersetzt werden. Wer sich nicht umstellt, wird verhungern. Sturheit hat noch niemanden satt gemacht. Daher finden eure gesellschaftlichen und religiösen Institutionen keinen Halt mehr. Die Systeme wackeln bedenklich, auch wenn ihr selbst noch nicht so viel davon erfahrt. Dabei ist es logisch, denn wenn ein Spiel beendet ist, wir eingepackt und aufgeräumt. Diese Hausreinigung findet statt, nämlich auf globaler und individueller Ebene.

Wenn die Erde beschlossen hat, sich mit Parallelwelten zu verbinden, dann werden ihre Frequenzen erhöht, Licht geflutet und ihre Systeme den neuen Anforderungen angepasst. So geschieht es auch mit euch als Bestandteil der Erde. Daher solltet ihr euch der Lichtspirale zuwenden. Wahre Lichtarbeiter oder Frequenzhalter lieben sich. Sie wissen um die geistige Welt, die Heerscharen, die sie umgeben und für sie sorgen. Sie sind mit allem verbunden und neiden einander nichts, denn sie haben mit ihrem Auftrag zu tun und dulden auch nicht, dass man sie auf niedere Ebenen ziehen will. Sie kennen den Weg des Kelches und der Schalen. Einen Kelch zu trinken, kann bitter sein, aber Schalen des Zorns trinken zu müssen, ist ein wirklich harter Weg. Und wenn wir euch sagen, dass die Schalen des Zorns ausgegossen werden, dann stehen einigen harte Zeiten bevor, und das ist noch freundlich formuliert. Es wird diejenigen treffen, die an dem Blut festhalten. Auf den höheren Ebenen in den lichtvollen Welten gibt es kein Blut. Also muss euer Blutsystem umgestellt werden. Das geht nur über die Liebesnahrung. Warum, glaubt ihr, hat Jesus Christus sein „Blut" mit euch geteilt? Nicht weil er so viel übrig hatte, sondern weil es euch ermöglichte, eure Systeme umzustellen, wenn die Zeit dafür reif ist. Eure Zeit ist ***Jetzt***.

Wenn ihr einmal die Schwelle von Zeit und Raum überschritten habt und den Duft der Ewigkeit geschnuppert habt, verliert ihr ohnehin das Bedürfnis nach der Schwere der Echtzeit. Und wenn euer Bewusstsein sich einmal ausgedehnt hat, wollt ihr nie wieder in der Enge eures früheren Seins eingekerkert sein. So wie eine Blume sich nach anderen Blumen sehnt und ein Tier nach Artgenossen, so sehnt ihr euch nach eurer Gottesmatrix mit allem, was damit verbunden ist. Die Liebe, die Fleisch geworden ist, hat immer das Bedürfnis, sich mit Liebe zu verbinden. Die Verbindung ist Bestandteil der Schöpfung, damit Neues entstehen kann und eine weitere Ausdehnung stattfindet. Ihr seid in der Lage, euch selbsterhaltende Energie zu erschaffen, nur wollt ihr alte Systeme, die in den letzten Zügen liegen, mit der neuen Energie und euren neuen Fähigkeiten verbinden. Das funktioniert nicht. Wenn alle Systeme auf Umstellung programmiert sind, kann man zwar versuchen, an Altem festzuhalten, es wird einem aber unter den Händen zerbröckeln und keinen Halt mehr bieten, weil seine Zeit abgelaufen ist. Ende des Programms. Das Rollenspiel läuft nicht mehr, der Film ist ausgeschaltet. Und wenn ihr ehrlich seid, habt ihr ja das Bedürfnis nach Neuem, weil euch das Alte unendlich langweilt. Die Wand, die dazwischen steht, ist der Mangel an Vertrauen, das euch fehlt, um die neue Energie willkommen zu heißen und mit ihr zu leben, sie in vollen Zügen zu genießen. Reißt diese Wand nieder und zerschlagt euch nicht mehr eure Glieder, indem ihr immer wieder dagegenrennt. Wände kann man einreißen, auch imaginäre Wände, die ihr vor euch aufgebaut habt. Sucht nicht die Wand, sondern die Tür, durch die ihr hindurch treten könnt, um freie Bahn zu haben. Verabschiedet euch von alten Geschichten wie von einem alten Märchen, das in den Kindertagen spannend war, euch heute aber nichts mehr bringt. Ihr seid darüber hinausgewachsen.

Euer Körper ist ein intelligentes biologisches System. Wir haben euch in den vorhergehenden Büchern darauf hingewiesen. Dieses System lechzt nach der Umstellung. Es will zum Lichtwesen mutieren. Das, was ihr zurzeit macht, ist, euren Fuß in einen Schuh zwängen zu wollen, der zu klein ist, nicht mehr passt und fürchterlich schmerzt. Ihr mutiert, geratet aus den Fugen und benötigt neue Schuhe, die für euer neues Leben angemessen sind. Also schaut zu euren Füßen und ändert, bevor ihr in den Himmel schaut. Die Antworten und Wege, die ihr sucht, findet ihr dort.

Codes und Wurzeln

Die Gottesmatrix ist immer und überall präsent. Sie wird unter anderem durch Codes, und zwar Lichtcodes aktiviert. Die Lichtcodes wiederum werden von eurem Bewusstsein aktiviert, auch euer Wille spielt dabei eine Rolle. In der Zeit vor den Invasoren auf Terra hattet ihr die Fähigkeiten der Gottesmatrix gelebt. Ihr seid interdimensional gewesen und hattet der Erde eine Blütezeit beschert. Was also vorhanden ist, kann aktiviert werden. Allerdings benötigen die Codes einen Ort der Aktivierung, also eine Ort, wo sie zur Anwendung kommen, damit eure Erbinformationen wieder aktiv werden können. Die Erde bietet euch diese Möglichkeiten, wenn ihr innig mit ihr verbunden seid. Wenn Menschen auf der Erde leben, heißt das noch nicht, dass sie mit ihr verbunden sind. Wenn Menschen die Erde schön finden, heißt das noch nicht, dass sie mit dieser Schönheit verbunden sind. Es gibt einen Unterschied zwischen sehen, tun und sein. „Ich bin“ ist die Verbundenheit, die der Boden der Interdimensionalität ist. Dieses „Ich bin“ ist immer dort aktiv und bereit, wo ihr euch aufhaltet. So wie die Frequenzhalter einen Bund mit Gott geschlossen haben, so haben sie auch einen Bund mit der Erde geschlossen. In dem Wort Verbundenheit findet ihr den Begriff „Bund" wieder. Diese Verbundenheit mit der Erde festigt die Wurzeln, die der Baum des Lebens benötigt, um sich kraftvoll ausdehnen zu können. Ohne Wurzeln keine Codes – das wäre die Kurzform. Die Codes benötigen also einen Boden, auf dem sie aktiv sein können, oder einen Ort, an dem man dieses Erbgut manifestieren kann. Wenn das nicht vorhanden ist, reagieren die Codes nicht. Ohne Codes gibt es aber keine Reaktivierung des göttlichen Erbgutes mit all den damit verbundenen Fähigkeiten. Macht die Erde zu dem, was sie war. Macht aus ihr wieder das Lichtzentrum des Austausches mit anderen Galaxien, die Bibliothek der Weisheit und Frequenzen, deren Hüter ihr seid. Licht zieht Licht an und Liebe die Liebe. Es ist an euch, die Erde damit anzufüllen, jeden Tag aufs Neue. Hebt die Frequenzen wieder an. Vor den Invasoren hattet ihr eine hohe Lichtfrequenz, durch den Fall ist auch die Frequenz abgesunken. Wenn ihr jeden Tag Licht in euch und durch euch für die Erde zieht, füllt ihr sie wieder an und erhöht schon damit die Frequenzen. So wie ihr Wächter aufgestellt habt, damit eure Erinnerungen verborgen bleiben, so könnt ihr Wächter des Lichts aufstellen aus den höheren Reichen, damit diese das Licht auf der Erde hüten und halten. Licht ist Weisheit, denn Licht beinhaltet immer Informationen. Materie ist Licht. Lernt, euch selbst zu vertrauen, und findet wieder Zugang zu euren eigenen Fähigkeiten, die oft latent in euch ruhen, weil sie von euch nicht angetastet werden. Macht kleine Schritte und kleine Übungen, aber fangt an. Worauf wartet ihr?

Nutzt eure Emotionen, die mit dem spirituellen Körper verbunden sind. Der spirituelle Körper ist nicht physischer Natur und lebt sowieso interdimensional. Lernt wieder die Kraft und das Wissen eurer Emotionen kennen und beherrschen, ohne zu unterdrücken. Integriert das Licht, die Weisheit der Höheren Welten und Shekinah-Sophia mit eurer Welt und verankert dieses Gottesgeschenk. Seid dabei fest verwurzelt und sorgt dafür, dass ihr Wurzeln habt. Wir sagten euch in den vorhergehenden Büchern, dass ihr verwurzelt sein müsst, wenn ihr multidimensional leben wollt. Stellt euch als ein Werkzeug des Lichts zur Verfügung. Es ist doch eure Entscheidung, wem ihr dienen wollt. Als Werkzeug des Lichts ist dein Sieg für deine Reisen und den damit verbundenen Erfahrungen doch vorprogrammiert. Der Sieg des Lichts ist in der Gottesmatrix enthalten. Die göttlichen Attribute siegen immer, weil sie Allmacht sind. Verbindet euch dabei mit dem, was euch wirklich verbindet.

Wenn ihr feste Wurzeln habt und die Codes aktiviert, dann aktiviert ihr auch den Urschöpfer in euch, das Selbst, das ewige Sein, das sich seiner Fähigkeiten bewusst ist. Wir sprechen in allen Büchern immer wieder vom Bewusstsein, weil es ein bewusstes Sein ist und die Basiscodes aktiviert. Euer Empfinden und Denken spiegeln nicht euer bewusstes Sein wider. Euer Sein setzt sich zusammen aus Schockerfahrungen, die ihr gemacht habt und die ihr für euer jetziges Leben vermeiden wollt. Es ist ein Blickwinkel, der nie erlöst worden ist und der euch von eurem Geburtsrecht zurückhalten soll. Und ihr fallt darauf rein. Wenn ihr den Aspekt des Urschöpfers in euch aktiviert, dann funktioniert eure Gottesmatrix wieder und kommt zur vollen Entfaltung mit allen ihren Fähigkeiten. Das „Ich bin“ wird wieder lebendig. Ihr seid doch diejenigen, die entscheiden, mit wem ihr es zu tun haben wollt! Das Lumpenpack hat doch keine Skrupel, euch zu zertreten, wenn es verhindern kann, dass euer Licht leuchtet. Also beabsichtigt, dass euer Licht leuchtet bis in die höchsten Himmel des Seins und sich mit dem all-existierenden Licht zu einer Einheit verbindet. Licht aktiviert eure DNS. Keine Blume wächst und blüht in der Dunkelheit eines muffigen Raumes. Im Sonnenlicht jedoch sprießt und erblüht die Blume und kommt zu ihrer vollen Entfaltung. Wollt ihr wirklich weiter verkümmern oder im Licht der Wahrhaftigkeit erblühen?

Auch die Verbundenheit mit der Erde gibt euch Licht und nährt euch auf vielfältige Weise. Terra-Mama ist immer in Fürsorge für dich da und jederzeit auch heilerisch tätig. Ihre Vielfalt und Kraft ermöglicht Heilung der Körper und der Seelen. Ihre Apotheke ist voll von Möglichkeiten, die schnell Linderung bringen. Deine persönliche Initiation ist auch die Initiation der Erde. Teile dein Licht, deine Liebe und deine Weisheit mit der Erde. Sei voll Mitgefühl und Güte, so wie die Erde selbst es ist. Das Licht wird dir helfen zu verschmelzen, wie auch die Erde verschmelzen wird. Die Erhebung zum Erhabenen wird euch beflügeln, und mit der Aktivierung der Gottesmatrix werdet ihr euch wieder selbst lieben und achten, euch fürsorglich und liebevoll behandeln. Eure Augen werden geöffnet sein, die Wächter beiseite treten und die Heerscharen des Lichts regieren. So ist es in der Matrix festgelegt, denn sie regieren zum höchsten Wohle des Höchsten und höchsten Wohle aller. Das höchste Wohl aller ist das Ziel, denn alles, was ist, ist er, und alles, was er ist, bist du, weil Gott niemals getrennt ist. Überlasst ihm die Fürsorge und erkennt, dass in der kommenden Zeit das, was chaotisch erscheint, einen tiefen Sinn hat. Das Aufräumen setzt die Matrix frei und die damit verbundenen Attribute. Es hat einen tiefen Sinn, denn der spirituelle Körper der Erde ist aktiv. Bittet darum, dass eure Chakren neu nach den Planeten ausgerichtet werden und ihre Rotation angepasst wird. So wie ihr den Schmelzofen Gottes betreten könnt, wird die Erde auch mit den anderen Welten verschmelzen zu einer Einheit und sich erheben aus dem Staub hin zu dem Glanz und der Glorie, zu der sie geboren worden ist. Ihre Gottesmatrix gebietet die Erhebung, und genau das ist es, was sie durchführt.

Eure Aufgabe ist es, die Liebesenergie zu stabilisieren und wieder in eure schöpferische Kraft zu gehen. Ein Baum des Lebens trägt sich selbst, nährt sich über die Wurzel durch den Stamm in die Äste und Blätter, um dort die Energie wieder aufzunehmen und den Weg zurück zur Wurzel zu gehen. Ein Kreislauf des Lebens, der den Samen in sich trägt und die Frucht gebiert, während die Blüte sich öffnet. Der Baum des Lebens erhält sich selbst.

Zeitkorridore

Welten und Systeme sind auch durch Zeitkorridore verbunden. Wenn du einen solchen Zeitkorridor durchschreitest, verlässt du eine Welt, um eine andere zu betreten. Tieferliegende Ebenen sind von höheren Ebenen leicht zu erreichen, umgekehrt ist das schon schwieriger. Die Hüter der höheren Ebenen versperren denen den Weg, deren Absicht nicht aus der Liebe kommt. Jede Zeit hat eine gewisse Qualität, die in einem Zeitkorridor angezeigt ist. Das heißt, du kannst dich bereits im Zeitkorridor über die Qualität der Ebene informieren, die du betreten willst. Dazu musst du allerdings die göttliche Sprache lesen und verstehen können. Durch diese Zeitkorridore finden sozusagen die Zeitreisen statt. Die Zeitkorridore selbst haben ebenfalls Toröffnungen nach beiden Seiten. Man kann diese Toröffnungen offen halten oder verschließen. Für den Verschluss gibt es verschiedene Möglichkeiten. Es ist ein Unterschied, ob du ein Tor des Lichts erschaffst oder eines der Dunkelheit. In dem Gebiet Israel-Palästina gibt es das Einstiegstor der Echsenenergie. Daher herrscht dort ein permanentes Aggressionspotenzial mit kriegerischen Absichten. Es ist die Frequenz der Angst, die die Echsen benötigen, weil es ihre Nahrung ist. Daher sollten alle die Nahrung auf Liebesenergie umstellen. Das ist wichtig.

Tore kann man generell wieder verschließen. Zeitkorridore kann man verlegen. Es gibt eine Menge an Möglichkeiten, die sich anbieten, etwas zu verändern.

Eure gesamten Angstszenarien sind seit der Invasion der Echsen gesteuert und haben verschiedene Elemente angezogen, denen ihr die Angstnahrung angeboten habt. Diese Angst wird noch in diesem Jahr verstärkt werden, indem man euch immer mehr nehmen will. Man will euch in die existentielle Angst drängen. Dies betrifft das unterste Basischakra, auf dem man euch halten und in einen ständigen Überlebenskampf verstricken will. Wenn ihr diese Angst zulasst, die Versklavung weiter lebt, anstatt in die Freiheit zu gehen, werdet ihr sie voll auskosten müssen. Wenn ihr euch erhebt, um euer Geburtsrecht in Anspruch zu nehmen, sieht die Welt für euch anders aus. Gott gab euch die Gottesmatrix, damit ihr als eigenständige und fähige Kinder seiner selbst in Freude und Liebe leben sollt. Fordert also euer Geburtsrecht ein. Es gibt für alles eine Zeitqualität und einen Zeitpunkt, der Aktivator oder Auslöser für Veränderungen ist. Setzt also einen Punkt hinter eure bisherigen Erfahrungen und beendet sie damit wie einen Satz. Bestimmt ab jetzt selbst, wohin ihr wollt, und lasst euer Licht leuchten, damit euer Licht das Licht im anderen entfacht, wie eine Fackel, die man an der anderen anzündet. Licht will leuchten und nicht versteckt werden. Es ist schwer in euer Bewusstsein zu bringen, dass ihr euer Leben und euer Schicksal bestimmen könnt. Dazu seid ihr auf die Erde gekommen, um den freien Willen zu leben. Das, was ihr bisher gelebt habt, war ein manipulierter Wille. Ihr habt noch nicht einmal festgestellt, was euer eigener Wille wirklich ist. Freiheit gehört sicherlich dazu, wie auch Frieden und Wohlergehen. Nur den Weg dahin lasst ihr euch vorschreiben. Der Weg jedoch ist falsch beschildert und führt euch in die Irre. Ihr lauft im Kreis eines Gefängnishofes und glaubt, es ginge geradeaus. Eure wahre Ruhe ist in euch, wie auch eure wahren Wünsche. Findet sie.

Beabsichtigt und beschließt, Liebe und Licht zu sein, immerdar. Es ist euer Geburtsrecht.

Zu euren Fähigkeiten gehört es, Zeitkorridore zu durchschreiten oder permanent zu wechseln. Ihr könnt eine Ebene besuchen, um dort zu lernen und Unterweisung zu erhalten, die ihr hier auf Erden umsetzen könnt. Zeitkorridore zu erstellen und zu durchschreiten, habt ihr schon im Kindergarten gelernt. Fordert eure Erinnerungen zurück. Die Zeit ist ideal dafür. Wir sagten euch in den vorhergehenden Büchern, dass es keine Leere im Universum gibt. Wenn jetzt der Hausputz gemacht wird, wird viel Altes weggeworfen, damit Platz für Neues geschaffen wird. Das Neue jedoch könnt ihr im Vorfeld belegen, damit kein anderer diesen Platz belegt. Ihr legt fest, was ihr dort haben wollt, und legt auch die Qualitäten fest, die ihr leben wollt. Legt fest, dass ihr Liebe, Licht und die göttlichen Attribute wollt. Sprecht diesen Willen laut aus und fordert es ein. Ihr habt die Macht, es einzufordern. Vor der Invasion wart ihr machtvolle Wesen. Erinnert euch, wie machtvoll ihr seid. Was glaubt ihr, woher der Spruch kommt, dass der Wille Berge versetzen kann? Stärkt euren Willen, er ist zu schwach, wenn sich nicht sofort ein Ergebnis zeigt. Doch zeigt sich das Ergebnis, wenn die Zeit reif ist. Habt euer Ziel fest im Visier. Wenn ihr zweifelt, habt ihr euch selbst schon eurer Macht beraubt.

Sie spielen mit euch, lügen, leugnen es ab, tischen neue Lügen auf, die sie wieder leugnen. Es ist ein Verwirrspiel, dem ihr erlegen seid. Daher sucht ihr die Wahrheit im Außen, die ihr jedoch nur in euch selbst findet.

Die Zeitkorridore von Lemuria und Atlantis sind immer noch existent und nur eine Möglichkeit, körperlich oder geistig zu reisen. Es entspricht momentan eher eurem linearen Denken. Ihr könntet auch senkrecht reisen, zumal eure Chakren euch mit Planeten und Galaxien verbinden, insbesondere die höheren Chakren, die nie gestört waren und von denen ihr euch abgekoppelt habt. Schließt die euch fehlenden Anbindungen wieder zu einem funktionierenden Kreislauf der Einheit. Wenn ihr die Einheit als erstes wieder in euch hergestellt habt, dann fühlt ihr die Wahrheit eures Seins und eurer interdimensionalen Größe.

Shekinah-Sophia

Eure Kommunikation ändert sich, denn Shekinah-Sophia füllt euch wieder an. Sie korrigiert sozusagen euer fehlerhaftes Denken. Das ist wichtiger, als ihr ahnt. Euer Denken ging immer in die gleiche Richtung. Es ist unendlich müde geworden, weil es sich ebenfalls im Kreis dreht. Es möchte sich ausruhen und wünscht sich, dass die Intuition das Leben erleichtert. Euer Denken lehnt sich an eure Erfahrungen an, die emotional waren, und sagt immerzu nur, dass ihr vorsichtig sein sollt, denn dies oder jenes könnte immer wieder passieren. Ihr glaubt eurem Denken, denn es ist ja fürsorglich. Geschenkt. Ihr habt euch diesem Denken unterworfen, das ist das Problem. Ihr könntet auch sagen, dass das Denken für diese Situation recht hat, und festlegen, dass ihr keine Wiederholungen auf dieser Spur braucht. Konzentriert euer Denken auf liebevolle und lichtvolle Situationen, plant euer glorreiches Leben und fordert – besser noch, befehlt – eurem Denken, sich eurem Willen unterzuordnen. Wenn ihr euch schwach und machtlos fühlt, liegt das nur daran, dass ihr eure Macht ständig an andere verteilt, anstatt die Zügel selbst in der Hand zu halten.

Shekinah-Sophia korrigiert eure Vergangenheit, damit eure Gegenwart heilen kann und ihr eine Zukunft der Lebensfreude habt. Sie ist beim geistigen Hausputz behilflich, damit ihr wieder die Klarheit erhaltet, die euch fehlt. Ihr seid verwirrt und findet euren eigenen Weg nicht, weil ihr innerlich zerrissen seid, Denken und Fühlen sich gegenseitig runterspielen. Fordert eure Systeme auf, Hand in Hand zu gehen, fordert euren Körper auf, in Harmonie zu funktionieren, und dankt allen. Betrachtet das alles nicht mehr als funktionierende Maschine, sondern als intelligente Systeme, die es besser wissen als das Denken allein.

Die weiße Taube ist das Symbol des Heiligen Geistes. Bittet darum, dass sie sich auf eurem Haupt niederlässt und dort verweilt. Bitte Shekinah-Sophia um Hilfe und Weisheit, um immer und überall die richtigen Entscheidungen zu treffen und das Richtige zu tun. Es funktioniert. Ihr habt sogar euer Denken versklavt und in ein Korsett gezwängt, damit es ja klein bleibt, und habt euch und eure Träume verraten und verkauft für ein bisschen Technik. Ihr seid in ein Jammertal hinabgestiegen und folgt dem Jammern, weil es aus eurer Sicht der einzige Weg ist, Zuwendung und Hilfe zu erhalten. Diesem Pfad folgt ihr immer weiter, weil er euch die vermeintliche Hoffnung auf Unversehrtheit gibt, denn mit Jammernden ist man wohl gnädiger. Setzt einen Endpunkt, befreit euch aus diesem alten Korsett und tretet in eure wahre Größe ein. Lichtwesen, Frequenzhalter, Meister, tretet hervor und geht wieder in eure Macht. Sammelt eure Macht ein, die ihr verteilt habt, nehmt euch, was euch gehört, und verwirklicht eure Träume. Dafür seid ihr hier, um zu erwachen aus dem Albtraum. Ein Meister kann dem anderen Meister keinen Schaden zufügen. Beide sind machtvoll und beide sorgen dafür, dass es allen wohlergeht. Erinnert euch an eure Träume, was ihr machen wolltet, und belebt diese Träume im Geiste eures Herzens. Greift endlich nach den Sternen und erfüllt eure Wünsche. Fragt nicht nach dem „Wie". Denn sofort, wenn ihr das lest, geht die Jammerei los, weil die ersten sagen: „aber das Geld fehlt uns dafür". Wir sagen: „falsch". Der Traum kostet dich gar nichts, schon gar kein Geld. Träume haben mit Geld nichts zu tun. Also stelle keine Verbindungen her, die der Erfüllung im Wege stehen. Gib deine Träume an das Universum ab. Die kosmische Mutter sorgt für die Umsetzung in Zusammenarbeit mit ihren Helfern. Sei endlich wie ein Kind. Äußere deine Wünsche und sei sicher, dass sie in Erfüllung gehen. Wann, kann dir egal sein. Sie erfüllen sich, weil du es dir gewünscht hast und nicht mehr deine eigenen Wünsche blockierst, zensierst und in tiefe Zweifel gerätst. Ein Kind vertraut darauf, dass es das erhält, was es sich wünscht. Macht es endlich den Kindern nach.

Bittet Shekinah-Sophia, euer Denken zu korrigieren, zu heilen und immer in die richtigen, lichtvollen Bahnen zu lenken. Euer Denken soll sich an Gottes Denken anlehnen, damit sein Wille sich erfüllt und das Denken daran mitwirken kann. Gebt eurem Denken endlich eine wertvolle Aufgabe, damit es reifen und sich ebenfalls erweitern kann. Es ist schwindlig vom ständigen primitiven Kinderkarussell und schaltet immer häufiger ab, damit es nicht komplett der Primitivität verfällt. Die Größe des Denkens richtet sich auch nicht nach einer Richtung, die du studierst, sondern nach den interdimensionalen, galaktischen Möglichkeiten, die du wahrnehmen kannst. Das gelingt dir nur, wenn dein Kopf frei ist. Dein Bewusstsein, dein „Ich bin" ist der große Denker, das Genie der Zeit und der Ewigkeit. Lass ihn für dich denken und gib deinem Verstand die

Aufgaben, die auch für ihn bestimmt sind. Dann sind alle glücklich und du bist auf dem Weg, ein wirkliches Genie zu werden, denn die wirkliche Genialität kommt von oben. Dein „Ich bin“ weiß einfach, und deshalb weißt auch du dann immer und überall.

Seit der Invasion auf Erden seid ihr dahingehend manipuliert worden, dass ihr nur auf euren Existenzkampf konzentriert seid und sich euer Denken nur im Kreise dreht, wie ihr schnellstens etwas erhaltet oder dem anderen wegnehmt. Der Existenzkampf begrenzt euer Denken allein auf dieses Thema und hält euch klein. Denn in großen, globalen Zügen denkt ihr nicht mehr. Ihr habt auch den übergeordneten globalen Blick verloren, von einem intergalaktischen Gesichtspunkt ganz zu schweigen. In der Angst seid ihr klein geschrumpft und haltet euch geduckt und bedeckt, damit die vermeintliche Bedrohung euch nicht findet und ihr verschont bleibt. Wir fordern euch auf, euch zu eurer wahren Größe zu erheben und in eure gottgegebene Macht zu gehen, vor der ihr auch Angst habt.

Seit Atlantis und den fehlgeschlagenen Schöpfungen habt ihr dem Missbrauch Tür und Tor geöffnet, weil ihr selbst Missbrauch getrieben habt und somit aus dem kosmischen Raum Missbrauch angezogen habt, der in Form der Invasion zu euch gekommen ist. Der Schöpfer lebt immer mit seiner Schöpfung. Wir sagen euch das immer wieder und wieder, bis ihr es begreift. Zur Schöpfung gehören auch alle geistigen Attribute, die ein jeder gelebt hat. Das, was ihr in die Schöpfung einbringt, erhaltet ihr zurück, damit ihr es leben könnt. Das, was euch damals zu schaffen gemacht hat, war der Machtmissbrauch. Er hat Leid über euch gebracht, und davor habt ihr heute noch Angst und Scham, weil das in eurem Zellsystem verankert worden ist. Bittet Shekinah-Sophia um Korrektur dieser Ereignisse. Ihr habt eine schreckliche Erfahrung gemacht, aber das bedeutet nicht, dass ihr deswegen zur Untätigkeit verdammt seid und euch in ein Sklaventum der Hörigkeit verwandeln solltet. Ihr entscheidet, wem ihr dient und wer eure Autorität ist. Es geht darum, dass ihr zuerst diese Entscheidung in euch trefft. Viele glauben, wenn sie eine Entscheidung treffen, müssten sie gleich losrennen, um sie umzusetzen. Nein, trefft eine Entscheidung. Damit bringt ihr Bewegung in den kosmischen Raum und die Erde. Auch die Erde hat eine Entscheidung getroffen. Wir sagten euch im zweiten Buch P'taah, dass die Wasser kommen. Das, was ihr an Wasser erhalten habt, ist erst der Anfang. Die Entscheidung der Erde gilt. Sie hat sich erhoben und stellt sich nicht mehr als kosmische Hure zur Verfügung. Und ehe ihr euch über diesen Begriff mockiert, erinnert euch an die spirituellen Gesetze. Denn was die letzten Jahrtausende auf Erden geschehen ist, ist genau das, für Geld hat man sogar seine Seele „verkauft". Fremdgesteuerte Befehlsempfänger, mit denen man es eben machen kann. Das passiert nicht bewusst in euch, dennoch ist es so. Viele sind beleidigt, wenn sie das lesen, aber niemand ist beleidigt, weil er so lebt. Was ist schlimmer?

Man kann über eine Wahrheit beleidigt sein. Gerade das wäre doch ein guter Grund, diese Wahrheit zu ändern.

Ihr bagatellisiert ständig die geistige Schöpfung oder negiert sie ganz. Euer Ziel ist aber eindeutig, mit dieser geistigen Schöpfung zu leben. Das setzt ihre Anerkennung voraus. Wenn einige behaupten, sie glauben nur, was sie sehen, dann ist deren geistiges Auge eben geschlossen. Vielleicht haben sie Angst davor und wollen die Wahrheit nicht sehen. Wer offen ist, sieht und erfährt immer mehr die geistige Präsenz allen Seins in diesem Quadranten. Die neue Energie ist weiblich, die innere

Welt und das spirituelle Prinzip. Die weibliche Energie steuert den Hausputz der Erde und jedes Einzelnen. Wer das leugnet, bleibt vor einem Berg stehen, der unüberwindbar ist. Die weibliche Energie wird euch zeigen, dass sie nicht mehr geleugnet werden kann. Sie nimmt den Raum ein, der ihr zusteht, und sie wird nicht weichen. Daher seid ihr aufgefordert, von der Drachenenergie in die Vogelenergie überzugehen. Zwar können auch Drachen fliegen, aber der Mensch hatte nichts Eiligeres zu tun, als auch die Drachen auszurotten. Die Drachenenergie ist eine starke, aber schwere Energie. Insbesondere aber ist sie eine Feuerenergie und somit männlich. Sie gehört in den Bereich der unteren Chakren. In dem Wortstamm Drachen findet ihr das Wort Rachen. Es hat also auch mit der Macht eures Wortes zu tun, nur kommt aus eurem Mund deshalb noch lange nicht die Göttliche Flamme der Lichtsprache. Es handelt sich also eher um eine schwere Energie, die in der alten Zeit angemessen war. Wenn ihr das Wort Baum lest, dann erscheint es euch so, wie es geschrieben steht. Wenn ihr aber auf eure rechte Gehirnhälfte übergeht, findet ihr etwas völlig anderes. Diese sieht nicht das Wort, sondern den Baum als Bild, sie ist also die bildhafte Seite. Aber es geschieht noch viel mehr. Die rechte Gehirnhälfte, der weibliche Anteil, erkennt zugleich auch den Baum des Lebens mit all seinen spirituellen Hintergründen und reagiert sofort mit einem Gefühl darauf. Das heißt, dass die linke Gehirnhälfte einen Begriff so trocken sieht, wie er geschrieben steht, die rechte Gehirnhälfte aber eine ganze Welt darin erblicken kann. Sie versteht einfach, weil Gefühl und Spiritualität miteinander gekoppelt sind und Wissen vermitteln. Eure Aufgabe ist es, die beiden Gehirnhälften zusammenzubringen, sie als ein Ganzes zu beanspruchen. Momentan blendet ihr einfach zu viel aus, insbesondere Informationen, die zu euch kommen aus der

Vogelenergie

geistigen Welt, wo ihr dann unsicher seid, ob ihr es selbst kreiert habt oder ob es wirklich Informationen sind, die von außen kommen. Es gibt einen klaren Unterschied. Die Informationen, die von außen kommen, erscheinen klar in einem Bild, weil die rechte Gehirnhälfte in Bildern sieht. Wenn vor euch eher ein Film abläuft, also sich bewegende Bilder, zählt das eher zur eigenen Fantasie. Spirituelle Bilder benötigen keinen Film, weil die Piktogramme jeweils eine klare Hintergrundinformation enthalten. Der weibliche Anteil weiß das. Es gibt auch filmartige Abläufe, die euch gezeigt werden. Hier erkennt ihr klar, was von „oben" kommt, weil alles andere dabei ausgeblendet wird. Eure linke, männliche Gehirnhälfte könnte die Anbindung an den Mentalkörper haben, der ein erhabeneres Denken hat, wenn er sich im gesunden Zustand der göttlichen Vernunft befindet. Es geht nicht darum, dass eines überhandnimmt, sondern darum, dass alles in Balance und Harmonie zusammenwirkt, wobei die Wahrheit über allem steht. Aufgrund dieser übergeordneten Position kann sie nie geleugnet werden und trägt die Flagge des ewigen Sieges. Wenn ihr mit der Vogelenergie arbeitet, passt ihr euch den neuen Gegebenheiten an und seid insgesamt leichter. Engel haben wie die Vögel Flügel, die sie ausbreiten, um sich zu erheben, was sie auch mit Leichtigkeit tun. Sie sind friedfertig und immer der Freund des Menschen. Ihr Gesang hält Balance. Sie leben intensiv mit der Natur. Tiere haben die Möglichkeit, die Ebenen zu wechseln, weil sie eine andere Wahrnehmung haben. Vor einem Tsunami oder Erdbeben werdet ihr weder einen Vogel singen hören noch sehen. Sie wissen um die Zeichen der Natur, weil sie innig mit ihr verbunden sind. Und aus diesem Grund schützt die Natur sie auch, weil dieser innige Zustand niemals einseitig ist. Viele Zeremonien der Indianer, Inka und Maya haben mit der Vogelenergie zu tun, insbesondere mit dem Adler und dem Condor, die über allem schweben. Die Vogelfeder war schon immer ein Zeichen von Freiheit oder Befreiung. Die Feder eines Adlers war und ist von besonderem Rang. Diese Völker lebten nie getrennt von ihrer Spiritualität. Der Himmel ist für sie nicht verhüllt, und der Zugang zu Manitu, der die Geschicke leitet, war immer offen. Der Adler als höchstes Prinzip dieser Spezies war Gott am nächsten, weil er am höchsten fliegen konnte und dem Himmel einfach näher war. Im Prinzip geht es um Erhebung, sich dem Höchsten in Frieden zu nähern, wie die Taube, deren Friedfertigkeit bekannt ist und die Liebende als Symbol verwenden, als Zeichen der Zuneigung. Nur wenn ihr das geistige Leben anerkennt, ist es euch möglich, wirklich den Himmel auf die Erde zu bringen, auch diese Einheit wiederherzustellen. Der Himmel aber beginnt in euch. Dort ziehen ständig die Wolken eurer Gedanken und Sorgen auf und verhüllen euch die Sicht auf die Sonne. Schon euer Meister, der Christus, hat euch aufgefordert, es den Vögeln nachzumachen, denn sie leben das, was euch fehlt, nämlich das Vertrauen, dass immer und überall für sie gesorgt ist. Also erobert den Himmel zurück und breitet eure Flügel aus, damit auch ihr euch erhebt. Heißt die Friedfertigkeit willkommen und grenzt euch klar gegen alles ab, was diesen Frieden stören will. Hört auf zu fragen, wie etwas geschieht. Das tut ihr, damit ihr die Kontrolle habt. Kontrolle hat mit Vertrauen nichts zu tun. Vertrauen benötigt keine Kontrolle, weil sich das Ergebnis immer zeigen wird. In den höheren und höchsten Regionen eurer DNS kommt ihr nur mit Vertrauen weiter. Nichts gibt es dort, was für euch erkennbar ist oder Sinn machen würde, den euer Verstand erfassen könnte. Glauben und Vertrauen sind die Grundpfeiler einer DNS, die wieder in ihre Vollständigkeit will, ihre Ganzheit leben will, weil die DNS weiß, dass es Zeit ist, die Einheit zu leben. In ihr ist das Bewusstsein beheimatet, nicht in eurem Denken. Wenn ihr euch gegen die spirituellen Forderungen und die Forderungen eurer DNS stellt, wie soll dann eine Zusammenarbeit aussehen?

Wenn ihr euch individuell erhebt, seid ihr eine sich erhebende Masse, die sich aus einer zusammengerollten Angstkugel wieder aufrichtet und dem Himmel entgegenstreckt. Jetzt erst seid ihr bereit, Verantwortung zu übernehmen. Seid sicher, dass Gott nicht einen Ruf seiner Kinder überhören wird.

Verantwortung

Verantwortung wiegt schwer. Bisher habt ihr nicht nur die Macht abgegeben, sondern auch die Verantwortung. Die Menschheit hat sich hingestellt und mit Fingern auf die gezeigt, die beides übernommen haben, insbesondere, wenn diese Seite Entscheidungen getroffen hat, die eben nicht allen Menschen zugute kamen. Dann machte sich der Zorn breit über die da „oben". Jetzt versucht mal, einen anderen Blickwinkel einzunehmen. Wenn ihr Macht und Verantwortung an andere abgebt und von denen fordert, dass sie gefälligst für euch sorgen sollen, seid ihr dann Sklaven oder Herren?

Ihr gebt wie ein Herrscher, ihr fordert wie ein Herrscher und ihr lasst andere für euch arbeiten und sorgen wie ein Herrscher. Wer also hat hier was veranlasst? Nur weil ihr mit euren Untergebenen (Staat und Institutionen) unzufrieden seid, heißt das ja nicht, dass ihr machtlos seid. Ihr könnt sie entlassen und versuchen, das alte Spiel mit anderen Mitspielern fortzusetzen. Allerdings wird Arcturus euch dabei ein Bein stellen, da diese Energie von der Erde abgezogen ist. Ihr erlebt es doch alle bereits. Warum wollt ihr an etwas festhalten, das sich gerade verflüchtigt? Ist es die Angst, eure Macht selbst leben zu müssen?

Viele fühlen sich zurzeit hilfloser denn je. Das ist gut so, damit ihnen bewusst gemacht werden kann, wie man sich fühlt, wenn die Macht anderen übertragen wird, die sie dann eben nutzen, vorzugsweise für ihre eigenen Zwecke. Das Risiko muss jeder eingehen, der Macht an andere abgibt. Das alles aber entlässt euch nicht aus der Verantwortung, weil eben diese Verantwortung bei euch liegt. Ihr habt abgegeben, also habt ihr einen Schritt getätigt, für den ihr die Verantwortung übernehmen müsst, ob ihr wollt oder nicht. Auch wenn ihr bisher geglaubt habt, dass ihr die Verantwortung auf andere abwälzen könnt, ist das dennoch nicht der Fall und kann von euch unter der Rubrik „Selbstbetrug" abgelegt werden. In dieser Position glaubt ihr, immer fein raus zu sein, weil ihr damit jede Schuldzuweisung tätigen könnt und eure Finger immer auf andere zeigen, um von euch selbst abzulenken. Werdet erwachsen. Und genauso geht ihr auch mit der geistigen Welt um, die euch über euer eigenes Potenzial informiert, wenn ihr euch erhebt. Was ihr aber macht, ist zu warten, was geschieht, um dann den Finger auf die geistige Welt zu richten und diese zu beschimpfen nach dem Motto: „Es ist ja nichts passiert von dem, was ihr uns an Möglichkeiten erzählt habt." Nun, wir sagten euch in allen drei Büchern des P'taah, dass wir nicht eure Sklaven sind, sondern unsere eigenen Herren. Wir existieren nicht, um die Arbeit für euch zu erledigen, und ihr bezahlt uns nicht dafür. Wir rufen euch das in Erinnerung zurück. Euer Verdrängungspotenzial ist enorm und eure einbildende Suggestivkraft noch größer. Wir sind mit den Siegern, das haben wir immer gesagt, und diese suchen wir, um genau mit diesen zusammenzuarbeiten. Diese Arbeit ist eine Zusammenarbeit auf Augenhöhe einer Partnerschaft, die von Liebe und Vertrauen geprägt ist. Wir lassen uns deshalb keine Vorschriften machen, von niemandem. Entscheidungen werden in

Übereinkunft mit den höchsten Ebenen getroffen zum höchsten Wohle aller und nicht anders. Was also ist ein Sieger?

Was ist ein Sieger?

Ein Sieger ist jemand, der sich unverblümt ansieht, was er erschaffen hat. Er steht dazu und akzeptiert den Istzustand. Er bittet um Erkenntnis, die er benötigt, damit er alles, was ihn in seinen Inkarnationen in Schock versetzt hat, wieder heilen kann, indem er es ins Licht bringt, wo es aufgelöst werden kann, und er sich und anderen vergibt. Ein Sieger erkennt aufgrund der ihm gewährten Erkenntnis, dass er ohne die Berichtigung des Denkens keine Berichtigung vornehmen kann. Er benötigt den Heiligen Geist, um überhaupt Erkenntnis zu erlangen. Der Erkenntnis wegen seid ihr hergekommen. Ein Sieger lernt im Außen, aber vergisst niemals, auf sich selbst zu schauen, damit er die Verbindung erkennt, die sich daraus ergibt, also seine Gedanken es sind, die die Welt prägen, und seine Gefühle ihm zeigen, wann er Leid verursacht hat. Emotionen sind immer mit allem verbunden. Wenn es auf der Welt irgendwo ein Leid gibt, kann jeder es fühlen, sofern er Mitgefühl hat. Mitleid ist nicht erforderlich, aber Mitgefühl hilft dem Anderen zu erkennen, dass er sich gerade selbst Leid zufügt. Im Prinzip ist auch das Denken mit allem verbunden, auch wenn ihr glaubt, es spiele sich nur in euren Köpfen ab. Die Erkenntnis zeigt euch, was ihr an Schöpfungen in die Welt gestellt habt. Ihr könnt diese Schöpfung im Außen betrachten und nach innen gehen, um sie dort zu verändern.

Ein Sieger befiehlt sich selbst, denn er bleibt nicht länger Knecht im Hause Gottes. Er beabsichtigt und beschließt, Licht und Liebe zu sein. Das ist der erste Schritt, denn es geht ums Sein als Basis. Was immer du bist, entscheidet darüber, was du tust, denn du kannst nur tun, was du auch bist. Bist du Licht, kannst du auch nur Licht erschaffen. Bleibst du in Unkenntnis und Verantwortungslosigkeit, dann wird die Welt der Materie dir das auch global zeigen. Ein Sieger sieht sich auch seine innewohnenden Grausamkeiten an, damit er sie in Liebe auflöst. Ein Sieger erhebt sich über seine Angst, weil er nicht duldet, dass die Angst sein Leben bestimmt, sondern die Liebe zu Gott. Ein Sieger schreitet mutig voran oder verweilt dort, wo es ihm geheißen worden ist, weil es etwas zu klären gibt. Ein Sieger fordert seine Rechte ein, die ihm gewährt werden, weil er bereit ist, die Verantwortung zu übernehmen für sein Handeln und Denken. Ein Sieger lernt sein Höheres Selbst kennen, denn er weiß, dass er dieser Führung in einem Dschungel der Unkenntnis bedarf. Er erkennt sich als ein Aspekt und weiß, dass er um die Vereinigung mit Gott bitten muss. Auch wenn er selbst der Funke des All-Einen ist, ist er dennoch der Sohn und nicht der Vater. Wenn ein Vater Wissenschaftler ist, muss der Sohn sich das Wissen dahin erst erwerben. Ein Sohn, der nach Hause zurückkehren will, wird im Vaterhaus willkommen geheißen. Aber um die Vereinigung mit dem Vater muss er bitten. Ein Sieger kehrt zur Demut zurück, weil Stolz und Arroganz ihn überheblich ins Verderben und ins Leid geführt haben. Er erkennt, dass er auf die göttliche Weisheit angewiesen ist. Daher bittet ein Sieger um den göttlichen Willen, den er freudig lebt und damit die Siegerstraße entlang schreitet, weil Gott immer zum Sieg führt. Ein Sieger erkennt, dass seine DNS zu Höherem berufen ist und in dem alten Zustand ausgedient hat. Auch wenn ein Sieger unsicher ist, verlässt er das Vertraute, um sich dem Neuen zuzuwenden, das ihm eine Erweiterung seiner Möglichkeiten und seines Seins bietet. Er weiß, dass die Anbindungen, die gelöst wurden, wieder verbunden werden müssen, damit das System im Großen funktioniert. Auch wenn ein Sieger kein Wissenschaftler im engeren oder weiteren Sinne ist, kann er in wenigen Wochen, und hier ist vorausgesetzt, dass alle Anbindungen stehen, ein Wissen erlangen, das einer Professur gleichkommt. Die Systeme müssen es nur aufnehmen können. Die lineare Plagerei hat ein Ende, weil ein Sieger das lineare System mit dem höheren System in Einklang bringt. Sich emporzuschwingen, hat nichts damit zu tun, linear auf dem gleichen Weg zu bleiben und zu hoffen, dass einem alle Weisheit in den Schoß fällt. Ein Sieger erkennt das, weil ihm die Augen geöffnet werden, denn er ist bereit hinzusehen. Ein Sieger gesteht seine Fehler ein und bittet um Hilfe, dass er die wahren Gottesattribute leben kann. Er vergibt sich, wenn er vermeintliche Fehler gemacht hat, denn er erkennt, dass eben gerade diese Fehler ihm die Weisheit gegeben haben, die ihm gefehlt hat, um eine andere Wahrheit zu erkennen. Ein Sieger mischt sich nicht ein, denn er weiß und respektiert, dass andere eigene Erfahrungen machen wollen, um aus diesen zu lernen. Ein Sieger glaubt, weil er weiß, dass es Wegstrecken gibt, auf denen ihm eben nur sein Glaube helfen kann. Und genau dieser Glaube wird ihm helfen. Denn auch der Glaube ist eine Gedankenkraft, die die Welt prägt und die sich mit dem Gefühl des Vertrauens auf Verwirklichung paart. Ein Sieger ist immer ein Sieger über sich selbst. Es ist seine Welt, die er erschaffen hat, und seine Schöpfung, mit der er lebt. Er liebt sich und seine Schöpfung, weil er weiß, dass die Allmacht der Liebe die Veränderung herbeiführt, die zu bewirken ihm als Einzelwesen allein nicht möglich ist. Ein Sieger hat die Anbindung an die Einheit, weil er die Einheit anerkennt und sein Leben mit allen teilt. Er hütet seine Bibliothek und duldet keinen Missbrauch. Ein Sieger grenzt sich klar ab und weist von sich, was nicht aus der Liebe ist. Er lässt sich nicht mehr benutzen für die Zwecke der anderen. Ein Sieger weiß, dass er gegen den Strom schwimmt, denn das muss er, um zur Quelle zu kommen. Es ist Arbeit und kostet Kraft, und alle, die ihm dabei entgegen kommen, lachen über ihn, weil sie ihn nicht verstehen.

Dummheit lacht oft, aber worüber eigentlich wirklich? Ein Sieger setzt seinen Weg unbeirrt fort, weil er die Hilfe und Unterstützung aller hat. Sieger sein bedeutet nicht, dass ab jetzt alles nach dem eigenen Willen zu geschehen hat. Oft muss ein Sieger mit ansehen, wie es in einem Teil der Welt grausam zugeht, ohne dass er eingreifen darf. Die Macht eines Siegers wird immer zielgerecht eingesetzt werden. Ein Sieger erkennt, dass er dem alten Jerusalem gefolgt ist, dem materiellen Jerusalem, dem er nachgejagt ist ohne Ende, weil sein Bewusstsein getrübt war oder ganz im Dunkeln lag. Er glaubte, dass diese eine Wohnung (die Erde) im Vaterhaus alles sei, was es an Möglichkeiten gibt. Nun ordnet ein Sieger sich nicht mehr unter, weil er weiß, dass das neue Jerusalem bereits erstanden ist. Das alte Sein war ein Experiment, und das neue Sein gehört ebenfalls zum Experiment. Das neue Sein muss erlangt werden. Dafür gibt es Voraussetzungen, die erfüllt sein müssen, wenn man dorthin gelangen will.

Paradiesexperiment

Der Garten Eden oder das Paradiesexperiment steht euch zur Verfügung. Es ist ein territorialer Bereich, der von den Paradiessöhnen erschaffen worden ist und zum Ziel hat, gemeinsam mit den Paradiessöhnen zu leben. Das setzt eine hohe geistige Akzeptanz voraus und den Glauben, dass es diesen Bereich gibt. Die Frage ist, warum will jemand im Paradies leben und welche Absicht trägt er in sich? Das eigene Wohlergehen allein reicht nicht als Absicht. Hier geht es immer um das Wohl aller, wobei die Menschen von dem Begriff „Wohl“ alle verschiedene Ansichten haben, die sich jedoch auf eine Streichholzschachtel von wenigen materiellen Gütern beschränken.

Ihr aber seid gefordert, eure Geisteskräfte wieder zu aktivieren, das spirituelle Potenzial zu leben und euren Dienst in den Dienst der Allgemeinheit zu stellen.

Um auf die Paradiesebene zu gelangen, benötigst du die Weisheit und Lehren des Hauses Melchizedek. Ein Ausruhen ist auf der Paradiesebene nicht vorgesehen, denn viele wertvolle Aufgaben warten dort auf euch. Die Schulungen der Melchizedeks betreffen alle Bereiche der göttlichen Weisheit, damit jeder auf seinem Platz sein Licht erstrahlen lässt. Oft geht es um Frequenzen und deren Ausgleich oder Harmonisierung. Erinnert euch an die Universitäten und Schulungsstätten des Ordens der Melchizedeks. Sie entstammen dem Hause Israel, das Gott wohlgefällig ist. Wann immer eine Spezies nach Höherem strebt, ist der Orden zur Stelle, um zu helfen und zu unterweisen. Die Melchizedeks sind zuständig für das Licht, damit es neu entflammt und du einen Lichtkörper erhalten kannst, ohne den dir ein Aufstieg in höhere Reiche nicht möglich ist. Von ihnen erhältst du die Gaben auf Erden, göttliche Handlungen durchzuführen. Sie sind es, die den Ruf der Kinder hören, die alle inkarniert sind, um zu dienen. Diese Kinder erkennen sich als Kinder Gottes, die nicht den Menschen dienen, sondern Gott selbst. Dadurch dienen sie dem Gesamten, das ihrer Hilfe bedarf. Diese Kinder sind zum Teil in Unwissenheit ihres Auftrags geboren und werden zu einem späteren Zeitpunkt daran erinnert. Sie werden sich versammeln im Licht und aufnehmen das Wort, das selbst Licht ist, um es hinauszutragen. Die DNS hat das Kind schon liebevoll umarmt, das so lange gewartet hat, damit es vom Menschen endlich angenommen wird. Die Kinder des geistigen Israel werden auf diese Ebene vorbereitet, damit sie sich dort bewähren, um den Zugang zum Vateruniversum zu erhalten.

Das Para-dies ist „wie-dies" als Übungsstätte angelegt. Vor langer Zeit hattet ihr schon einen Garten Eden, der umgeben war von natürlichen Grenzen und auch geistigen Mauern, die nur bestimmte Wesen durchschreiten konnten. Das Paradies wurde von den Paradiessöhnen Nebadons erschaffen als ein wichtiger Ort, der sozusagen eine Basis darstellt, die in viele universelle Bereiche offen ist, aber den Zutritt nur wenigen gestattet. Es ist ein Friedensreich, das eine geschützte Position einnimmt und von denen, die das Licht halten, regiert wird. Die Paradiessöhne sind Männer und Frauen des Lichts, die Gottes Willen auf die Erde bringen und anderen helfen, sich zu entwickeln, damit sie die höheren Lehren aufnehmen können. Lehrer und Schüler sind eins. Sie sind Verwalter einer göttlichen Ordnung, die durch sie gehalten wird.

Sie sind die Herren des Lichts und die Hüter der Lehren, wie auch die Verwalter der Orden und Universen, die sie errichten. Ihre Flagge wurde gehisst und weht im Wind des ewigen Atems unverrückbar und sichtbar für alle. Sie haben erreicht, dass sich das Licht ausbreitet und sich die Biotechnologie zum Höchsten hin entwickeln kann. Sie sind Hüter und Toröffner zugleich. Eine Aktivierung der Kristalle wird allein durch sie erzeugt, denn hier handelt es sich um Meisterkristalle, deren Erzeuger Metatron und Thoth selbst sind. Dadurch verändern sich die Gitternetze, werden aufgelöst und neu erstellt, damit ein universelles Miteinander stattfinden kann. Sie sind Erbauer, Schöpfer und Hüter dieser Schöpfungen. Es sind die Lehrmeister der ewigen Wahrheiten, die Herabgestiegenen und Emporgefahrenen, deren Fähigkeiten groß sind. Sie halten das Friedensreich und die goldene Paradiesebene, die ein Standort im Gefüge der Gewölbe ist. Hier warten wahrhaftig große Aufgaben auf euch, die nur mit der größtmöglichen Verantwortung wahrgenommen werden können.

Veränderungen finden immer auf verschiedenen Ebenen statt, die sich bis in eure Körper hinein erstrecken. Daher können Veränderungen niemals von heute auf morgen stattfinden,

Körperliche Veränderungen

wenn ihr eure Körper mitnehmen wollt. Eure Körper sind prinzipiell für die niederen Ebenen konstruiert, sodass hier enorme Umstellungen erfolgen müssen, die durch das Licht ausgelöst werden. Licht ist zum Teil ein Impulsgeber oder Aktivator der Codes. In früheren Zeiten sprach man von Siegeln, die gebrochen werden, allerdings ist das nicht mit den Codes zu verwechseln. Die höheren Wirkenergien eurer DNS sind erforderlich, um eben diese Veränderungen herbeizuführen. Das ist insofern nicht einfach, wenn ihr die Schleier nicht beiseiteschieben könnt oder an den Hütern der Ebenen nicht vorbeikommt. Schleier halten euch getrennt und verwehren euch den Blick auf das wahrhaftige Sein. Es gibt gegebene Schleier und von euch selbst erstellte Schleier. Vieles, was euch betrifft, ist in der DNS hinter den Schleiern gelagert. Das dient dem Schutz aller Beteiligten. Auf der weiblichen Ebene können Schleier durchdrungen werden, sollten aber auf Dauer ganz entfernt werden. Um eine Einheit wiederherzustellen, werden die Schleier in dem Maße entfernt, wie ihr es halten könnt. Das bedeutet, dass sich eure Systeme schrittweise anpassen können. Körperlich merkt ihr das durch Ermüdung, Schwindel, insbesondere der Drehschwindel, Sehstörungen, Konzentrationsstörungen, Ausleitungen des Darms und des Schleims. Eure Zellen geben ab, was sie nicht mehr benötigen. Daher steigt aus den Zellerinnerungen viel Altes noch auf, damit Platz für das Neue geschaffen wird. Das gehört mit zum Hausputz, individuell und global. Dieser Hausputz ist erforderlich, damit euch die Veränderungen nicht aus der Bahn werfen. Des Weiteren sollt ihr in die Lage versetzt werden, die eintreffenden Gravitationswellen aufnehmen zu können, die in euch eine gewisse Lichtimplusion verursachen, damit das Licht in euch den Raum einnimmt und die Informationen abgeben kann, die ihr benötigt. Diese Lichtpartikel sind wichtig, weil sie die Grundlage der Veränderungen sind. Ihr könnt diese allerdings nur mit Liebe aktivieren. Das sieht im Prinzip dann aus wie ein kleines göttliches Feuerwerk, das aber eine große Wirkung hat. Durch die Umstellung auf Gravitationsenergien werdet ihr in die Lage versetzt, euer Sein mit interdimensionalen Bereichen zu verbinden. Gravitation ist eins der Standbeine, die es den Schiffen ermöglicht, leicht im Raum zu verweilen, zu schweben oder zu reisen, ohne Rücksicht auf Größe und Gewicht. Durch dieses System halten sich auch eure Planeten im Raum auf ihrer Umlaufbahn. Die Menschheit wäre schon weiter, wenn sie mehr mit Biotechnologie arbeiten würde statt mit chemischen Verbindungen. Nur das Leben kann mit dem Leben kommunizieren und Verbindungen eingehen. Biotechnologie ist lebendig. Ihr wärt in der Lage, Raumzeitkrümmungen zu erstellen, die euch mit einem Schritt dorthin führten, wo ihr hinwollt. Die nicht-lineare Reise sozusagen, auch wenn ihr linear einen Zeittunnel durchschreitet, der nur ein oder zwei Schritte lang ist. Das jedoch ist den Friedfertigen vorbehalten.

Beginnt damit, dass ihr euch auf das Innere ausrichtet. Hier ist der Ort, wo die Vorbereitungen getroffen werden, und zwar durch Meditation. Im Zusammenwirken mit der DNS werden die Reisevehikel in euch aufgebaut und aktiviert, die kristalline Umstrukturierung herbeigeführt, damit ihr überhaupt körperlich in der Lage seid, mit den Veränderungen mitzuhalten. Die Erde befindet sich in einem Zentrum von Raumzeitkrümmungen. Bisher haben eure umliegenden Planeten Einfluss ausgeübt. Es wird Zeit, dass die Erde selbst ebenfalls ihren Einfluss ausübt, und genau das tut sie. Sie ist dabei, ihr Refugium territorial energetisch klar abzugrenzen. Dabei geht sie sachte vor, allerdings genauso unerbittlich. Den Kelch hat sie bis zur Neige über Ostasien ausgeschüttet, dessen Bereich sich an Europa annähert.

Lasst das Alte los. Erinnere dich, Gott hat dich nackt und bloß geschaffen und du bist ohne Hemd und Taschen gekommen. Eine Vereinigung mit dem Vater wird ebenfalls nackt und bloß sein, nur dass er dir ein Gewand geben wird, dass dich in die Möglichkeit versetzt, die höhere Energie zu leben.

Alles außerhalb von euch ist höhere Energie. Die ein- bis dreidimensionalen Ebenen sind die niedrigsten. Also muss alles andere höher sein. Das bedarf einer Anpassung an diese Systeme und einer Erweiterung der biologischen und mentalen Fähigkeiten. Eure Psyche darf dabei aber auch nicht auf der Strecke bleiben. Daher hat Arcturus damals die alten Spiele eröffnet, damit eure Seele lernen kann. Er ist der Hirte, der diese Funktion innehat. Eure Seele kann jetzt jedoch von den alten Spielen nichts mehr lernen, nur noch tiefer fallen, wegen der absteigenden Moral.

Daher wurden die alten Spiele beendet, damit nun eine Weiterentwicklung stattfindet. Lasst also los. Die neuen Spiele fordern euch. Ihr seid gezwungen, hierzu all das in Anspruch zu nehmen, was ihr Jahrtausende lang zertreten habt, damit ihr nun dessen Wert und Wichtigkeit erkennt. Ein Meister erkennt ganz klar, dass ein Grashalm oder eine Bohne oder ein Kieselstein eine wertvolle Aufgabe im Leben haben, genau auf dem Platz, an dem sie sich befinden. Nichts ist wertvoller als das andere im Blick auf das Leben selbst. Alles will geachtet und geehrt sein einfach dafür, dass es lebt. Und es lebt, weil es auf diese Weise allem, was ist, dienen kann. Allein für diesen Dienst gebührt allem seine Achtung und Dankbarkeit. Stellt euch sehr auf Veränderungen großer Art ein, die euch fordern werden. Viele von euch glauben immer noch, dass sich die Sache schon regeln wird, wenn sie politisch oder gesellschaftlich einige Zugeständnisse machen. Aber das ist nicht der Fall. Der Fall ist der neue Fall dessen, was beendet ist.

Alles außerhalb von euch steht in friedfertiger Verbindung miteinander, und die Betonung liegt hier auf friedfertig. Schließt den Frieden mit euch selbst, damit ihr für das Abendmahl bereit seid, denn der kosmische Stern Davids am Himmel wird leuchten und das Zeichen sein, dass die Friedfertigen ihren Platz einnehmen werden. Den Frieden werdet ihr verspüren können, wie andere die Ruhe hören können. In ihrer Nähe werdet ihr genießen, was ihr so lange vermisst habt. Eure Sehnsucht wird euch leiten, den richtigen Weg zu wählen. Es sollte ein Lichtpfad sein, der euch zu dem führt, das ihr sucht. Besinnt euch auf eure wahren Werte, nicht auf Werte, die euch die Welt verkaufen will. Die Welt macht nur wieder ein Geschäft und verliert den Frieden und den Weg. Hört auf eure innere, zarte Stimme und befragt euch selbst und nicht die Welt. Alle Antworten findet ihr in euch selbst. Vertraut euch und lernt dabei, wie kraftvoll ihr wirklich seid. Lenkt diese Kraft in die richtigen Bahnen und lernt, der göttlichen Führung zu vertrauen. Eine Veränderung der wirklichen Werte wird stattfinden, entweder freiwillig oder gezwungenermaßen. Veränderungen finden nicht außerhalb von euch statt, sondern innerhalb eurer Systeme. Die Systeme da draußen haben die richtigen Werte und brauchen nicht berichtigt zu werden. Eine Berichtigung findet hier bei euch statt. Der Wind wird den Gestank der Lüge wegnehmen und der Wahrheit Platz machen. Die Wahrheit wird von allen sofort erkannt werden. Sie bedarf keiner Rechtfertigung. Es ist ihr angestammter Platz und ihr Existenzrecht, die sie beide beansprucht. Eure Welt ist insgesamt auf einer Lüge aufgebaut worden, einer Illusion. Die ursprüngliche Wahrheit ist der göttliche Plan, dass diese Erde das Haus Israel sein sollte, also spirituell und experimentell gesehen, ein

Haus des Lichts, in dem die Kinder in einem Lichtkörper wandeln. Das ist die Wahrheit. Nun seht hin, was die Lüge daraus gemacht hat, und bedenkt, was ihr verteidigt! Kehrt der Lüge den Rücken zu und duldet keine mehr. Schließt euch mit der Großen Weißen Bruderschaft zusammen. Werdet wieder wahrhaftig gemäß dem göttlichen Plan. Das Friedensreich findet ihr in eurer DNS. Auch das neue Werkzeug des Friedens erhaltet ihr dort. Eure DNS will sich mit den Lichtsignalen und kosmischen Lichtbahnen wieder zusammenschließen und sich zu wahrer Größe erheben. Haltet euch also nicht selbst klein, sonst werden die Systeme euer altes Korsett sprengen, und das kann unangenehm werden. Begreift, dass ihr nicht fordern könnt, ohne zu geben, nichts verändern könnt, ohne euch zu bewegen und diese Veränderungen einzuleiten. Das Angebot sollte von euch her kommen. Erinnere dich an die Paradiesebene, wo du inmitten der Natur ein Kind warst, das mit allem Leben, den Tieren und dem intergalaktischen Raum eins war. Ein Zentrum eines Experimentes namens Israel, ein Volk des Lichts, das ausgezogen war, um in einer materiellen Schöpfung zu leben und diese ins Licht zu erheben. Erhebe dich, du Kindschaft, denn die Bruderschaft wartet darauf, damit auch sie beginnen kann, ihre Aufgaben wahrzunehmen und dich zu unterstützen. Die Leitbahnen stehen und die Codes eröffnen den Reigen.

Codes

Codes könnt ihr euch als Informationspakete des Lichts vorstellen, die zu bestimmten Zeiten unter bestimmten Bedingungen explosionsartig geöffnet werden bzw. sich selbst spontan öffnen. Bedingungen können auch Impulse sein, die von außen an euch herangetragen werden. Das können Ereignisse verschiedenster Art sein, entweder individueller Art oder Massenereignisse in der Welt. Oftmals setzen sie euer

Mitgefühl für andere frei. Darauf reagiert die DNS. Daher soll euer Mitgefühl abgetötet werden, was durch ständige Wiederholungen von grausamen Filmen oder Szenarien trainiert werden soll. Wenn euch der Zugang zu eurer DNS verwehrt ist, ist euch der Zugang zu den Himmeln verwehrt. Überlegt also sehr wohl, was ihr mit euch macht. Auch die eintreffenden Gravitationswellen aktivieren eure Codes, die für euch selbst bestimmte Informationen bereithalten. Ihr merkt das daran, dass ihr von einem Moment zum anderen einen völlig anderen Blickwinkel auf eine Sache einnehmt und nicht mehr versteht, warum ihr so lange so oder so gehandelt habt. Codes wiederum setzen die eintreffenden Lichtpartikel frei, die wiederum die Macht der Informationen und der Veränderungen in der Welt haben, wenn sie aktiviert werden. Eine Aktivierung kann allerdings nur mit Liebe geschehen. Dann werden diese Lichtpartikel aus dem Herzen entlassen, um sich dort zu manifestieren, wo ihr Platz ist. Geöffnete Codes verändern euer Bewusstsein, das mit der DNS zusammenhängt. Ein verändertes Bewusstsein erhebt euch, wodurch euch die DNS Zugang zu neuen Ebenen gewährt. Hier ist der Ort, wo euer Bewusstsein erweitert wird, was unbedingt notwendig ist. Ein Hamster im Rad hat eben nur ein begrenztes Bewusstsein und wird es nicht viel mehr erweitern können. Es macht keinen Sinn, mit ihm über Astrophysik zu sprechen, weil er nicht weiß, wovon die Rede ist. Wenn euer Bewusstsein sich aber über die Grenzen dieses Universums hinaus ausdehnt, werdet ihr aufnahmefähig für das größere Potenzial, das dort auf euch wartet.

Codes öffnen Türen oder Tore, und hinter diesen öffnen sich weitere Türen, die immer neue Überraschungen für euch bereithalten. Im Prinzip ist das Universum voll von Überraschungen und Wissen. Das setzt aber ein Basiswissen voraus, das ihr nur erlangen könnt, wenn ihr euch auf kristalline

Strukturen umstellt. Codes sind Licht, daher müsst ihr euch auf Licht umstellen, weg von der Finsternis, damit ihr einen Lichtkörper erhalten könnt. Ein Lichtkörper ist sozusagen lebensnotwendig für die, die im Licht wandeln wollen. Licht ist Leben, und der Lichtkörper erhebt euch über die, die mit dem Todeshormon arbeiten, das ihr überwinden müsst, wenn ihr das ewige Leben wollt. Das Todeshormon hält euch im Hamsterrad der Inkarnationen gefangen, wie ein Zodiakrad, dem ihr entsteigen müsst. Euer Ziel ist es, das Licht im Licht zu erlangen und zu verbinden, über die Speichen und Einflüsse hinauszugehen, nicht unter Einfluss zu stehen, sondern selbst Einfluss auszuüben, also vom Knecht zum Herrn zu werden. Die Herren des Lichts arbeiten ausschließlich mit Licht für die Schöpfung. Ihnen zur Seite gestellt sind die Lichtkrieger mit ihren Schwertern. Oft sind es Frequenzhalter, die das Lichtschwert erheben, das ihnen gegeben wurde, damit sie gegen die geistige Finsternis ankämpfen. Sie erheben das Lichtschwert nie gegen einen Menschen, aber gegen die geistige Finsternis, die sich dahinter verbirgt und das Ungemach über die Welt gebracht hat. Sie halten die Frequenzen des Lichts und grenzen ihren Bereich drastisch ab. Sie gehören zu den Friedfertigen, weil sie bereits im Licht wandeln.

Freigesetzte Lichtcodes verändern die Leitern der DNS und somit eure Chromosomen. Biologie ist immer veränderungsfähig, und zwar mit einem reinen Bewusstsein, was wiederum in eurem Körper entsprechende Veränderungen auslöst. Eure Fähigkeiten werden erweitert. Euer Ziel ist es, die kristalline DNS-Leiter hinaufzusteigen. Die habt ihr nämlich schon in euch. Sie ist bereit und wartet auf euer entsprechendes Bewusstsein.

Aktivierte Codes sorgen dafür, dass sich eure Energien neu bündeln, und zwar in der richtigen Reihe mit den richtigen

Partnern. Codes sind mit der Gottesmatrix verbunden, die es zu finden und zu aktivieren gilt. Ihr könnt sicher sein, dass sich die Gottesmatrix nicht täuschen lässt. Und ohne euren Glauben an Gott werdet ihr diese Matrix nicht aktivieren können. Wenn ihr Gott leugnet, leugnet ihr die Gottesmatrix und das Licht und alles, was mit Gott eins und verbunden und von ihm ausgegangen ist. Wenn ihr etwas leugnet, wird es für euch nicht vorhanden sein und ihr werdet vergebens danach suchen, und zwar so lange, bis ihr euch besinnt und den Pfad des Lichts betretet. Ohne euren Glauben wird die DNS den Weg nicht freigeben.

Wenn ihr euch weigert, die Probleme eures Lebens zu lösen, werdet ihr ebenfalls die Gottesmatrix nicht finden. Eine Weigerung bedeutet, dass ihr eure Hausaufgaben nicht machen wollt oder, anders gesagt, euer Gott gegebenes Versprechen nicht haltet.

Licht

Vor eurer Inkarnation habt ihr versprochen, die Dunkelheit eures Bewusstseins in Licht zu verwandeln. Das bedeutet, dass ihr euch anseht, was aus eurer Sicht zu erkennen ist. Nach dem Ansehen folgt das Erkennen, und danach kommt die Transformation in Vergebung und Erlösung im Licht. In dem Bewusstsein des Lichts erhaltet ihr eine andere Erkenntnis, die es euch ermöglicht, die Situationen und Stationen eurer Inkarnationen ins Licht zu erheben und erhaben über den Dingen zu stehen. Wenn ihr euch weigert, eure Leben anzusehen, passiert eben nichts und ihr wandelt weiter in der Finsternis. Finsternis ist Unwissenheit über die Hintergründe eurer Taten in euren Seinsformen. In der Finsternis bleibt das Bewusstsein im Dunkeln und kann nicht erkannt werden. Licht aber ist der Erlöser, der die Probleme wandelt und tilgt. Wenn ihr euch also an euer gegebenes Versprechen nicht haltet, habt ihr gefrevelt. Wie wollt ihr dann vertrauensvoll vor Gottes Angesicht treten und um Erlösung bitten? Wie wollt ihr an Gott glauben, wenn ihr schuldbeladen euren Weg geht, aus der Weigerung heraus, euer gegebenes Versprechen einzuhalten? In dem Fall tragt ihr Angst und Scham in euch und meidet das Angesicht Gottes, das euch eure Wahrheit spätestens dann zeigen wird. Die Sieger erblicken das Angesicht und schauen sich selbst in dem Moment. Sie nehmen die Botschaften auf und handeln entsprechend. Die Angst und Scham aber halten euch bewusst in der Finsternis, damit ihr nicht gesehen werdet, weil ihr glaubt, das Licht kann euch dort nicht finden oder sehen. Doch das Licht sieht euch überall und es erkennt euch, so wie ihr seid. Es gibt im gesamten kosmischen Raum kein Versteck, das nicht erkannt wäre, noch bevor es gewählt ist. Und wenn ihr das ewige Leben wollt, dann benötigt ihr das Licht, denn es wurde Licht, bevor die gesamte Schöpfung entstand. Das Licht ist ewig und hat seine Hüter. Das Licht aber ist auch Vernunft, die über der Polarität von Gut und Böse, Hell und Dunkel, Liebe und Hass usw. steht. Die Vernunft ist Wahrheit, denn die Wahrheit ist die Lehre des Lichts. Wenn du also die Wahrheit suchst, wirst du sie finden, allerdings im Licht. Also suche immer und überall das Licht in deinem Leben.

Das Licht ist auch Transformator. Es beleuchtet deine Seele, die sich oftmals versteckt, es transformiert deine Probleme, die du im Leben hast, und erhebt dich. Das bedeutet, dass alle Ebenen deines Seins im Licht aufgehen. Sie reagieren gehorsam auf diesen Befehl, wie auch dein Körper als intelligente Biologie es tut. Die Lichtbotschaften sind die der Weisheit, die dich in Liebe umfangen, dein Leben bereichern und dir den Frieden bringen, den du so ersehnst. Und so folgst du Gottes weisem Ratschluss, der immer der beste für alle ist und dir die Lösung deines Lebens bringt, an die du überhaupt nicht gedacht hast. Du bist wieder bereit für die Wunder, die dir das Licht offenbart, und bist Diener des Lichts und nicht der Finsternis. Bevor die Morgensonne erscheint, ist es am dunkelsten. Wenn sie aber die Himmel einnimmt, das Licht erstrahlt, regt sich das Leben und sprießt aus dem Boden. Die Vögel beginnen mit ihrem Gesang an die Sonne und alles Leben regt sich.

Das Licht ist heilig, weil der All-Eine heilig ist. Und es ist Sein Licht, das da erstrahlt und den Raum erhellt. Es fließt unaufhörlich aus ihm heraus in einem nie endenden Strom, weil er die Quelle selbst ist. Licht tritt immer auch den weg zurück zur Quelle an, deshalb wird diese Quelle nie versiegen. Jeder kann sich an dieser Quelle laben, der sich ihr lauter nähert. Trachte danach, ein weißes Gewand zu erhalten, genauso rein und klar und unschuldig wie das Licht. Lasse dann dein eigenes Licht leuchten, damit du erkannt wirst. Der gesamte Raum kann dein Leuchten sehen und weiß, dass du bereit bist. Und so, wie du erhoben hast, werden andere dich erheben. Die Große Weiße Bruderschaft ist bereit, dich aufzunehmen. Und so bist du ein wahrer Frequenzhalter des Lichts und dir wird all das zuteil, wessen du fähig bist. Und alle sorgen dafür, dass du ständig deine Fähigkeiten erweiterst, weil das Licht seine Gaben immer teilt, sofern das Licht aufgenommen wird. Nur durch das Licht wirst du zur wahren Krone der Schöpfung werden, und das bedeutet, dass du die Krone erhältst. Eine Krone zu erhalten, bedeutet, dass du dich selbst besiegt hast, der Sieg also dein ist. Sie ist der Abschluss aller Anstrengungen, die du unternommen hast, um auf dem Pfad des Lichts zu wandeln und zu erkennen, dass nur die Wahrheit dein Weg und die Wahrhaftigkeit der Liebe ist. Beides ist bei Gott, darum strecke ihm deine Hand entgegen und halte fest, was du hast. Heiße ihn willkommen, denn er geht dir entgegen auf all deinen Wegen. Er hilft dir, dich zu lösen von alten Dramen, die du dir ausgesucht hast, damit deine Seele lernt. Nun wird dein Haus gereinigt, damit er Einzug halten kann. Sein Einzug wird prachtvoll und glorreich sein und das Licht eilt ihm voraus. Die Heerscharen werden ihn ankündigen und seine Sehnsucht treibt ihn an. Dann wird er wieder seinen Raum betreten, denn seine Kinder haben ihn gerufen und er ist gekommen. So war es immer und wird es immer sein, bis du dich ganz und gar in ihm auflösen wirst. Dann erkennst du, dass du nie von ihm getrennt warst. Die Finsternis hat nicht zugelassen, dass du ihn siehst, aber er war immer geduldig und hat auf dich gewartet, auf deine Sehnsucht und auf deinen Ruf. Jetzt, im Licht erkennst du ihn ganz klar, so wie es dir als Mensch gegeben ist, und du kehrst zur Ehrfurcht zurück und erinnerst dich, dass er das Licht allen Lichts ist und das Wunder, das über allen Wundern steht. Und er hält seine Liebe zu dir unter Kontrolle, damit diese seine Liebe dich nicht auflöst in dem Gefühl der ekstatischen Freude über diese Begegnung. Zärtlich und fürsorglich wie immer umfängt er dich und du weißt es einfach. Er sorgt für dich, wie er es immer tat, weil du es nun wieder gestattest und annimmst. Und du gehst deinen Weg, der der seine ist. Er schreitet voran und räumt dir die Steine aus dem Weg, damit du nicht mehr strauchelst, und ebnet dir die Wege, die für dich bestimmt sind. Halte einfach sein Gewand und folge ihm nach. Das ist dein Ziel, dein Weg und deine Aufgabe.

Die DNS hält die Schleier. Das dient dem Schutz derer, die sich hinter dem Schleier verbergen, und hilft dir, dich unbeschwert in der Finsternis aufzuhalten. Du tust Dinge, ohne genau zu wissen, warum du sie tust, weil du die wahren Gründe nicht erkennen kannst, da die Schleier sie verborgen halten. Erst wenn der Vorhang zerrissen wird, kann der Bund mit Gott aufs Neue geschlossen werden. Aufs Neue muss dieser

Bund geschlossen werden, weil du in dem Energiefeld des freien Willens bist und daher dein freier Wille gefordert ist. Welchen Bund du auch immer vor diesem Moment mit Gott geschlossen hast, zählt in dem Moment nicht, weil du jetzt aus deinem freien Willen heraus entscheiden musst. Du hast die Wahl. Mache von dieser Wahl Gebrauch. Es ist die neue Energie, die die Schleier lüften wird, und vor dieser Entscheidung kann sich niemand verstecken. Wenn du jedoch deinen Bund mit Gott erneuerst, dann seid ihr wieder eins und du wirst wieder ein Diener des Lichts sein. Anders ist es nicht möglich, kann sich doch nur verbinden, was zusammengehört, und Licht wird sich mit Licht verbinden, wie die Liebe mit der Liebe und das Leben mit dem Leben. Und du wirst beginnen, dir selbst zu dienen, denn nun bist du in das Energiefeld eingetreten, das dir bewusst macht, wie wertvoll du bist, und du wirst dich von dem Moment an selbst wertschätzen. Deine eigene Wertschätzung grenzt dein Energiefeld gegen die niederen Bewusstseinsenergien ab, die dich gern in ihren Bereich zurückziehen wollen, weil du dort so gut manipulierbar warst. Die Schleier werden auf jeden Fall fallen. Das merkt ihr daran, dass sich die Parallelwelten als Energiefelder hereinschieben. Sie bringen euch noch die Erinnerungen, die euch fehlen, die ihr auflösen wolltet. Also fallt nicht auf die Parallelwelten herein und beginnt das Spiel der alten Dramen von vorn. Löst euch bewusst von diesen alten Dramen und stellt euch nur noch für die neue Energie zur Verfügung. Findet eure eigene Wahrheit wieder und sprecht sie aus. Fordert eure Rechte als wertgeschätzte Mitglieder dieser Menschenfamilie. Kehrt der Menschheitsfolter den Rücken, die ein Staat ausübt, wenn er die Seinen in Armut leben lässt. Schließt eure Augen und schaut mal, wie eure energetische Haltung ist auf der unbewussten Ebene – ***Jetzt!***

Parallelwelten

Wenn ihr euch zusammengerollt, also als energetische Kugel, seht, dann ist das eine Angsthaltung, die ihr auf dieser Ebene einnehmt. Seht nun, wie ihr euch energetisch aufrichtet zu eurer wahren Größe. Solange ihr zusammengerollt verweilt, verbleibt ihr als Duckmäuser in dieser Welt. Wenn ihr euch erhebt und aufrichtet, geht ihr wieder in eure Stärke, die euer angestammtes Recht ist.

Wenn ihr in der Zeit der Parallelwelten Gefühle intensiver Art aufnehmt, die ihr euch nicht erklären könnt, weil ein plausibler Grund dafür fehlt, dann fragt, woher diese Gefühle stammen. Sind es wirklich eure oder hat man sie euch übergestülpt? Wenn ihr euch nicht sicher seid, dann fragt, wer euch diese Gefühle gesandt hat mit der Absicht, euch die Arbeit der Auflösung zu überlassen. Lernt, euch abzugrenzen, und schickt alles zurück, was nicht zu euch gehört. Jeder Mensch, der sich hier auf dieser Erde aufhält, ist gekommen, weil er selbst seine Energien bereinigen wollte. Vom himmlischen Standpunkt aus betrachtet ist es absolut unerwünscht, anderen die Arbeit aufzubürden und sie zu missbrauchen. Die Wahrheit wird sich euch immer offenbaren, wenn ihr sie ruft. Verwechselt auch eine aus Angst zusammengerollte Energie nicht mit einer wirklichen Energiekugel, die aus anderen Regionen hier ist. Man kann den Unterschied klar sehen – das Eine ist gerollt, das Andere ist eine reine Kugel. Wenn ihr euch nicht mehr in die Angst treiben lasst, dann seid ihr für die Bruderschaft der Finsternis ein ernstzunehmender Gegner, und diese werden sich hüten, mit euch Schabernack zu treiben, besonders wenn das Gottesfeuer in euch lodert. Die DNS verändert sich und somit das Bewusstsein der Menschheit, daher werdet ihr mit allen Parallelwelten konfrontiert, die mit euch zu tun haben. Wehrt nicht ab, aber sorgt dafür, dass es eindeutig euer Problem ist, was angeschaut werden will. Ihr könnt eure DNS um Hilfe bitten. Sie wird euch die Klarheit geben. Der Hausputz jedoch ist unumgänglich. Das zeigt sich auf allen Ebenen. Und wenn diese Energie sich zeigt, dann entscheide, ob du dort verweilen willst, um das gleich Spiel weiter zu spielen, oder ob du den Pfad des Lichts und der Erkenntnis wählst. Wir sagten dir ja, das alte Spiel ist beendet. Das merkt ihr daran, dass sich immer mehr die Sinnlosigkeit breitmacht und niemand sich wirklich aufraffen kann, diesen alten Trott weiterzuführen. Es fällt immer schwerer, diese alten Muster aufrechtzuerhalten. Sie sterben schlichtweg, weil ihnen die Energie entzogen worden ist. Diese Parallelwelten machen vor nichts und niemandem halt. Auch ein Papst muss das erkennen, wenn er sich das Thema der Kirche des Missbrauchs anschauen muss. Und wäre er nicht gegangen, wäre er gegangen worden. Das stand schon fest. Der neue, der ihm folgen will, wird eine Art der Freiheit versprechen, um die Völker der Erde abzulenken von der Finsternis, die sich dahinter verbirgt. Es ist ein Relikt aus Atlantis und auch aus dem alten Ägypten, das durch die gefallene Priesterschaft einst ins Leben gerufen wurde und nun die zweite Schale des Zorns über sie ausgeleert hat.

Nehmt das Chaos an, denn es wird die ersehnte Ordnung bringen. Erinnert euch, dass Religionen nur für den Menschen gemacht sind und mit Gott nichts zu tun haben. An Gott kann sich jeder wenden, niemand benötigt einen Mittler. Einen Mittler jedoch benötigst du, wenn du intensiv mit deiner DNS lebst, und das ist der Heilige Geist. Werde also selbst zu dieser weißen Taube des Friedens, die auch das Zeichen des Heiligen Geistes und des Friedenschors ist.

Die Schalen des Zorns werden in der Hand gehalten. Die erste und die zweite sind ausgegossen. Es liegt an der Menschheit, ob die restlichen Schalen des Zorns ebenfalls vergossen werden. Gott begibt sich nur dorthin, wo er willkommen geheißen wird, also heißt ihn willkommen.

Schließe erneut deine Augen und bitte darum, dass dir dein Seelengewand gezeigt wird – ***Jetzt!***

Schau es dir genau an, und dann bitte um ein reines, weißes Gewand. Nimm an den Weg, der damit verbunden ist, und sei sicher, dass wir mit dir sind. Die Schleier fallen, damit Braut und Bräutigam sich finden und wieder vereinen können. Und so wird sich die Erde wieder mit dem Himmel vereinigen, denn ihr Ruf wurde erhört. Darum sorgt die DNS dafür, dass die Parallelwelten hereinkommen, auf deren Wellen du nicht reiten musst, aber dein Ansinnen regeln kannst, damit die Schleier alle fallen und dir nichts mehr verborgen bleibt. Der Bräutigam wirbt um die Braut und wird niemals locker lassen. Er hat die Geduld der Ewigkeit, wenn es um Liebe geht, aber er nutzt die Schalen des Zorns, wenn es um die Erkenntnis geht, und die wolltet ihr erlangen.

Man kann sein eigenes Angesicht verbergen, dennoch wird man erkannt, denn in der DNS steht es geschrieben und kann von jedem gelesen werden. Ebenfalls steht dort auch geschrieben, was Gott Großes mit dir vorhat, wenn du bereit bist, an seinem großen Plan mitzuwirken.

Entscheide dich. Bitte um das Licht in der neuen Energie und bitte, selbst ein Licht Gottes sein zu dürfen, das anderen den Weg aus der Finsternis zeigt. Den Weg zu gehen von der Finsternis zum Licht, das ist dein Ziel.

Und so schließe erneut deine Augen und siehe den Christus in seinem weißen Gewand vor dir – ***Jetzt!***

Greife nach diesem weißen Gewand im Geiste wie in der Wahrheit und halte es fest. Nun folge ihm, wohin er auch gehen mag, folge ihm nach. Sein ist das Reich und die Herrlichkeit, und wenn du daran teilhaben willst, dann bitte darum.

Der Weg ist klar, und er wird dir voranschreiten, sodass du nicht mehr fehlgehen kannst.

Hüter der Erinnerungen

Auch wenn die Schleier fallen, gilt es noch immer, die Hüter der Erinnerungen zu überwinden. Sie sind einst von dir berufen worden, damit sie deine Erinnerungen erst freigeben, wenn die Zeit dafür reif ist. Da jetzt Hausputz ist und die Codes reagieren, ist es auch an der Zeit, dich deinen Erinnerungen zu stellen. Bisher haben dir die Hüter den Weg verwehrt, weil du Angst vor diesen Erinnerungen hattest, Angst, deinen oder anderen Handlungen erneut zu begegnen, die dein Leben auf sehr eigentümliche Weise geprägt haben. Es waren Menschen, mit denen du heute eng zusammenlebst und die dir sehr gut bekannt sind. Ihr alle habt euch in dieser Inkarnation wieder eingefunden, um eben diese alten Muster aufzulösen. Was immer in der Vergangenheit an Grausamkeiten und Missbräuchen geschehen ist, will im Licht aufgelöst sein. Diese Ereignisse haben deine Leben geprägt, wie auch dein heutiges Leben, das die Summe aller deiner Inkarnationen darstellt. Hier ist gebündelt alles, was diese beladen hatte und womit du bisher nicht fertig geworden bist.

Lasse dir mal dein altes Gepäck zeigen, das du immer noch trägst – ***Jetzt!***

Was immer du gesehen hast, musst du nicht mehr mit dir herumtragen. Es ist Ballast, der entfernt sein will.

Nun schau dir mal den Inhalt dieses alten Gepäcks an – ***Jetzt!***

Lass dir Zeit und sieh dir alles genau an und bitte darum, dass dir gezeigt wird, was das heißt. Es ist wichtig, dass du das erkennst, denn es hat mit dir zu tun.

In den alten Inkarnationen habt ihr Verhaltensmuster gelebt, die euch erst nach dem Tod bewusst geworden sind. Oft waren es die eigenen Auslöser wie Eifersucht, Geiz, Neid, Machtmissbrauch und vieles mehr, die andere gelebt haben, damit ihr erkennt, was ihr in euch tragt. Ihr habt die Reaktion der anderen gebraucht, um euch selbst zu erkennen, habt es aber nie auf euch selbst bezogen. Nach eurem Tod auf der Ebene der Erkenntnis waren Schreck und Scham groß, und ihr habt Hüter erkoren, die diese Situationen verbergen sollten, damit eure Seele Erleichterung erfahren sollte, die der Schock ausgelöst hat. Heute jedoch seid ihr soweit, diese Hüter zu ermächtigen, den Platz zu räumen und den Weg freizugeben, damit ihr euch befreien könnt von dem Ballast der Vergangenheit. Verhindert hat es bisher eure Angst, denn für die Seele ist es immer Gegenwart, wie in der DNS, die auch nur die Gegenwart kennt. Deswegen regt sich eure Seele darüber auf, denn im Jetzt kann sich alles wiederholen. Und es wiederholt sich deshalb, weil ihr es euch nicht angesehen habt. Es ist sozusagen die Aufforderung, endlich klar Schiff zu machen, damit ihr endlich frei für das Neue seid, das die neue Energie euch bringen will. Auch euer Verstand hindert euch, teilweise deshalb, weil ihr lernen müsst, euren Verstand zu beherrschen. Lasst euch von diesem nicht austricksen, denn jeder, der spontan sagt, dass er seinen Verstand beherrscht, ist schon dessen Anweisungen gefolgt und hat ihn zu Wort kommen lassen. Lernt, euren Verstand zu kontrollieren, immer wieder, bis es klappt. Tausendmal am Tag hindert er euch daran, eurem wahren Glück entgegenzugehen, indem er ständig Gründe findet, warum etwas nicht geht. Erzieht euren Verstand, so zu denken, dass eure Herzenswünsche erfüllt werden – ohne „wenn und aber".

Folgt dem höheren Verstand, der es besser weiß. Ruft ihn herbei und bittet ihn um Führung. Wir sagen nicht, dass eine Transformation zum Kristallmenschen einfach ist, dennoch sind die ersten Schritte einfach, wenn ihr sie befolgt. Den Ungläubigen sei gesagt, dass ihr sehen werdet. Ihr werdet den Beweis erhalten, den ihr gesucht habt. Die Frage ist nur, ob euch dieser Beweis glücklich machen wird. Klärt in euch, was ihr wirklich sucht. Ihr seid nicht Gottes Kontrolleure. Es ist allein bei Gott, wann und wo etwas geschieht, weil es immer den gesamten Raum betrifft. Spätestens die Schalen des Zorns werden euch Beweise liefern, die ihr lieber nicht gewollt hättet, dennoch habt ihr sie gerufen aus dem Unglauben heraus, weil etwas nicht gleich um drei Uhr nachmittags geschehen ist, wie vorhergesagt. Vielleicht aber konnte eine Seele gerettet werden, die mehr Zeit brauchte, und ihr könnt sicher sein, dass Gott an keiner Seele vorbeigehen wird, die ihn ruft.

Vielleicht werden sich einige Hüter eurer Erinnerungen weigern, den Weg freizugeben. Dann sagt es ihnen wiederholte Male, so lange, bis sie weichen. Und dann seht genau hin, was sie euch zeigen. Es sind eure eigenen Geschichten, wie die Seele sie erlebt hat und wie ihr sie gelebt habt. Die Freiheit müsst ihr erringen und sie auch verteidigen. Lasst euch nicht immer alles aus den Händen nehmen. Vertraut nicht denen, die euch belügen, und misstraut nicht denen, die euch die Wahrheit bringen.

Die Bruderschaft, die mit dem Todeshormon arbeitet, hält euch in euren Inkarnationen gefangen. Gefangen seid ihr deshalb, weil ihr mit jeder neuen Inkarnation die Zellerinnerungen erhaltet, die eben mit euren Leben und Dramen in Verbindung stehen. Das passiert immer, wenn es nicht erlöst worden ist. Dann hängt ihr in der Überlappung der Illusion fest, dass ihr Opfer seid und diese Dramen ständig leben müsst, und wiederholt diese permanent. Warum also tut ihr der Finsternis diesen Gefallen?

Wenn ihr euch daraus befreit und diese alten Dramen im Licht auflöst, dann gibt es keine Wiederholungen, weil eben nichts da ist, was wiederholt werden müsste. Erlöst ist erlöst und das bleibt es auch. Das Volk wird sich erheben. Das Volk des Lichts steht auf und die anderen werden es ihm gleichtun, weil sie sehen und erkennen werden, was es heißt, den Wind der Freiheit zu atmen. Diejenigen, die sich erheben, haben sich selbst erhoben auf neue Ebenen, die die DNS freigibt, damit die Gottesmatrix erreicht werden kann. Ein Sieg kann niemals in eine Niederlage gewandelt werden, denn niedergelegt habt ihr das Alte und Unbrauchbare, sodass die Hände für die Krone frei sind. Die DNS richtet die Energien neu aus und verändert sogar eure biologischen Stränge. Die Seher unter euch können das mitansehen. Es ist ein grandioses Schauspiel. Und ihr könnt eintreten in eure Gegenwart, Kontakt aufnehmen mit euch in allen Seinsformen auf allen Seinsebenen und euch immer wieder neu begegnen. Hier findet ihr sogar eure zukünftigen Seinsformen, von denen ihr lernen könnt, wie auch von den vergangenen, die gern ihre Erfahrungen mit euch teilen, denn letztendlich teilt ihr mit euch selbst. Dieser Vorgang stellt eine Bereicherung eures Lebens dar, insbesondere, wenn ihr mit euren höheren Chakren euer Bewusstsein in andere Galaxien senden könnt, um von dort Informationen aufzunehmen.

Die Erde hilft euch, die alten Zellerinnerungen loszulassen. Sie wird sie umwandeln und reinigen, denn sie kennt euch alle und weiß genau, wo ihr euch aufhaltet. Und von den höchsten Ebenen des Lichts wird das Licht in euch einfließen, damit eure Systeme wieder die Wahrheit aufnehmen können, für die nun Raum geschaffen worden ist. Es ist wichtig in der nächsten Zeit, dass ihr euch für diese Wahrheiten öffnet, denn sie werden wegweisend sein. Wenn ihr euch orientierungslos fühlt, dann erinnert euch, dass ihr sein Gewand haltet und ihm nur zu folgen braucht. Dieser Weg wird immer der richtige sein.

Die Erde gab euch Anschauungsmaterial in allen Leben und auf allen Kontinenten. Die Geschichten waren immer dieselben, auch wenn sie unter anderen Namen und Wesen aufgeführt worden sind. Ihr wolltet aus den Geschichten lernen und habt darüber die Wahrheit vergessen. Warum, glaubt ihr, unternimmt die Bruderschaft der Finsternis täglich so viele Anstrengungen, euch von der Wahrheit fernzuhalten? Die Betonung hier liegt auf täglich, denn das ist notwendig, euch immer wieder abzulenken und glauben zu machen, dass das alles ist, was ihr erreichen könnt. Und alles das ist noch nicht einmal ein Quäntchen dessen, was wirklich für euch möglich ist. Solange eure Zellerinnerungen noch bestehen, lasst ihr euch diese Geschichten einreden. Wenn eure Zellerinnerungen frei sind, dann werden sie mit der Wahrheit angefüllt, und wo die Wahrheit ist, hat keine Lüge mehr Zugang. Schließt das Tor der Vergangenheit hinter euch und kehrt ihm den Rücken zu. Macht euch klar, wem ihr wirklich dienen wollt.

Dann bittet um das Tor, das ihr durchschreiten sollt, damit euer Weg ins Licht unaufhaltsam ist – ***Jetzt!***

Und nun nehmt von jetzt an die Führung des Lichts an. Denn wo Licht ist, gibt es keine Finsternis. Entfernt euch von den Schalen des Zorns, damit sie euch nicht berühren und ihr sie nicht zu kosten braucht. Labt euch stattdessen am Wasser des Lebens, das aus der reinen Quelle des Göttlichen Seins hervorsprudelt. Seine kristallklare Struktur wird dir helfen, den Vorgang der Wandlung schneller und direkter durchzuführen. Du wirst wieder in deine Lebendigkeit kommen, nach der du dich so sehr gesehnt hast, und die Vitalität des Lebens ausstrahlen. Es wird andere motivieren, dir nachzufolgen, es dir gleichzutun, damit die Sehnsucht eines jeden gestillt werden kann. Nun bist du der Gottesmatrix schon ein ganzes Stück nähergekommen, denn die Wahrhaftigkeit ebnet dir den Weg zu ihr, damit du findest, was dein ist, und lebst, was dir bestimmt war von Anbeginn. Du bist jetzt ein Pilger auf dem Weg in seine Stärke, die dein Anrecht ist, und dein Bewusstsein wandelt sich, weil die DNS sich gewandelt hat. Das, was dir anfangs noch verschwommen erscheint, wird nun klarer und klarer erkennbar für dich, und die Erinnerung kommt zurück. Erinnerung findet im Innern statt, nicht im Außen. Gehe also den Weg der inneren Welt, um die äußere Welt zu verändern. Sei du selbst das, was du im Außen sehen willst, sei du selbst die Welt, die du dir wünschst. Die neuen Energien helfen dir dabei, denn auch sie halten ein Bewusstsein, nämlich das Bewusstsein der Erneuerung, und erneuert werden muss vieles. Das Bewusstsein lebt sich immer in seinem Auftrag, von dem es nicht abweicht. Daher kommen die Erneuerungen unaufhaltsam, denn das ist ihr Auftrag. Und das Alte muss weichen, weil es dem Tod geweiht ist, damit das neue Leben sich zeigt auf allen Ebenen, ausgerufen von dem All-Einen, der bereits die dritte Schale des Zorns in der Hand hält. Gehe den Weg des Lichts, damit diese nicht auch noch ausgegossen werden muss.

Die DNS reagiert, wenn du den inneren Weg gehst, insbesondere, wenn du den Anteil der Göttin lebst. Sie ist die Erhalterin des Lebens und sorgt dafür, dass du alles hast, was du brauchst, sei es körperlich oder materiell. Wenn du selbst in deinem Unterbewusstsein andere Programme lebst, laste es bitte nicht der Göttin an, denn auch sie respektiert deinen Willen, Einschränkungen zu leben, wenn du das vorgibst. Es spielt keine Rolle, ob du gedanklich etwas bewusst prägst oder ob es in deinem Unterbewusstsein geprägt ist. Vorgabe ist Vorgabe, die eingehalten wird.

Die DNS-Energie der Göttin und des Heiligen Geistes, der ebenfalls weiblich ist, arbeiten eng zusammen. Ihre Energien sind fordernde Energien. In ihrer fürsorglichen Art werden beide darauf drängen, dass du dich mit der Kind-Energie der DNS beschäftigst und aktiv dein Leben wandelst. Ihre Güte verdrängt nicht die Notwendigkeit, auf dich einzuwirken, um den Weg der Klarheit oder der Gerechten zu gehen. So sehr sie dich mit all ihrer Liebe umfängt, so sehr macht sie dir unmissverständlich klar, was sie fordert, und das eindeutiger als die männliche Energie. Die Göttinnen-Energie weist radikaler zurück, was das Leben an sich bedroht, und sie macht von ihrem Heiligen Zorn Gebrauch. Sie will, dass dein inneres Kind geheilt wird und ein glückliches Leben lebt, auf das es ein Anrecht hat. Da versteht sie keinen Spaß. Und sie wird dich so lange auffordern, bis du bereit bist oder aber aus dem Kelch trinken musst, um zur Erkenntnis zu gelangen. Die Göttin stellt sich klar und mit allen Mitteln gegen die alte Energie des Missbrauchs. In den ersten Monaten des Jahres habt ihr einen Hauch davon erhalten, bedenkt, dass das Energiejahr jedoch erst in der Mitte des Jahres eurer Zeitrechnung beginnt. Es steht euch einiges bevor, was den Baum des Lebens ins Wanken bringen wird. Wir wünschen euch, dass dieser Baum fest verwurzelt ist. Die Familienzweige der Plejaden und des Sirius verkörpern Anteile, die auch mütterlich, aber sehr klar sind und die euch auffordern, diese Vorgaben einzuhalten.

Göttinnen-Energie

Yoda (Meister der Plejaden) sagt: „Ihr seid an der Weggabelung angekommen. Welchen Weg ihr dort auch wählen werdet, spielt keine Rolle, weil keiner dieser Wege euch zum Ziel führen wird. Es gibt nur einen Weg und der ist der Seine. Allein dieser Weg führt in die höchsten Höhen, wenn ihr diese wollt. Die höchsten Höhen nicht zu wollen, ist Sünde. Den Weg der Blindheit zu gehen, ist Dummheit. Sich im Kreise zu drehen, führt zur Ohnmacht. Dein aber ist die Macht, das

Sehen und die Fähigkeit, die göttlichen Attribute zu leben. Wenn du das Höchste, was dir geboten wird, verschmähst, was, glaubst du, sollte dir dann gereicht werden? Die Allmacht kann dir nur das Beste reichen, was sie hat und selbst ist. Wenn du das Beste verschmähst, dann lebe mit dem Minderwertigen, das du dir ausgesucht hast. Wenn das Licht dich erleuchten will und du dennoch die Finsternis wählst, dann wandele in der Dunkelheit, bis deine Augen unbrauchbar geworden sind. Wenn man dir Flügel reicht, weil du endlich Wurzeln hast, und du wählst, auf Krücken zu gehen statt zu fliegen, dann krieche auf deinem Bauch, damit du näher am Boden der Erkenntnis bist, um zu lernen. Wenn du die Wahl zwischen Heiligkeit und Niedertracht hast, zwischen Wahrheit und Lüge, und du wählst die Lüge, die die Niedertracht schon in sich trägt, dann gib dich ganz der Illusion hin, denn die Welt hat sich schon von dir verabschiedet. Wenn du die göttlichen Lehren annehmen kannst, du aber nur die Sprüche der Welt wählst, dann sollen sie deine Nahrung sein, bis sie dir zum Halse heraushängen. Wenn du die kosmische Einheit haben kannst und die materielle Welt wählst, dann lebe mit deiner Wahl und siehe, wohin sie dich führt. Solltest du je um Hilfe rufen, wünsche ich dir, dass deine materielle Welt dich erhört. Wenn du die Möglichkeit hast, in der Liebe des All-Einen aufzublühen, und du aber die Dunkelheit der Unkenntnis wählst, dann lebe mit deinesgleichen. Wenn Engel dich den Berg hinauftragen wollen, du aber lieber Stein für Stein allein hinaufklettern willst, wird dir das niemand verwehren. Vergiss aber den Berg nicht zu fragen, ob du ihn erklimmen darfst. Ein Berg ist mächtig und ruft dich. Er geht sogar zum Propheten, wenn es sein muss. Verkenne aber nie die Macht des Berges, der dich genauso hinabstürzen kann. Wenn du die Göttin lieben, achten und ehren kannst und du misshandelst sie, dann hast du eine Wahl getroffen, die dir selbst das Leben nimmt. Wenn du alle Möglichkeiten hast, ein erfülltes Leben zu führen, du aber die Wahl triffst, ein Leben in Demütigung und Kargheit zu führen, dann iss die Steine, die man dir reicht. Du hast die absolute Wahl hier, die du jeden Moment aufs Neue nutzen kannst. Triff also eine weise Wahl, sonst bleiben dir die Ebenen versperrt. Wenn du also einem Menschen mehr Macht über dich gibst als deinem Schöpfer, dann lebe mit deiner Wahl.

Der Dumme benötigt die Erfahrung, während der Weise den Weg der Weisheit wählt. Geliebter Schüler, sei also weise und folge deinem Lehrer."

Jahrtausende habt ihr den männlichen Teil gelebt, der erobert hat bis hin zum Blutvergießen, denn sein Motto war, dass er sich nehmen muss, was er will, sonst bekommt er nichts. Die weibliche Energie ist die Empfängnis, daher wird eure Welt sich wandeln. Die Göttin steht für das Leben, und daher empfängt sie alles, was dem Leben dient. Das Männliche tat immer so, als würde die Welt ihm etwas vorenthalten. Die Göttin weiß, dass sie nur zu empfangen braucht und damit über alles verfügt, wessen sie bedarf und darüber hinaus. So kannst du nun Liebe empfangen, Wohlergehen und Fülle, denn sie weiß, dass das Leben ihr nichts vorenthalten wird. Sie wird den Raum auf ihre Art zu verteidigen wissen, wie auch die Erde. Eure Mutter wird sich öffnen und ausspeien diejenigen, die sich gegen das Leben gestellt haben. Unterschätzt nicht ihre Macht, die eigenen Kinder zu schützen. Ihr Wasser reinigt, was verunreinigt ist, und wenn es sein muss, dann wird sie auf einer anderen Erde weiter für ihre Kinder sorgen. Ihre Fürsorge endet nie, denn sie ist eine Mutter, die für ihre Kinder das letzte Hemd geben würde. Durch die Empfangsbereitschaft des Weiblichen finden nun alle Veränderungen statt, die der männliche Kampf- und Machtwahn bisher verhindert hat. Die Energie dazu ist bereits vorhanden, alles steht bereit. Und weil das so ist, kann auch eine neue Heilung Einzug halten, eine Heilung, die über die DNS aus den höchsten Höhen kommt, die sozusagen direkt aus der Einheit stammt. Euer Sein verändert sich massiv, denn die DNS verändert eure Chromosomen. Das ist notwendig, damit ihr der neuen Energie angepasst seid und diese mit all ihren Möglichkeiten leben könnt. Unterschätzt nicht diese Energien, niemals. Zu ihnen zu gelangen, bedeutet unter Umständen harte Arbeit. Die alten Ägypter wissen ein Lied davon zu singen. Diese Energien zu unterschätzen, zeugt von maßloser Dummheit.

Wir sagten euch bereits, dass alles Geist ist, und für diesen Geist gibt es keine verschlossenen Türen. Geist ist Bewusstsein, das sich seiner selbst bewusst ist. In den höchsten Regionen ist das reine Licht das Bewusstsein. Du kannst auf dem Strahl reisen oder schneller als Licht sein. Es hängt von dir ab, welches Ziel du dir gesetzt hast. Du entscheidest über die Einflüsse, die du für dein Leben zulässt oder von dir weist. Empfange also die herrlichen Gaben, die für dich bereitstehen. Gehe dazu in dein Vertrauen und lasse geschehen. Kämpfe nicht mehr wie das Männliche, sondern äußere deinen Wunsch und dann gehe auf Empfang.

Das Männliche lebt Misstrauen, denn es kämpft, weil es davon ausgeht, dass es sonst nichts erhält. Das Weibliche hingegen lebt Vertrauen, weil es davon ausgeht, dass der Wunsch schon erfüllt ist und den Weg zum Weiblichen genommen hat. Vertrauen ist ein göttliches Attribut, das in den höheren Energien unabdingbar ist. Das gilt auch für deine Taten, wenn du der Einheit dienst. Deine Aufgaben werden vielleicht nicht sofort das Ergebnis zeigen, was du dir entweder selbst wünschst oder das dir verheißen wurde, dennoch tust du, was getan werden muss, und weißt, dass das Ergebnis auf der materiellen Ebene sichtbar sein wird.

Die Lichtarbeiter oder besser Frequenzhalter der Liebesfrequenzen dieser Ära leisten die schwerste Arbeit. Andere hatten es auch nicht leicht, dennoch wird von diesen Generationen mehr gefordert. Es sind die Besten der Besten, die hier sind, weil ihre Aufgaben wichtig sind und niemand ein Risiko eingehen wollte. Sie sind in Begleitung der Heerscharen gekommen, mit denen du über die DNS ebenfalls Kontakt aufnehmen kannst. Die Welt steht sozusagen am Abgrund ihrer Machenschaften. Entweder sie geht zur Vernunft über und leistet einen schrittweisen Aufbau, was mit den Milliarden von Menschenmassen nicht einfach ist, denn das bedeutet eine Art Planwirtschaft für alle, oder aber die Macher werden versuchen, die Menschheit durch Krieg zu reduzieren auf ein überschaubares Maß, denn die Ressourcen geben nicht mehr her. Dann gibt es einen Krieg der Sterne, denn sie werden versuchen, von anderen Planeten aus diesen Krieg zu führen, umsonst haben sie nicht auf den Mond geschossen. Testversuche der Reichweite einer Waffe. Und sollte dieser Krieg ausbrechen, dann wird der Ausbruch im Osten sein, der vom Westen und Mittleren Osten finanziert sein wird. Dieses Vorgehen wird die Pforte zur Hölle öffnen. Darum rollt euch auf und erhebt euch oder lebt mit dem Ergebnis eures Wartens oder des Nichtstuns. Fangt an, über euren Tellerrand zu schauen, und werft einen Blick in die Welt. Erkennt, dass ihr nicht mehr ein autarkes Leben führen könnt. Erkennt, dass ihr nicht mehr so tun könnt, als gäbe es nur euch oder als ginge es nur um euch. Gott ist dabei, sein Angesicht zu zeigen, und wir sagten euch in den vorhergehenden Büchern des P'taah, dass jeder Angriff auf Gott geahndet wird. Um klar und rein mit der DNS zu arbeiten, musst du Gottes Angesicht schauen, daher

Heerscharen

ist jeder Angriff ein Angriff auf Gott und ein Schlag in sein Angesicht, das nie ohne Folgen bleiben wird. So ist es verheißen.

Die Heerscharen stehen bereit und du siehst sie als Augen. Wir sagten dir in den vorhergehenden Büchern des P'taah bereits, dass das Licht und das Auge die gleiche Geometrie aufweisen. Gäbe es kein Licht, gäbe es keine Augen, weil sie nicht notwendig wären, denn es gäbe nichts zu sehen. Wohl denen also, die von Augen umringt sind und die die Säulen des Lichts auf sich zukommen sehen und von ihnen umfangen werden. Die Heerscharen sind auf den höchsten Ebenen des Lichts angesiedelt, daher sind sie Licht und sehr machtvoll. In Ägypten repräsentiert der Tempel des Horus die heilige Stätte. Das Auge des Horus, die eine der Schulen im alten Ägypten war, repräsentiert das Auge Gottes, unter dem die El-Ohim arbeiten, damit der Mensch ein Lichtgewand erhalten kann. Dieses Lichtgewand benötigt der Mensch, um den Christus in sich aufzunehmen. Daher ist es so wichtig, dass ihr euch für das Licht entscheidet. Bittet darum, jeden Tag aufs Neue. Wendet euch nicht dabei an die selbsternannten Lichtarbeiter, sondern sucht die von Gott berufenen, die ihren Dienst in der Unermüdlichkeit des Lichts tun. Das Ende des alten Spieles ist das der sterbenden Wesen, die sich an die Vergänglichkeit klammern und mit dieser untergehen werden. Das Licht wird triumphieren und den bösen Spielen der Religionen, der Kriegstreiber, der Wirtschaft und der Wissenschaften ein Ende bereiten. Die bitterste aller Schalen des Zorns wird die des göttlichen Zorns sein, die vergossen wird und das Urteil vollstreckt. Es ist die Schale des Gerichts. Darum überlegt wohl, wem ihr nachfolgt. Klärt in euch, welches eure wirklichen Werte sind. Das Friedenskorps ist zugleich die Flugformation der Taube, die die Ihren auflesen wird. Für diejenigen steht im

Fall der bittersten Schale des Zorns eine neue Erde bereit, zu der sie gebracht werden, damit ihre Seelen weiter voranschreiten können. Alle alten Spiele der Welt dienen nur noch dazu, die Entwicklung der Seelen zu hemmen, um sie weiter dem Tode zu weihen. Ihr Recht aber ist das ewige Leben, das ihnen vorenthalten wird. Das ewige Leben jedoch ist mit dem Licht verbunden und daher eins mit ihm.

Der gesamte Quadrant ist das Experiment eines individuellen Lebens im Kollektiv des freien Willens, das es der Seele durch Erfahrung ermöglicht zu lernen, was es heißt, den Bezug zum Denken, den Taten und deren Ergebnissen zu allem, was ist, herzustellen. Experimente, die keine neuen Ergebnisse mehr bringen, werden beendet, denn sie beinhalten das bereits erzielte Ergebnis. Was von Gott ausgesandt wurde, ist durch den Sohn erlöst, und was erlöst ist, kann erneuert werden. Der Sohn ist das Wort Gottes, das von ihm selbst gesprochen wird. Jeder Ton und jede Silbe ist ein loderndes Feuer seiner selbst, denn er ist auch das Wort, weil das Wort bei ihm ist. Da es von Gott herausgestellt wurde, ist es zugleich der Sohn, denn alles, was von Gott auszog, ist der Sohn/die Tochter.

Wie tief die Menschheit noch fallen will und wie viel Zerstörung sie bereit ist zu leben, wird der Auslöser sein, wie schnell eine Lichtregierung eingreifen wird. Die Lichtorden auf Erden werden die geschändeten Seelen wieder aufbauen und die Lehre der Wahrheit verkünden, denn es werden Berufene sein, die im Dienst des Lichts stehen und ihre Weisungen von den Höchsten Lichtebenen erhalten. Dazu gehören der Orden Melchizedek, der Orden des Amen-Ptaah, der Orden von Qumran, der Orden Michaels und die dazugehörigen Lichtakademien. Durch eure DNS habt ihr wieder Zugang zu der kosmischen Sprache der Einheit, die eine Lichtsprache ist und die die Sprache des All-Einen ist. Um diese Sprache wieder zu verstehen, benötigt ihr auch den Heiligen Geist, die Shekinah. Die Lichtakademien werden euch die spirituellen Lehren vermitteln, die in Vergessenheit geraten sind oder vernichtet wurden. Einige Tafeln und Schriftrollen existieren noch in vollendeter Schönheit. Diese werden versteckt und bewacht, um sie vor der Vernichtung durch den Menschen zu schützen. Sie sind von unschätzbarem Wert.

So ist es nicht mehr die Zeit des Menschen noch die Zeit der Finsternis des Bewusstseins, sondern des Lichts, das diese Zeitqualität an sich genommen hat. Die Qualität ist erforderlich, damit sich der Mensch weiterentwickeln kann, nämlich zu dem, wozu er geboren worden ist. Die wahrhaftigen Lehren sollten ihm helfen, den Lichtkörper zu erlangen, mit dem er sich universell fortbewegen kann. Erfahrungen auf Erden sollten seiner Seele die Möglichkeit geben, zu lernen und in ein höheres Bewusstsein einzutauchen. Die Fähigkeiten des Menschen werden immer mehr reduziert, statt diese zu erweitern. Die Alten der Tage waren um ein vieles weiser als ihr heute. Sie würden sich gerne wieder mit euch zusammenschließen und euch an dieser Weisheit teilhaben lassen. Den Kontakt könnt ihr über eure DNS herstellen, wenn ihr den Weg kennt. Die Zeit wird in sich zusammenfallen, damit Vergangenheit, Gegenwart und Zukunft sich wieder begegnen können. Die Ur-Matrix hat es vorgegeben, und sie hat nach wie vor Bestand. Sie ist die göttliche Vorlage, nach der die Höchsten Ebenen des Lichts arbeiten, und alles wird sich darauf ausrichten, diese Ur-Matrix wieder hervorzuholen. Sie ist das A und O eures Seins, die alles beinhaltet, was existent ist, und euch die Möglichkeiten eröffnet, in allen Universen und Ebenen angepasst zu leben. Wir baten euch in den vorhergehenden Büchern des P'taah, eine eigene Pyramide auf geistiger Ebene zu errichten

Kristallpyramide

und den Schlussstein zu setzen. Heute bitten wir euch wiederum, eine Pyramide zu erstellen. Seht diese vor euch in den höchsten Ebenen, und zwar aus reinem, klaren Kristall. Betretet nun diese Pyramide und seht in der Mitte einen Kristalltisch stehen. Nehmt einen Schlussstein, den ihr oben in die Spitze einsetzt, aus reinem Gold. Dann legt euch auf den Kristalltisch und blickt nach oben. Seht, wie nun aus dem goldenen Abschlussstein eine kristalline, lichtvolle Blume des Lebens erscheint. Bittet Erzengel Michael um Hilfe und Führung, damit dieser Ort ein heiliger Ort für euch sei und euren Systemen zur Umstellung auf die kristalline Struktur verhelfen möge. Besucht eure Pyramide so oft ihr könnt und wollt. Macht diese zu einem Treffpunkt eurer selbst und trefft dort die Vorangegangen, die Gegenwärtigen und die Zukünftigen, damit sie euch helfen, wieder zu euch selbst zu finden. Bittet hinzu und um Klarheit sowie Orientierung und fragt sie, was ihr vorrangig braucht. Es ist ein heiliger Raum, also duldet keine Verunreinigungen. Bevor ihr diese Pyramide betretet, legt fest, dass ihr Licht und Liebe seid. Dann wartet einen Moment, und wenn Erzengel Michael euch das Zeichen gibt, dann erst betretet diesen heiligen Raum. An den Wänden eurer kristallinen Pyramide könnt ihr sehen, was für euch von Vorrang ist. Nehmt an, was immer es ist, denn es dient eurem Wohlergehen. Diese Zeit ist eine Heilige Zeit, denn ein Quantensprung ist immer ein Bewusstseinssprung, den der Mensch tätigen kann, wenn er dazu bereit ist. Sich zu einem Bewusstseinssprung zu entschließen, bedeutet immer, die Ebenen nach oben zu wechseln und Gott näherzukommen. Einheit ist Freiheit mit der absoluten Hingabe an Gott und der absoluten Disziplin, den Göttlichen Willen zu leben. Innerhalb dieser Freiheit bist du wirklich frei, weil sich dem Göttlichen Willen nichts in den Weg stellt. Außerhalb deiner materiellen Sichtweise existiert ein Nichts, denn die Schöpfung ist auf dem Weg zur Vollendung und nur das Beste wird in den Raum gestellt. Das Beste ist das Höchste Selbst, das sich leben will im Rahmen seiner Möglichkeiten, denn so wie die Seele des Menschen lernt und der Mensch sich entwickelt, entwickeln sich auch ganze Universen. Die oberen sind die Vateruniversen, alle darunterliegenden Universen sind Sohn- und Unteruniversen und arbeiten sich nach oben. Daher wird es nie minutiöse Vorhersagen geben, weil immer auf die Entwicklung der einzelnen Seele wie auf das Kollektiv gewartet wird, welchen Weg diese einschlagen werden. Das heißt, alle Möglichkeiten werden hier mit den Wahrscheinlichkeiten in eine Waagschale geworfen.

Der 21. 12. 12 ist ein Lichtcode, der die neue Energie und das Tor zur Urzentralsonne eröffnet hat. Ein sogenannter Quantensprung. Danach wart ihr in einer Warteschleife gefangen. Diese Warteschleifen sind erforderlich, weil in dieser Zeit Wesenheiten an euch arbeiten, um euer Energiefeld zu reparieren oder zu erneuern, je nach individuellem Bewusstseinszustand. Das dauert einige Zeit, sodass ihr euch wie in einem Vakuum gefangen fühltet. Die Reparaturen gehen mit der Warteschleife einher, die individuell und universell besteht. Diese Reparaturarbeiten dienen euch, damit eure Systeme keinen Schaden nehmen. Ein Lichtkörper kann auch erst angelegt werden, wenn euer eigener Energiekörper diesen halten kann. Bei durchlässigen Energiekörpern können Energien eindringen, gegen die ihr euch nur schwer abgrenzen könnt, wenn ihr das nicht wisst. So nehmt ihr Gefühle auf, wie zum Beispiel Aggressionen, die nicht eure sind, die aber in euch rumoren und von euch gelebt werden, ohne dass ihr gewahr werdet, dass diese von außen an euch herangetragen wurden. Lasst euch nicht mehr benutzen von Fremdenergien, die

Warteschleife

euch missbrauchen und sich von euren Emotionen ernähren. Es ist an der Zeit, dass ihr völlig erwacht und klar werdet, um die neue Energie aufnehmen zu können, die eure Fähigkeiten erweitern will. Bevor ihr die Gottesmatrix erreichen könnt, müsst ihr euch um die Engelmatrix kümmern, die ihr zuvor leben sollt. Der Weg nach unten ging stufenweise, der Weg nach oben kann durch Sprünge stattfinden, wenn das Bewusstsein bereit ist, was nur durch die Lichthierarchien festgelegt wird. Nur diese entscheiden, ob ein Mensch ein bestimmtes Ziel erlangt hat und wohin der neue Weg führt. Es hängt auch davon ab, wie viel Licht ein Mensch in seinen Systemen halten kann und ob er seine Prüfungen bestanden hat, also das vorgegebene Ziel erreicht wurde. Die Engelhierarchien stehen bereit, euch beim Hausputz zu helfen, der auch über die DNS führt. Alte Knoten oder Teile alter Spiralen benötigen viele nicht mehr. Diese werden ausgetauscht. Sie dürfen endlich gehen, um einer Unbeschwertheit Platz zu machen. Wer weise ist, lässt los und verabschiedet sich, auch wenn euch dabei eine gewisse Trauer begleitet. Eure Systeme sind empfindlich, weil sie empfänglich sind, aber deshalb auch leichter zu reparieren. Bittet um ein Lichtgewand für die neue Energie. Die Empfängnis erlaubt euch, alles das zu empfangen, was ihr vorher zurückgewiesen habt, weil ihr dachtet, ihr müsstet es auf irgendeine Art selbst beschaffen. Die Engel wollen mit euch zusammenarbeiten und euch behilflich sein. Erschwert ihnen ihre Arbeit nicht durch Einmischung. Einmischung ist auf Misstrauen begründet und will immer an sich reißen, weil andere es nicht gut oder schnell genug erledigen. Die energetischen Systeme kennt ihr nicht, daher könnt ihr den Aufwand und die grandiose Arbeit nicht ermessen, die von allen Beteiligten geleistet wird. Alte Gitternetze werden abgebaut, parallel dazu werden neue erstellt, mit denen ihr verbunden werdet. Und das ist nur ein geringer Teil dessen, was hier geleistet wird. Alle arbeiten auf Hochtouren, damit eine Weiterentwicklung stattfinden kann.

Die Alten der Tage haben ihren Samen gegeben, damit ihr heute existieren könnt. Der Ursame enthielt das klare Bild der Gottesmatrix bis zum Fall der Menschheit. Der Fall wurde in den Himmeln initiiert, dessen Ergebnis ihr heute noch austragt. Dennoch helfen euch alle Lichthierarchien, wieder die ursprüngliche Matrix freizulegen, die euch zu dem macht, was ihr wart und wieder werden sollt. Auch auf Basis der DNS fanden der Fall und die Trennung statt, die euch das Angesicht Gottes genommen haben, das ihr aber wiedererlangen müsst, um vollkommen im Sinne der Gottesmatrix zu werden. Wenn ihr Gott leugnet, den Vater von euch weist oder ihn weit weg von euch sucht oder schiebt, weist ihr zugleich das euch gegebene Geburtsrecht zurück. Die Gottesleugner haben in dieser Zeit ein großes Problem, denn wer Gott leugnet, kann ihn schlecht um Zusammenarbeit bitten und zugleich in ein geleugnetes Angesicht schauen wollen. Eins geht nur. Da ihr euch nicht selbst erschaffen habt, sondern erschaffen worden seid, ist klar verständlich, dass es einen Vater geben muss, dessen Schöpfung ihr seid. Diesen Vater solltet ihr wieder kennenlernen, denn ihr habt vergessen, wie er ist und wie er aussieht. Die kosmische Mutter hat euch geboren, und auch zu ihr habt ihr keinen innigen Kontakt. Ihr seid sozusagen als kosmische Waisen groß geworden, die in ihrer Entwicklung vernachlässigt worden sind. Alle Erkenntnisse wurden wissenschaftlich gesehen nur zur Vernichtung des Lebens auf der Erde missbraucht. Und hier steht die Wissenschaft an vorderster Stelle, deren Ergebnisse zweckentfremdet worden sind. Die Religionen haben euch Gott und Vater vorenthalten und den Weg versperrt durch Vorgaben und Verhaltensweisen, die von Menschen gemacht sind. Wer Gott bisher für zornig hielt, wird sich wundern über den wahren heiligen Zorn, der ausgegossen werden kann. Fest steht, dass ihr ohne eine Lichtregierung der Höchsten Ebenen nicht weitermachen könnt. Daher wird diese das Kommando übernehmen. Das steht unverrückbar fest. Licht wird geschützt und gehütet, und das funktioniert nun mal nur über eine Lichtkompetenz, die dazu in der Lage ist. Ihr wart wie Kinder, die man zeitlebens in einen dunklen Keller des Bewusstseins gesperrt hat, ohne sie auf ihre Lebensaufgabe und ihre Fähigkeiten vorzubereiten. Das ändert sich. Die Vorbereitungen sind in vollem Gange, und bevor das Energiejahr zu Ende geht, werdet ihr die Vorläufer merken.

Lichtkompetenz

Mit dem Licht kommen auch die Gesetze des Lichts zurück, die von den obersten Räten für euch ausgerufen werden und von allen einzuhalten sind. Die Gesetze des Lichts stammen vom All-Einen und gelten im gesamten Raum. Daher kann nur eine Lichtkompetenz Gesetze des Lichts überwachen oder ahnden. Die Zeit der Gebote ist vorbei. Gebote fordern nicht zwingend eine Strafe und können in Gnade geregelt werden. Gesetze des Lichts haben klare Regeln, die nicht übertreten werden dürfen. Hier folgt eine Ahndung, die unausweichlich ist. Ein Missbrauch hat hier völlig andere Folgen für die Betroffenen. Diese werden euch zu gegebener Zeit mitgeteilt werden, wie auch alle anderen Anweisungen, die ihr benötigt, falls es zu einer Eskalation kommt. Die Welt hat die Möglichkeit, sich dem Frieden zuzuwenden in aller Konsequenz oder aber die Rechnung zu erhalten. Eine andere Möglichkeit gibt es nicht. Das, was du als Mensch bisher gelernt hast, ist nicht annähernd das Potenzial, das du entwickeln kannst. Du hast bisher nach dem niederen Bauplan gelebt, der massive Einschränkungen gefordert hat. Die Gottesmatrix ist aber der höchste Bauplan des Lichts, die auch wieder ans Licht kommt.

Ohne die Hilfe der Engel und Engelhierarchien wird euch das nicht möglich sein. Die erforderlichen Handlungen könnt ihr nicht selbst durchführen, und die Gewänder, die ihr benötigt, könnt ihr euch nicht selbst beschaffen. Dazu habt ihr euch zu weit von der Spiritualität entfernt. Die Akul (Altvorderen) hatten diesen Zugang noch, bevor die absolute Nacht ihre Schatten geworfen hat. Die Nacht ist die geistige Finsternis und Unkenntnis der Gesetze des Lebens, die im Buch des Lichts enthalten sind. Dieses Buch jedoch wird wieder aufgeschlagen und euch zuteil werden, denn es ist Teil eures Erbes, das man euch vorenthalten wollte.

Findet euch regelmäßig in Gruppen zusammen. Meditiert zusammen und bittet das Licht, unter euch zu sein. Die größeren Lichtsäulen werden diese Gruppen aufnehmen können, das wird noch wichtig werden. Nehmt viel reines Licht auf und trainiert, dieses Licht in euch zu halten. Beginnt endlich, tiefsinnige Gespräche zu führen, die euch der Wahrheit näherbringen. Sucht diese Wahrheit und lasst sie Wort werden. Die Sphären werden diese Klänge aufnehmen und umsetzen. Sie werden die Ergebnisse zu euch tragen. Fordert ein klares und reines Bewusstsein. Es ist die Zeit, Forderungen zu stellen, die euch und euer Leben betreffen. Eine neue Energie hält Neues bereit, um das ihr bitten könnt, aber euer Recht auch einfordern könnt. Fordert endlich, was euch zusteht. In eurem materiellen Sein würdet ihr auch nicht ohne weiteres ein Königreich verschenken oder achtlos daran vorbeigehen, wenn man es euch anbietet. Wenn euch die Welt nicht wertschätzt, was sie nie tun wird, weil sie andere Werte hat, beginnt, euch selbst wertzuschätzen in höchstem Maß. Dann fordert diesen Wert ein auch in dieser Welt, in der ihr lebt. Duldet nicht, dass andere euch einen minderen Wert zuweisen, den ihr widerspruchslos hinnehmt. Diese Welt wird das immer tun, weil es in dieser Welt nur einen geben kann, der herrschen will. Auch wenn dieser Eine vorübergehend die Macht mit einer Handvoll teilt, wird er diese genauso niederstrecken, wenn die Zeit reif ist. Ändert eure Werte des Lebens, hinterfragt sie immer wieder neu. Was sind denn wirkliche Werte?

Durch das Licht werdet ihr euch wieder den wahrhaftigen Werten zuwenden, denn diese Werte sind ewig und unverrückbar. Ihr seid die Gegenwärtigen der Tage, wart die Alten der Tage und seid zugleich die Jüngsten der Tage. Schöpft aus eurer Weisheit, die vor euch liegt. Sie ist ausgebreitet wie ein Fächer, der nur darauf wartet, aufgenommen zu werden.

Kristalline Frequenz

In eurer Gottesmatrix ist bereits die kristalline Struktur des Diamanten, der ihr seid, angelegt. Bisher haben es einige bis zum Rohling geschafft, der noch einen exzellenten Schliff benötigt und auch noch poliert werden muss. Die Urim ve Tummim (Energien, die für die Kristallisation zuständig sind) eurer DNS arbeiten an dieser kristallinen Struktur. Ihr könnt sie dabei unterstützen. Wenn ihr bisher noch nicht die Toröffnung sehen konntet, dann schließt eure Augen und bittet darum, diese Toröffnung zu sehen. Schaut hin – *Jetzt!* Haltet diesen Augenblick und bittet weiter darum, dass eure Frequenzen den Frequenzen der höchsten kristallinen Struktur der Zentralsonne angepasst werden. Seht dabei, wie die 999 lichtvoll auf euch zukommt und in eurem Herzen ihren Platz einnimmt. Hier setzt sie die Lichtfrequenz frei. Bittet euer Höheres Selbst, euch dabei zu helfen und diese Frequenz zu halten. Bittet darum, diese Frequenz hören und fühlen zu können. Dann geht, so oft ihr könnt und daran denkt, in diese Frequenz der Urzentralsonne, die immer noch ihre Strahlungswellen an die anderen Sonnen abgibt, bis hin zu deiner Herzenssonne. Das Licht sucht immer das Licht. Sie sind Verbündete der Einheit der Bruderschaft, die sich gegenseitig nähren und mit Leben beschenken. Das Höchste Licht holt dein Licht an die Oberfläche, wie die Sonne eine Blume aus dem Erdboden zieht. Sie kann nicht anders, als sich der Sonne entgegenzustrecken, und genau das tut sie. Bedenkt, dass ihr magnetische Wesen seid und diese Frequenzen anziehen könnt. Erinnert euch, dass alles Frequenz ist. Je nach Schwingung zeigt sich die materielle Schöpfung unterschiedlich im Außen. Eisen hat eine andere Frequenz als eine Feder. Nehmt an dieses Geschenk und fangt wieder an, an Wunder zu glauben. Es ist eine der heiligsten Frequenzen, die euch zugänglich ist und die wieder den Raum einnimmt, wenn ihr euch öffnet. Wenn du bei dieser Übung durch das Tor gezogen wirst, dann lass es geschehen. Du brauchst keine Angst zu haben, dass du dich auflöst. Das geschieht nur, wenn du über die Schwelle schreiten darfst und dann auch nur für einen Moment. Das Tor zu durchschreiten, ist dein Recht und es wird dein Leben verändern. Auch wenn du diese Veränderungen körperlich spürst, lass sie dennoch geschehen. Sie bewirken eine Neustrukturierung deiner Systeme, die dir angemessen ist in der neuen Zeit. Der Thoth-Poser (Vielender-Kristall) im Inneren der Erde hat sein Licht gezündet, was bedeutet, dass er aktiviert ist. Er baut zurzeit sein neues Energiefeld auf und wird alle anderen Kristalle informieren und berühren. Seine heilige Saat wird aufgehen, damit diese wieder das Göttliche Licht aufnehmen kann. Die gesamte Schöpfung ist aus Licht entstanden, und auch du bist Teil dieser Lichtschöpfung. Dein wahres Sein ist Licht in höchster Frequenz, und diese Frequenzumstellung geschieht, damit du an das neue Gitternetz angepasst werden kannst, mit dem du verbunden wirst. Erkenne die Heiligkeit in dir und erkenne, dass dein Leben hier auf diesem Planeten einen großen Sinn hat. Ohne dich wäre das Bild des Mosaiks nicht vollkommen. Es könnte nie fertiggestellt werden.

Schreite nun mit einer neuen Übung voran. Schließe die Augen und siehe wieder die gerade Verbindung zur Urzentralsonne, die in einem blau-weißen Licht erstrahlt. Bitte nun um ein neues Lebensbuch in Gold.

Siehe nun, wie aus der Urzentralsonne ein goldenes Buch auf dich zukommt – ***Jetzt!*** Nimm das Buch geistig in deine Hände und lege es in dein Herz. Siehe jetzt deine geöffneten Hände vor dir, wie sich auf diesen dein altes, dunkles Lebensbuch zeigt. Gib dieses alte Lebensbuch ab an dein Höheres Selbst und danke ihm für den Schutz und das Geleit über die Zeit. Bitte nun dein Höheres Selbst, dir zu helfen, dieses neue, goldene Lebensbuch zu leben. Bitte es, dieses Lebensbuch mit anzufüllen und die schönsten Erlebnisse hineinzuschreiben, die du leben kannst, und dann vertraue darauf, dass es geschieht. Lass dich dann vom Licht umfangen und es dich ganz und gar durchdringen. Verweile so, solange es dir Freude bereitet. Gesegnet ist der Tag, der angebrochen ist und sich in einem neuen Licht zeigt. Erkenne die Heiligkeit deines Seins und dulde nie wieder, dass jemand sich darüber hinwegsetzen will. Entscheide, wer deine Autorität ist, und wähle den Himmlischen Vater als deine wahre Autorität. Dulde ab jetzt keine andere mehr und weise zurück, was immer dich kommandieren will. Bitte den Himmlischen Vater, wieder zu dir zu sprechen wie in den alten Tagen des Lichts. Indianer können noch mit allem sprechen und die Weisheit aufnehmen. Erinnere dich an deine eigenen Fähigkeiten.

Shekinah-Heilung und Kommunikation

Die Shekinah ist Teil der Göttlichen Triade und ihre ist die innere Welt. Sie ist in deiner DNS angesiedelt und hat die Fähigkeit zur Heilung und zur Kommunikation. Ein Teil deiner Heilung mag aus biologischen Produkten bestehen, ein Großteil jedoch besteht aus dem Heiligen Geist, der sie ist. Erinnere dich an den Christus, der auf höheren Ebenen geheilt hat, indem er die Menschen erhoben hat. Es existiert keine äußere Welt ohne eine innere Welt. Es existiert keine Materie ohne das geistige Bild, das ihr zugrunde liegt. Daher ist die innere Welt von großer Bedeutung für dich. Hier ist der Ort, an dem du dein Sein zuerst verändern kannst, indem du dir selbst begegnest. Deine Anteile, die geheilt sein wollen von alten Missverständnissen oder Misshandlungen, Lebenssituationen, die durch dich oder andere herbeigeführt wurden, stehen bereit und können es nicht erwarten, dass du den Kontakt aufnimmst. Es ist dein Recht auf Selbstheilung, die du beanspruchen kannst. Und auch deine Anteile wollen geheilt sein. Die parallelen Ebenen, die über die DNS erreichbar sind, stehen jetzt bereit, sich zu öffnen, damit Heilung auf allen Seinsebenen geschehen kann. Wenn du Seher bist, kannst du sogar die Veränderungen dadurch in deiner DNS wahrnehmen. Stränge verändern sich oder erzeugen Lichtimplosionen. Ein wundervolles Schauspiel, das dir geboten wird. Staune wieder wie ein Kind über die Wunder, die sich ereignen, denn eines dieser Wunder bist du selbst. Bitte um den Heiligen Geist, damit er sich bei dir niederlassen kann, und unterwirf dich seiner Führung. Es ist wichtig, damit du von nun an den geraden Weg gehen kannst und keine Umwege mehr einschlagen musst oder gar in einer Sackgasse landest. Lass dein Denken berichtigen und dir neue Blickwinkel zeigen, damit dein Geist sich öffnet und nicht in Sturheit versteinert. Aktiviere dein Mitgefühl und deine Barmherzigkeit auch dir selbst gegenüber und höre auf, dir den Wert, den dir die Welt gibt, anzunehmen. Die Welt kann deinen Wert gar nicht erkennen, also lass dir nichts andrehen, was dir nicht gehört und du auch nicht willst. Lass Gott über dich und deinen Wert entscheiden. Gott macht keine Fehler, und der Wert, den er dir beimisst, sei für dich der wirkliche. Lebe diesen Wert, dafür hast du ihn erhalten. Gehe nicht mehr achtlos durch dein Leben, sondern wachsam und aufmerksam dem gegenüber, was für dich bestimmt ist. Erkenne dies klar in dem Moment. Vertraue deiner Führung.

Die DNS ist weitaus intelligenter und weiser als dein Verstand, der zurzeit ohnehin umstrukturiert wird, wenn er nicht der geistigen Finsternis anheimgefallen ist. Nutze also die Kraft des Heiligen Geistes und das Bewusstsein des Höchsten Lichts. Es ermöglicht dir, in weitaus größeren Dimensionen zu denken, als du es bisher für möglich gehalten hast. Shekinah ist die Mittlerin der Welten und der Kommunikationsebenen. Sie kann sozusagen die Lichtsprache der Einheit wieder für dich übersetzen, damit du auf deiner Ebene begreifst, was von dir gefordert ist und dein Leben bereichern soll. Sie wird dir helfen, den wahren Frieden wiederherzustellen, denn jede Berichtigung des Denkens ist eine Heilung, die dir Ruhe bringt, bis dein heiliger Raum wieder im Frieden mit sich selbst ist.

Einen Streit oder Krieg führt der Mensch immer dann, wenn es nicht so geht, wie er selbst es will. Er scheut sich auch nicht, andere in seine eigenen destruktiven Prozesse mit hineinzuziehen und zu benutzen oder sie gar zu opfern. Das ist ein primitiver Blickwinkel und ein überaus egoistischer. Würdest du einen erweiterten Blickwinkel einnehmen, würdest du erkennen, warum Gottes Wille für alle gut ist. Bei Gott gewinnen immer alle, außer denjenigen, die sich bewusst losgesagt haben.

Gott selbst hat sie deshalb nicht fallengelassen, aber niemand kann von einem Gott etwas annehmen, von dem er sich losgesagt hat und zu dem keine Verbindung besteht. Was für dich nicht existiert, kann dir auch nichts geben. In der DNS benötigst du aber Gott, insbesondere wenn du bis zur Gottesmatrix vordringen willst. Eine schwierige Situation für etliche

Menschen auf diesem Planeten. Ihr seid insgesamt in einer Position und Phase, die nicht einfach ist. Es geschieht sehr viel, und zugleich scheint es nicht voranzugehen. Der Weg, den ihr wählt, taugt genausowenig wie jeder andere. Yoda sagte es bereits, dass eure Wahl nichts bringt. Ihr greift nicht nach den Sternen, greift nicht nach Gott, sondern spielt immer noch im Sandkasten eurer Erinnerungen und Träume, die euch keine neue Welt bescheren. Eure Vorstellungen dazu allein reichen nicht aus, drastische Erneuerungen zu erzielen, sie drehen euch nur erneut im Karussell der Vergangenheit. Wenn ihr den Punkt erlangt, wo ihr keine Wünsche habt und das Selbstverständnis lebt, dass Gott selbst für euch sorgt, dann wäret ihr im Frieden.

Aktive Spiritualität

Ihr seid in eine Phase der aktiven Spiritualität eingetreten, sodass ihr nicht umhin kommt, euch mit der entsprechenden Lehre zu befassen. Die geistigen Reiche sind lebendig, voller Vitalität und für euch von ungeahnten Möglichkeiten, euch und euer Leben hier auf Erden zu bereichern. In den spirituellen Bereichen ist alles ebenfalls zeit- und ortungebunden im ewigen Jetzt. Es gibt hier verschiedene Wege, euch Informationen oder Lehren zuteil werden zu lassen. Das ist auch davon abhängig, wie sehr ihr euer Bewusstsein erweitert habt und bereits in diese Welt eingetaucht seid. Die spirituelle Seite hilft euch, eure Chakren zu reinigen. Das passiert zur Zeit des Hausputzes, denn es ist auch euer Haus, was gereinigt wird, in dem Maße, in dem ihr das zulasst. Jedes eurer Chakren ist mit einem bestimmten Planeten verbunden, der auf euch einen gewissen Einfluss ausgeübt hat. Dieser Einfluss wird geändert, weil es die neue Zeitqualität so vorgibt. Ziel ist es, eure Regenbogenfarben wiederherzustellen auf allen Ebenen, denn die DNS beinhaltet diese Regenbogenfarben. Das

Regenbogenlicht hängt mit euren Organen und Systemen zusammen. Oft empfindet ihr Zeichen der Schwäche oder glaubt krank zu sein. Im Prinzip jedoch werden euch diese alten Muster abgenommen, wenn ihr das gestattet und diese nicht krampfhaft festhaltet. Die Farben des Regenbogenlichtes haben eine große Wirkung auf eure Gesundheit, insbesondere wenn diese Farben wieder sehr kräftig sind. Ihr könnt das körperlich spüren. Ferner öffnet die Spiritualität euren Geist für neue Möglichkeiten und Wege, euer Leben neu zu ordnen und Ideen zuzulassen, damit ihr euch und eure Träume leben könnt. Träume wollen verwirklicht werden. Viele von euch, insbesondere die Nachkriegsgenerationen der Welt, tragen noch tiefe Schuld in den Zellen. Aus der Zeit der Atlantis haftet ebenfalls Schuld in euren Programmen. Diese Schuld und diese Programme sagen, dass ihr „immer müsst" und euch schuldig fühlt, wenn ihr es euch nicht hart erarbeitet oder erkämpft. Das sind absolut alte Schuldmuster, die jetzt gehen können. Ihr dürft euch gestatten, leicht zu leben. Ihr müsst gar nichts. Ihr dürft das tun, was ihr wollt und was euch gefällt. Ein Meister sieht immer zu, dass er sich wohlfühlt bei dem, was er tut. Es ist eine wichtige Zeit der nächsten Entscheidungen, die ihr zu treffen habt, die wirklich von euch abhängen und den Möglichkeiten, die ihr aus euch herausstellt oder aber vorbeiziehen lasst. Lebt ihr weiter die Pläne eures Verstandes oder die des Herzens? Es ist wichtig.

Wenn ihr an die Superhelix angeschlossen werden wollt, dann benötigt ihr zuvor die Engelmatrix. Die Engelmatrix jedoch beinhaltet, dass ihr euren eigenen Weg geht und nicht den Weg, den euch andere vorschreiben. Ein Engel folgt immer Gottes Anweisungen. Diese Anweisungen werden nur euch mitgeteilt. Frequenzhalter, die diese Matrix bereits leben, sind oft sehr spontan und wirken unorthodox in ihren Handlungen.

Sie haben etwas Zielstrebiges, wirken manchmal ein bisschen weggetreten und wissen dennoch genau, was sie tun. In den meisten Fällen dienen sie, indem sie sich der Geistigen Welt zur Verfügung stellen. Sie haben sich in den höheren Reichen um einen Job beworben, und diese Bewerbung wurde angenommen. Nun erfüllen sie den neuen Vertrag, einen Vertrag des Dienens im Namen der Großen Weißen Bruderschaft. Es ist sozusagen ihre Eintrittskarte für die höheren Ebenen. Die Spiritualität hilft euch, euch emotional freizumachen, denn sie geht eigene Wege. Sie lehrt euch, nur dort Mitgefühl zu empfinden, wo es wichtig ist, und falsches Mitleid abzulegen. Ihr lernt loszulassen, was euch und somit andere belastet. Ihr werdet die große Kraft, große Weisheit und die enorme Wirkung der lichtvollen Spiritualität kennenlernen. Je mehr ihr euch damit befasst und aufgenommen werdet in den Kreis des Lichts, desto mehr erkennt ihr, dass alles ausnahmslos einen Sinn hat. Sogar eine Schneeflocke fällt genau dorthin, wo ihr Sein bestimmt ist, zu genau diesem Zeitpunkt, an dem es geschehen soll. Du erkennst, dass jeder Gedanke eine Saat ist, die du irgendwann gesät und geerntet hast. Alle, die damit in Berührung kamen, davon in irgendeiner Weise mit betroffen waren, haben mit dir gelernt. Menschen, von denen du glaubst, dass sie dich schlecht behandeln, zeigen dir nur, wie du selbst dich behandelst und auf geistiger Ebene einstufst. Die geistige Ebene bietet dir viel Potenzial zu Veränderungen, die weite Kreise ziehen. Ein spirituelles Leben zu führen, bedeutet nicht, verblödet zu sein und dabei die Augen gen Himmel zu richten und keine klare Selbsteinschätzung mehr zu haben. Im Gegenteil, die wahre Spiritualität bringt die absolute Klarheit. Das wiederum setzt voraus, dass ihr Zugang zu dieser wahren Spiritualität habt. Einige von euch, die Mitteilungen erhalten und diese weitergeben, merken nicht, von wem sie beeinflusst werden. Einige wollen es auch nicht wissen. Wenn du aber über die DNS gehen willst, dann ist die absolute Klarheit zwingend, sonst bleiben dir die Türen verschlossen.

Deine Intelligenz, deine Fähigkeiten und deine Begabungen erfahren ungeheuren Aufwind. Talente, von denen du nicht geglaubt hast, dass sie bei dir vorhanden sind oder die du abgewehrt hast, bringen dich in großen Schritten voran. Öffne deinen Geist für diese neuen Möglichkeiten, mit denen du dein Leben und das Leben aller bereichern kannst. Schließe deine Augen und siehe den kosmischen Raum in seinen Farben, höre seine Klänge, siehe die Planeten und Lichtwellen, die sich in schnellen Rhythmen durch den Raum bewegen. Erkenne, dass du Kind bist, ein kosmisches Kind, das von diesem gesamten Raum geliebt wird. Lege nun alle deine Kindheitserinnerungen ab, mit denen du schlechte Erfahrungen gemacht hast, weil dir die Welt gezeigt hat, wie man sich fühlt, wenn man so behandelt wird. Streife diese Erinnerungen nun ab – ***Jetzt!*** Atme nun tief durch und atme mit jedem Atemzug dein neues, lichtvolles Leben ein. Finde zu deiner kosmischen Familie zurück. Sieh, wie die Schleier fallen und anfangs schemenhaft, aber immer klarer Wesenheiten für dich zu erkennen sind. Nimm Kontakt zu ihnen auf, denn sie gehören zu dir. Fühle wieder wie ein Kind und lerne wieder zu staunen und dich spontan zu freuen, ohne Wenn und Aber. Lebe den Moment einer Freude und reihe diese Momente aneinander wie eine Perlenkette. Lege alle Zweifel beiseite, denn der Zweifel will, dass du dich selbst entzweist und auf die niederen zwei Stränge zurückfällst. Bestimme du ab jetzt, dass du ein vollwertiges Mitglied der kosmischen Familie bist und auf nichts verzichtest, was damit zusammenhängt und was du beanspruchen darfst. Fordere dein Recht auf Vollwertigkeit ein und gehe in deine Schöpferkraft, damit du die spirituellen Anweisungen auf die Erde bringen kannst, wo sie sich materialisieren. Auch wenn du nicht derjenige bist, der sie materialisiert – noch nicht – vertraue dennoch darauf, dass es so geschieht. Wir sagen euch nochmals, alles, was von euch nicht geliebt wird, geht. Ihr könnt es doch schon mit ansehen. Schaut mal wachsam hin, was alles verschwindet. Die Göttin räumt auf und sie ist ausgesprochen weise. Die Zeit wird noch schneller werden, und es wird noch mehr auf euch einstürmen. Die ersten Kometen habt ihr erlebt in ihrer Kraft, und es kommen noch mehr. Liebt diesen Planeten Erde, der euch ein Zuhause gibt, aber liebt euch auch endlich selbst. Warum ihr immer noch mehr Ansprüche an euch selbst stellt, als Gott es tut, versteht niemand. Euer Urteil ist sehr hart, und ihr solltet mildtätiger mit euch umgehen. Wer gibt euch denn vor, wie jemand zu sein hat? Was bereitet euch solche Angst, wenn ihr nicht „konform“ seid? Die spirituelle Zeit fordert euch auf, euch in allen Facetten zu leben, die euch gegeben worden sind. All eure Schönheit und Fähigkeit soll eingebracht werden, um das Lebensbild erstrahlen zu lassen. Niemand würde ein Leben lang nur Bilder mit einer Farbe malen. Das wäre langweilig auf Dauer. Die Spiritualität geht auch mit eurem Mentalbewusstsein einher. Sie fördert euren gesamten Aufstieg. Auch wenn ihr zurzeit Phasen der Ruhe habt, dient das euren Systemen, eine Neuorientierung zu erhalten. Wenn ihr kochen wollt, ist der Topf erst mal leer, bis er angefüllt wird. Wenn ein neues Gericht auf dem Speiseplan steht, dann wird der Topf geleert, gereinigt und dann erst wieder neu angefüllt. In den Zeiten der Reinigung, der Entleerung bis zum erneuten Anfüllen bleibt der Topf eben leer, da passiert nichts. Umso mehr entsteht dann danach. Ihr seid momentan noch sehr ausgelaugt. Sorgt

Brunnen des Lebens

dafür, dass ihr aus geistiger Sicht angefüllt seid mit lichtvoller Lebensenergie. Bittet Jesus Christus, euren Brunnen, an dem er auf euch wartet, mit

Wasser zu füllen. Seht ihn dort vor euch stehen – ***Jetzt!*** Schaut genau hin, was er euch zeigt. Vielleicht muss euer Brunnen erst gereinigt werden, vielleicht ist er verstopft, damit das Wasser des Lebens wieder sprudeln kann. Bittet ihn darum, euch alles genau zu zeigen, und dankt ihm für seine Hilfe.

Das ewige Jetzt

Die DNS reguliert eure Vorstellungen von der Zeit, denn dort existiert diese nicht. Hier wandelt ihr auf den Ebenen des ewigen Jetzt. Solange ihr polar in der Zeit gefangen seid, glaubt ihr, alles erarbeiten zu müssen, damit ihr etwas in einem bestimmten Zeitrahmen oder Zeitfaktor erhalten könnt. Wenn dies dann nicht der Fall ist, macht ihr euch selbst Vorwürfe oder haltet euch für unfähig, Ziele zu erreichen. Das aber ist nicht der Fall. Im linearen Prinzip habt ihr Wünsche, die ihr alle erreichen könnt. Leider ist euch nicht bewusst, was tief im Inneren eurer selbst der Erfüllung eurer Wünsche entgegensteht. Ihr habt keinen Zugang dazu und unterschätzt diese Macht. Die Wenigsten tauchen auch hinab in das Unendliche, um es herauszufinden. Wenn ihr bis auf den Grund gehen würdet, könntet ihr es sehen. In der jetzigen Zeitqualität wird alles von selbst freigegeben und ihr müsst euch damit auseinandersetzen, denn es gehört zu euch. In der zeitlosen Ebene der DNS ist alles im Jetzt. Hier kannst du ebenfalls sehen, was dich selbst blockiert. Vielleicht bist du es, die nicht loslässt, oder andere Aspekte deiner selbst auf anderen Seinsebenen, die etwas leben, was dir hier auf Erden zu schaffen macht, weil es nie erlöst wurde. In der DNS kannst du mit dir selbst kommunizieren und dir selbst helfen, die Befreiung zu erlangen, die du benötigst, um unbeschwert einen neuen Lebensweg zu gehen. Deine alten Lebensbücher wurden geschrieben, damit du alle diese Erfahrungen auf der Erde machen kannst, um sie zu erlösen. Auch wenn du nun ein neues Lebensbuch erhalten hast, bist du gefordert, die alten Muster loszulassen, sie zu erlösen. Die Erlösung hat viele Gesichter, und die meisten glauben, dass es allein mit Worten getan wäre. Aber dem ist nicht so. Erlösung bedeutet hinsehen, erkennen, begreifen und reagieren. Die Reaktion kann Vergebung sein, muss es aber nicht. Welchen Weg du dort gehst, hat Konsequenzen, daher wäre die Vergebung immer der wünschenswerte Weg, der wirklich befreit. Dann lasse los. Jetzt ist der Moment, wo du es mit Worten kannst. Wiederhole es immer und immer wieder für alles, was du wirklich loslassen willst. Das allerdings muss mit deinem Gefühl übereinstimmen. Die Zeit, wo der Verstand allein entscheidet, ist wirklich vorbei. Ihr werdet es noch merken. Ihr seid in der Lage, eurer Zeit eine eigene Qualität zu geben. Ihr könnt diese Qualität festlegen, indem ihr klar beschließt, dass ihr Liebe seid und nichts anderes duldet. Dann grenzt euch von allem ab, was nicht Liebe ist, und das genauso klar. Ihr könnt festlegen, was zu eurem Energiefeld Zutritt hat oder nicht. Ihr würdet in eure Wohnungen auch nicht jeden Fremden hereinlassen, dasselbe gilt für euer Energiefeld. Oftmals laden andere ihre Negativenergien bei euch ab, ohne dass ihr dessen gewahr werdet. Wichtig ist, dass ihr euch regelmäßig reinigt, am besten morgens und abends. Wenn ihr mit vielen Menschen zusammenkommt, dann dementsprechend öfter. Bittet euer Höheres Selbst um Hilfe dabei.

Eure gesamte Welt unterliegt einem irdischen Machtanspruch der Bruderschaft der Finsternis, die ihre Einflüsse auf spirituellem Weg eingebracht hat und mit Energien arbeitet, die ihr kennt und schon gesehen habt, die euch aber nicht wirklich bewusst sind. Die Bruderschaft des Lichts hat andere Möglichkeiten, dem alles entgegenzusetzen. Das einzige Hinderliche ist der freie Wille, der in dieser Zone herrscht und von allen respektiert werden muss. Der freie Wille war Gottes Gabe, die für alle unantastbar ist. Wenn ihr nun nicht erkennt, wer was mit euch macht, und dennoch stets auf eurem eigenen Willen beharrt, dann lebt mit dem Ergebnis, was ihr gefordert habt. Diejenigen, die sich auf die Ebenen der Zeitlosigkeit begeben haben oder es noch wollen, denen muss klar sein, dass es in diesen Regionen nur um den Göttlichen Willen geht, weil alle außerhalb eurer Frequenz Diener des All-Einen sind. Wenn du also ein Problem hast, Gott zu dienen, dann erlangst du diese Ebenen nicht. Wenn du als Mensch glaubst, dass du Gott dienst, aber du derjenige bist, der vorgibt, wie das auf Erden zu geschehen hat, bist du fehl am Platz und wirst diese Ebenen ebenfalls nicht erreichen, so lange, bis du bereit bist, aus der klaren, reinen Absicht deines Herzens den Gottes-Dienst aufzunehmen.

Die Welt des Lichts

Die Welt des Lichts grenzt sich klar ab und duldet nur Licht und Schüler, die sich auf den Weg des Lichts begeben. Das Licht steht im Dienst des Göttlichen und der gesamten Bruderschaft. Auch dein Stolz hat hier nichts zu suchen. Jeder macht genau die Arbeit, die erforderlich ist, damit das Ganze in Harmonie funktioniert. Diese Frequenzen sind so angelegt, dass du vielleicht deinen Fuß auf diese Ebenen des Lichts stellen kannst, aber ohne die dauerhafte Frequenz der Liebe wirst du dich nicht dort halten können. Die Lichtbruderschaft braucht eigentlich selbst nichts zu machen, weil jeder selbst für seine Frequenzen verantwortlich ist. Die Welt des Lichts ist Kommunikation und Information, die beständig im Fluss ist. Niemand erwartet von dir, dass du auf Anhieb alles richtig machst. Wir helfen dir dabei. Der gute Wille und die gute Absicht zählen, wenn sie denn wirklich gut sind. Lerne, diese Frequenzen zu erfühlen und zu sehen. Das wird dir helfen, schneller wieder den Weg zu finden.

Eine Bewusstseinsentwicklung, die in die höchsten Höhen führt, ist vom Licht abhängig, da nur dieses dich nach „oben“ bringt, gepaart mit der entsprechenden heiligen Geometrie. Wenn du dich also weigerst, Licht in dein Leben zu lassen, dann hängst du in deinem Energieholon fest. Licht in dein Leben zu lassen, bedeutet, es zum einen aufzunehmen und wenigstens teilweise zu halten, bis hin zu der Entwicklung, wo du wieder selbst Licht bist. Alles, was dir auf diesem Weg begegnet, hat am Beginn mit dir zu tun, dann mit der dir zugeführten Aufgabe des Dienens. Wenn du etwas ablehnst oder zurückweist, bist du nicht im Vertrauen, als Bestandteil der Liebe, die sich zum Sieger krönen will, denn die Liebe arbeitet ebenfalls mit Siegern. Solltest du dabei von der Angst berührt werden, dann bitte darum, dass du die Hilfe erhältst, trotz Angst diesen Weg zu gehen, der dir vorgeschrieben ist. Du wirst diese Hilfe erhalten. Euer Ziel war es, die Angst auf Erden zu überwinden, allerdings lebt ihr diese Angst pausenlos und lasst euch immer wieder darin verfangen, wie in einem Fischernetz. Ihr gestattet sogar, dass man euch Angst einjagt, und glaubt, dass ihr damit Spannung in euer Leben bringt, ohne zu erkennen, dass ihr an den schönen, wertvollen Seiten vorbeihastet. Angst soll euch von eurer Schöpferkraft fernhalten. Sie soll verhindern, dass ihr wieder die Ebenen der Zeitlosigkeit erreicht und nach dem Licht greift. Die Angst soll verhindern, dass ihr dem Licht dient und letztendlich Gott. Jede Angst zielt darauf ab, euch von Gott fernzuhalten, anstatt euch vertrauensvoll eurem himmlischen Vater hinzugeben. Entscheidet, wer eure Autorität ist. Angst zu haben, ist Bestandteil des Lebens, aber die Angst pausenlos über das eigene Leben bestimmen zu lassen, ist der freiwillige Gang in eine ewige Sklaverei eines Inkarnationskarussells, das immer wieder die gleichen Drehungen durchführt. Der Mensch hofft dann auf die Rettung von oben. Und wenn diese sich auf den Weg macht, dann geht der Mensch zurück in die Finsternis und folgt der Angst. Nun, geliebtes Wesen, das Licht ist geduldig und wartet, bis du wieder hervorkriechst aus deinem Versteck. Kein Problem, wir sehen dich trotzdem, auch wenn du uns in die Warteposition drängst.

Die Spiritualität ist eine neutrale Qualität, die aber von der Urzentralsonne mit Licht angefüllt worden ist. Ihre Programme stehen. Das Gute daran ist, das Licht, das bei euch eintrifft, kann nicht umprogrammiert werden. Was euch dabei Probleme bereiten könnte, ist, dass nun alles ans Licht kommt, auch das, was ihr Jahrtausende lang so gut versteckt habt. Das Licht holt es einfach hervor. Warum? Nun, damit es zu Licht werde, damit jeder hinsieht und erkennt. Das Licht fordert euch auf, nun genau das zu tun, was ihr bisher tunlichst vermieden habt. Erkenntnis kann man nur im Licht der Wahrheit erlangen. Die DNS zeigt dir immer die Wahrheit. So wie jeder seine eigene DNS hat, hat auch jedes Universum, jeder Planet und jedes System eine DNS. Der Unterschied zu eurer ist, dass sie bewusst miteinander verbunden sind mit dem Ziel, sich gegenseitig zu fördern. Es ist die Ebene der Wahrheit, die immer die Wahrheit zeigt. Wenn ihr das Licht ruft, dann kommt es auch zu euch. Für die euch fehlende dritte Komponente benötigt ihr das Licht. Es ist ein Verbindungssignifikator, der erforderlich ist, damit eben diese Verbindung stattfinden kann. Ihr seht, wie wichtig Licht für euch ist. Licht ist Leben. Ohne Licht gäbe es kein Leben in der Form mit der gesamten Vielfältigkeit. Was würde diese nützen, wenn man sie nicht sehen könnte? Die Geometrie eurer Augen ist analog dem Licht angelegt, damit ihr Licht erkennen könnt, und zwar das geistige, ewige Licht. Ohne Licht hättet ihr keine Augen. Es gäbe nichts zu sehen. Eure Augen würden sich zurückentwickeln, weil sie unbrauchbar geworden sind. Alles in der Natur Gegebene besteht deshalb, weil es gebraucht wird, um leben zu können. Wenn etwas nicht mehr gebraucht wird, verschwindet es. Die Natur trägt keinen Ballast und entfernt, was erforderlich ist. Die Zeit der Göttin fegt hinweg, was nicht geliebt wird, denn dann gehört es zum Ballast. Das Leben sorgt für das Leben, weil es das Leben liebt. Alles, was in der nächsten Zeit geschieht, geschieht daher aus Liebe. Es geschieht deshalb, weil ihr es so wollt, weil ihr das Anschauungsmaterial benötigt, um klar zu erkennen, dass ihr selbst diese Schöpfung kreiert habt. Ihr seid der Schöpfer, der mit seiner Schöpfung lebt, auch ihr. Es ist alles das, was in euch ist und war, und es ist die Summe dessen, was nicht mehr gewollt ist. Seid bereit und darauf gefasst, was sich im Außen zeigen wird. Möge es euch dienen zu erkennen, dass ihr kein Schöpfer mehr seid, der sich in Angst windet, sondern sich endlich erhebt und nach der Erinnerung ruft. Die Erinnerung wird dir das zurückbringen, was du vergessen hast. Du hast vergessen, dass du ein großer Schöpfer bist, der unermesslich geliebt ist.

Das Bildnis

Ihr seid erschaffen nach Gottes Ebenbild. Dieses Ebenbild ist euch verlorengegangen, weil man es euch genommen hat. Das Bildnis, die Vorlage, die Gottesmatrix, nach der ihr erschaffen worden seid, denn alles ist in euch angelegt, wie in Urschöpfer. Nichts gibt es, das er euch vorenthalten hat. Jedoch leben sich seine Anteile und seine Fähigkeiten in dem Maße, wie es euch gelingt, in der Liebe zu verweilen und euch von allem anderen abzugrenzen, was nicht aus der Liebe ist. Eure Zellen arbeiten nach der Vorlage, die sie erhalten, und um die Zellerinnerungen hervorzuholen, benötigst du wieder die wirkliche Vorlage, nach der sie arbeiten sollen. Die Gottesmatrix enthält sein Ebenbild, dem du nachfolgen sollst. In der Einheit seiner Liebe will er mit dir über diese Erde gehen und eine Schöpfung der Liebe erschaffen. Das, was ihr bisher als schön empfindet, kommt nicht annähernd dem nahe, was in seinen Möglichkeiten liegt. Durch die Reduzierung eurer DNS auf nur zwei biologische Stränge ist euch das Angesicht Gottes genommen worden, das ihr aber wieder sehen müsst, wenn die DNS in vollem Umfang funktionieren soll. Und bevor du nicht sein Angesicht klar siehst, besteht diese Anbindung nicht. Das gilt für alle, die behaupten, sie würden mit der DNS arbeiten oder Quantenheilung betreiben. Wenn du zu denen gehörst, die sein Angesicht geschaut haben und die Verbindung hergestellt worden ist, gehen Informationen von deiner DNS auf die DNS deines Bruders oder deiner Schwester über, die das Bewusstsein und somit diese DNS verändert und bereichert. Das Licht und die Gaben können dann von den höchsten Chakren in dein System einfließen, die durch dich an andere weitergeleitet werden, um auch diese Systeme wieder zur vollen Funktion zu aktivieren. Inwieweit deine Systeme das aufnehmen, hängt davon ab, wie weit du bereit bist zu gehen. Es ist immer von eurer Entscheidung abhängig. Frequenzhalter wollen oft mehr geben, als andere aufnehmen können. Keine Frustration, ihr Lieben, denn das ist nicht eure Entscheidung! Lebt eure Aufgabe, und was andere mit diesem Energieangebot machen, ist deren Verantwortung. Kümmert euch um die, die zu euch kommen, und geht eure eigenen Wege. In Kürze werdet ihr sehr viel mehr Arbeit erhalten. Wir zählen auf euch.

Das Bildnis Gottes zu schauen und es in sich zu tragen, ist für euch lebenswichtig, wie bei einem Säugling, der das Angesicht der Mutter braucht, um sich geborgen zu fühlen. Allein wenn er ihre Stimme hört, fühlt er sich wohl, denn diese Frequenz ist ihm wohlbekannt. Und so seid ihr das Gleichnis dessen, was das Bildnis vorgibt, gleich ihm, dem Vater. Da ihr das Bildnis verloren habt, seid ihr auch nicht mehr das Gleichnis, weil ihr etwas anderes lebt als das, was für das Gleichnis bestimmt war. Dadurch ist die Trennungskluft noch größer geworden mit der Zeit, als sie ursprünglich war, und mit ihr die Angst. Denn sich von Gott zu entfernen, bedeutet Angst. Und je weiter du entfernt bist, desto größer ist deine Angst. Diese Angst besteht nicht darin, dass Gott dich verdammen würde, sondern darin, dass du Angst hast, deinen Lebenserhalter nicht mehr zu finden, um dich mit ihm zu vereinen. Viele behaupten nun, dass sie Gott nicht brauchen und ihr Leben allein geregelt bekommen. Wir sagen, dass das nicht stimmt, denn Gott ist es, der dich immer noch lebt und atmet, auch wenn du ihn vergessen hast. Die Unermesslichkeit seiner Liebe kann von einem Kleingeist nicht geschmäht werden, dazu ist sie zu allmächtig. Aber auch Gottes Geduld hat ein Ende. Man hat euch eingeredet, dass die Liebe ein Stillhalten in Demut ist und sich alles gefallen lässt. Das stimmt nicht. Denn das würde implizieren, dass die Liebe blödsinnig ist, was sie auf gar keinen Fall ist. Die Liebe ist ausnehmend klar, und sie hat ein Zeitfenster gesetzt, und dieses Zeitfenster ist minutiös eingehalten worden.

Alles, was jetzt folgt, ist die Folge von Entscheidungen, die von euch selbst getroffen worden sind. Niemand kann vor der Verantwortung davonlaufen. Der Mensch ist ab jetzt nicht mehr in der Lage, die Welt in die Waage zu bringen und die Harmonie herbeizuführen. Die Machtspieler, die das Puppentheater leiten und noch krampfhaft die Fäden in der Hand halten, folgen der Spirale der Zerstörung. Sie können nicht anders, weil die Gier keine Ruhe gibt. In früheren Zeiten musstet ihr ein Armutsgelübde ablegen, um den Weg des Lichts zu gehen. In der heutigen Zeit aber reicht eine Entscheidung, diesen Weg einzuschlagen. Bittet darum, dass ihr alles erhaltet, womit ihr Gott am besten dienen könnt. Dann ist das Wichtigste getan in dieser Sache. Liebe hat mit Armut nichts zu tun, da sie die unendliche Fülle ist und wie die Quelle des Lebens unendlich sprießt. Niemand fordert von euch Verzicht, jedoch die Vernunft, einen Planeten nicht aus Gier zu zerstören. Die Gier greift so um sich, dass ihr schon zwangsenteignet werdet, ohne es zu merken. Wie weit wollt ihr dieses Spiel noch treiben? Wartet ihr wirklich, bis ihr ohne Hemd dasteht, um dann aufzuwachen, weil ihr erst dann nichts mehr zu verlieren habt? Glaubt ihr, dass dies das Gleichnis einer Gottheit ist?

Fordert die Einheit zurück. Denn sie führt das Bildnis wieder zu dem Gleichnis. Der Hausputz reinigt euch auch in euren Zellenergien, damit das falsche Bildnis geht, was an die Stelle gesetzt worden ist, wo das ursprüngliche reine Bildnis stand. Ihr könnt in der Welt sehen, wie das falsche Bildnis zerfällt. Kämpfe werden stattfinden aus Gier und Machtgeilheit, die Unschuldige über die Klinge springen lassen. Aber die Schalen des Zorns finden alle. Es gibt kein Versteck, das nicht gefunden werden würde. Die Spiralen der Gier ziehen euch hinab in den Grund, der euer ist, auf dass ihr dort verweilen möget, bis ihr erkennt, was das wahrhaftige Leben ausmacht. Sein Reich ist nicht von dieser Welt, denn diese Welt besteht aus Abgründen geistiger Finsternis. Also trachtet nach dem wahren Reich Gottes, das in euch enthalten ist, solange ihr euch nicht ganz und gar davon losgesagt habt, damit die Gottesmatrix wieder aktiviert wird und euch in die höchsten Höhen führen kann, die euer sind und auch für euch bestimmt sind. Der All-Eine hat immer das Beste für seine Kinder gewollt und wird es ihnen auch immer geben. Nichts gibt es, was er euch vorenthält, solange ihr es denn tragen könnt. Früher kam das Licht wie der Dieb in der Nacht. Es nahm das Dunkel fort und setzte an seine Stelle das Licht. Diesmal kommt das Licht im Gefolge der Heerscharen, um sein Reich einzunehmen. Nichts und niemand kann es vorenthalten. Den Dieb lebt die Menschheit auf eigene Art und Weise mit dem Credo, so viel Geld wie möglich zu scheffeln. Und eure Machthaber eröffnen Wege, um euch noch viel mehr zu nehmen als bisher, weil ja eure „Sicherheit" und der „Weltfrieden" ach, so bedroht sind. Schließlich nehmen sie euch und lassen euch darben, weil sie so „fürsorglich" sind in ihren Grausamkeiten. Diejenigen, die ihnen nachfolgen, folgen dem alten Jerusalem, das bereits auf der Untergangsspirale Platz genommen hat. Wir wünschen eine gute Reise.

Billets zur Umkehr liegen noch aus, für diejenigen, die sich eines Besseren besinnen.

Eure Energie wird zurzeit mit goldenen Wellen überspült. Diese goldenen Wellen füllen den bereits gereinigten Quantenbereich an. Das goldene Licht enthält goldene Codes, die große Energie freisetzen und das Gefüge wieder heilen sollen. Es ist ein Geschenk der höchsten Ebene, mit der sie alles fortspült, was nicht mehr existieren soll. Sie unterstützt damit die Göttin in ihrer Arbeit, auch um Platz zu schaffen für die neue Schöpfung, die wieder dem Bildnis entsprechen soll. Das Bildnis ist geistig, bevor es sich auf materieller Ebene als Gleichnis zeigt. Also kehrt ein in eure innere geistige Welt, um dort das Bildnis zu finden, das für euch hinterlegt worden ist. Es verbindet euch wieder mit dem, was ihr seid in eurer ursprünglichen Größe.

Auch wenn ihr glaubt, dass gemachte Vorhersagen sich nicht erfüllen würden, treffen sie dennoch ein. Aufgeschoben ist wirklich nicht aufgehoben. Gottes Wege unterliegen seinem Willen und er hat die Schalen des Zorns bereitgestellt. Lange genug stand er als Bittsteller vor eurer Tür. Diese Zeit ist vorbei. Umso besser für diejenigen, die das Wagnis eingegangen sind, ihm zu folgen. Diese haben sich auf den Weg der wirklichen Abenteurer begeben, denn seine Wege sind prachtvoll. Die Art, wie er arbeitet, ist legendär im kosmischen Raum. Dennoch trägt alles seine erkennbare Handschrift. Das Wagnis ist, alles loszulassen, sich wirklich frei zu machen, um von den neuen Möglichkeiten vereinnahmt zu werden. Uns ist klar, dass ihr zurzeit auf eine Geduldsprobe gestellt werdet, aber die Zeit ist für euch, um wirklich die notwendige Klarheit heraufzuholen und das Wagnis einzugehen, ihr nachzufolgen. Wir nennen es Wagnis, weil ihr es als Wagnis empfindet, weil es einzig und allein vom Vertrauen getragen ist. Dieses Vertrauen zu leben, öffnet eure DNS in enormer Weise, denn nichts wünscht sich ein Elternteil so sehr wie das Vertrauen seiner Kinder. Dieses Vertrauen macht ihn glücklich und überaus aktiv. So wagt euch auf neue Wege, von denen ihr nicht wisst, wohin sie euch bringen und trotzdem die Sicherheit bieten, behütet und beschützt zu sein. Ihr werdet es brauchen. Ein weiteres Wagnis dabei ist, auch der Engelwelt zu vertrauen, die an euch und mit euch arbeitet. Um die DNS wieder in ihren vollwertigen Zustand zu erheben, muss eine Menge Arbeit geleistet werden. Die DNS offenbart, was immer ihr gesucht habt in reinster Form, wenn ihr dazu bereit seid. Das Wagnis einzugehen, bedeutet für euch, über euren Schatten zu springen, denn mit dem Thema Liebe verbindet ihr ja erst einmal die anderen Menschen und nehmt euch davon aus, anstatt das Abenteuer der Liebe zu euch selbst einzugehen. Jeder von euch ist der Meinung, er wäre unwert, geliebt zu sein. Warum ihr das festlegt, weiß niemand. Vorrangig hat

Das Wagnis

das mit eurer eigenen Wertung zu tun, was liebenswert ist. Wenn ihr das Wagnis der Liebe und des Vertrauens zu Gott eingeht, dann habt ihr eine Entscheidung getroffen, die euer Leben revolutioniert. Ihr erwartet das natürlich von einem Moment zum anderen, ganz klar. Dennoch vertraut darauf, dass Gottes Wege von großer Weisheit sind. Wenn ihr eure Berufung oder eine wertvolle Aufgabe übernehmen wollt, dann geht das nur, wenn ihr „ja" zu Gott sagt. Wenn er für euch nicht existent ist oder in weiter Ferne in irgendeinem Universum sitzt, dann habt ihr schon damit ein Problem, weil ihr eine Distanz zwischen ihm und euch aufgebaut habt. Erinnert euch, der erste Schritt ist, alles, ausnahmslos alles, in der inneren Welt zu leben, damit es sich im Außen zeigt. Hier ist der Ort, wo du Gott findest, wenn du es denn willst. Gehe das Wagnis ein, ihn zu wollen und zu suchen. Er hat dich bereits gefunden, wird sich aber nicht aufdrängen. Es ist an dir, ihn zu suchen und zu finden, denn du warst es, die sich von ihm in dieser Welt der Illusionen losgesagt hat. Es ist sozusagen deine Bringschuld ihm gegenüber. Das Wagnis ist für euch Menschen groß, weil ihr auch glaubt, an der Liebe zu zerbrechen. Erinnert euch an den Moment der Vergangenheit, wo ihr euch in Liebe aufgelöst habt, einfach um der Liebe willen, einfach um zu sein im Namen der Liebe. Das, was ihr davon in Erinnerung habt, ist traumhaft, und zugleich gesellt sich die Angst zu euch, ihr müsstet euren Körper verlassen. Das Verlassen eures Körpers setzt ihr immer wieder mit eurem Tod gleich, was nicht stimmt. Jeder Meister ist in der Lage, seinen Körper zu verlassen. Im alten Indien haben die Meister ihren Körper dort abgelegt, wo Tiger ein Dorf überfallen wollten, mit bestimmten Codes, die für die Tiger wie eine Grenze wirkten. Sie griffen nicht mehr an. Der Körper dient euch nur in der Materie in der Art, wie ihr ihn momentan habt. Er dient euch nicht für die DNS und die damit verbundenen Möglichkeiten. Jeder von euch ist in der Lage, seinen Körper jederzeit zu verlassen und zumindest auf astraler Ebene zu reisen, um danach wieder in den eigenen Körper zurückzukehren. Wahre Meister empfinden den Körper eher als schwer und unhandlich. Sie halten sich dort nicht allzu gern allzu lange auf. Meister reisen viel, weil sie schon auf den verschiedensten Ebenen tätig sind, um überall die Harmonie zu festigen, die erforderlich ist, damit das gesamte System friedvoll funktioniert. Gehe das Wagnis ein, neue Wege zu beschreiten. Schau genau hin, wohin dich die alten Wege geführt haben. Ist das wirklich alles, was du erreichen wolltest? Viele eurer Sternenbrüder haben schon lange vorher ihren schweren Körper abgelegt. Das hat den Vorteil, dass sie ihre jetzigen Körper den Gegebenheiten besser anpassen können. Sie leben auf kristalliner Basis und ergreifen die damit verbundenen unendlichen Möglichkeiten, die ihnen Metatron und die Heilige Geometrie bieten. Sie arbeiten mit den höchsten Meistern des Lichts und erhalten die höchsten Gaben. Sie gehen zielstrebig ihren Weg und haben stets ihr Ziel vor den Augen. Sie kümmern sich nicht um die Welt, weil das, was sie tun, sowieso der Welt dient, auch wenn die Welt sich das anders vorstellt. Aber es geht nicht nach deren Vorstellungen, sondern nach Gottes Willen. Das ist der große Unterschied. Wenn du einen Wunsch hast, der dein Leben verändern soll, dann musst du alles aus dem Weg räumen, was diesem Wunsch entgegensteht. Das, was der Erfüllung deines Wunsches entgegensteht, ist genau das, was du selbst dort aufgestellt hast. Weil du als Mensch die Barriere nun niederreißen sollst, behauptest du, der Wunsch ginge nicht Erfüllung, sondern es würde das Gegenteil passieren. Natürlich hast du recht. In der Phase des Niederreißens passieren genau die Dinge, die du nicht willst, obwohl du sie genau dort aufgestellt hast, nur dass dir das nicht mehr bewusst ist. Weil ihr als Menschen so wenig Bewusstsein habt, hat das Bewusstsein so große Macht über euch. Ihr glaubt, wenn ihr Bewusstsein trennt, dann habt ihr es besser im Griff, aber das Gegenteil ist der Fall. Bewusstsein trennt ihr schon durch eure Schreibweise, indem ihr beständig nach jedem Satz einen Punkt setzt anstatt ein Dreieck zu positionieren. Der Punkt beendet energetisch eine Sache, so dass ihr Schwierigkeiten habt, dann im Zusammenhang dieser Energie weiter zu folgen. Natürlich behauptet ihr, dass ihr die Inhalte mit dem Verstand aufnehmt und nachvollziehen könnt, sicher, aber das hat nichts mit Bewusstsein zu tun. Die Bücher unseres Mediums sind energetische Bücher, damit sind sie bewusstseinserweiternd, weil das sonst nicht möglich wäre. Energetische Bücher lösen immer etwas aus, wenn sie gelesen werden, und zwar immer das, was gerade erforderlich ist. Wenn du also ein energetisches Buch in die Hand nimmst, dann lebt es immer wieder angepasst an deinen eigenen Bewusstseinszustand. Wenn du es verleihst, hast du auch mit der Energie derer zu tun, die es geliehen hatten, die dann zu dir gelangt und womöglich an dir hängt. Bei vielen Büchern fällt es schwer, sie zu lesen, wenn es kein leichter Stoff ist, weil jeder Satz, der Energie ist, mit einem Punkt beendet wird. Das heißt, das zerfetzt sozusagen laufend Energie, damit sie nicht potenziert wirksam ist.

Lies bitte die Worte: „Ich bin“. Wie fühlt sich das an?

Lies nun die Worte: „Ich bin “ Wie fühlt sich das an? Merkst du den Unterschied? Die Pyramiden und deren Formen geben euch unendlich viel, was ihr bisher nie mit euch in Verbindung gebracht habt. Wagt es, neue Wege zu beschreiten, wagt es, die Liebe zu bejahen, wagt es, die Schöpfung im Licht zu betrachten, wagt es, mit den Engeln zu gehen, wagt es, euch innerlich zu erheben, wagt es, in eure Stärke zu gehen, wagt es, euch direkt an Gott zu wenden. Und wenn ihr das Wagnis eingegangen seid, dann wagt es, wieder an Wunder zu glauben. Der Glaube kann Berge versetzen, Wunder können größer als Berge sein und sie passieren dennoch. Eines der größten Wunder ist das Leben selbst in seiner Vielfalt. Und dieses Wunder bist du. Sei ein wagemutiger Liebender in deinem Leben, damit sich dein Leben wie eine Rose in aller Pracht entfaltet.

Das Bündnis

Das Wagnis einzugehen, beinhaltet auch, wieder ein neues Bündnis zu schließen mit Gott. Dereinst hattet ihr den Bund mit Gott geschlossen, den Gott selbst nie gebrochen hat. Ihr wart es, die das Bündnis gelöst und sich losgesagt hatten von seinem Willen. Nur wenige, die hier auf dieser Erde sind, haben sich an das Bündnis gehalten. Die schlimmsten Grausamkeiten gegenüber der Schöpfung entstehen, wenn Menschen nach ihrem eigenen Willen handeln, denn dieser bringt immer Grausamkeiten in unterschiedlicher Form für andere. Ihr habt den freien Willen erhalten und nutzt ihn. Das ist soweit in Ordnung, aber die wirkliche Freiheit besteht darin, den eigenen Willen aufzugeben. Es ist die einzige wahre Freiheit, die ihr habt, um wirklich frei zu werden, euren eigenen Willen gegen den göttlichen Willen wieder einzutauschen. Ihr beklagt das Los der Welt, seid aber nicht bereit, euch von eurem Willen zu trennen. Ihr seid auf eure individuelle Seinsstruktur fixiert und habt Angst, diese aufgeben zu müssen. Eine weitere Angst, die sich dahinter verbirgt, ist die, dass ihr glaubt, Gott würde euch etwas versagen. Wenn er es denn täte, wäre es ausschließlich zu eurem Wohlergehen. Hier impliziert ihr die menschliche Vorgehensweise immer noch zu sehr in die göttliche, die darüber völlig erhaben ist. Ein Bündnis ist ein Versprechen, ein Eid oder die absolute Hingabe an Gott, Licht in diese Welt zu bringen und in sich den Raum für

Gott zu schaffen, ihm also den Raum zu geben, der ohnehin ihm gehört, und ihm nichts vorzuenthalten. Weil ihr ihm vorenthaltet, glaubt ihr nun, dass er euch ebenfalls etwas vorenthalten würde, ohne zu erkennen und zu begreifen, dass ihr es selbst seid, die sich aufgrund ihrer Urteile etwas vorenthalten. Gott ist kein Stehaufmännchen, das bei Wünschen hervorgeholt wird, um dann wieder achtlos in einer Ecke zu landen, bis er irgendwann bei Bedarf wieder hervorgeholt wird. Ein Bündnis mit Gott ist eine klare Absprache, wo die eigenen Aufgaben festgelegt sind. Die Durchführung dieser Aufgaben wird unterstützt durch die geistige Welt, die dabei zur Seite steht in Zusammenarbeit mit der Großen Weißen Bruderschaft. Auch diese hat ein Bündnis geschlossen und Gelöbnisse und Eide abgelegt. Ein Bündnis mit Gott beinhaltet, seinen Willen zu leben, ihm zu dienen, immer und unter allen Umständen. Wie weit der Einzelne dabei geht, zeigt sich durch Prüfungen, die ihm auferlegt werden. Die Erde ist ein Schulungszentrum für die Seele, und wie in einer Schule werden Prüfungen abgenommen, damit der Schüler sich zum Meister entwickeln kann, wo ihm andere Aufgaben zuteil werden. Der Bund mit Gott ist ein Liebesbund der Ewigkeit, der durch nichts getrennt wird, es sei denn, du sagst dich davon los. Auch wenn das bewusst oder unbewusst passiert ist, kannst du Gott dennoch bitten, erneut einen Bund mit dir zu schließen.

Die Innigkeit eines Bundes hängt davon ab, wie sehr du bereit bist, dich ihm hinzugeben. Seine Kinder des höheren Lichtvolkes Israel geben sich ihm absolut hin. Es gibt nichts, das sie ihm vorenthalten würden. Sie fragen ihn nicht nach dem Warum, wenn sie einen Auftrag erhalten, weil sie im Vertrauen sind und wissen, dass es einen guten Grund gibt. Sie sind es, die im Licht erstrahlen, weil das Licht sie vereinnahmt hat. Aus ihnen heraus zeigen sich die goldenen, lichtvollen

Tora-Rollen, die für jeden Engel lesbar sind und Gottes Willen und Gesetz verkünden. Sie sind die wahren Frequenzhalter, weil sie wahrhaftig sind. Auch wenn ihr Verstand hier nicht ermessen kann, was das bedeutet, sind sie dennoch im Vertrauen darauf, dass alles nach seinem Willen geschieht. Sie wissen es einfach und es ist für sie gesorgt, denn für sie wurde die Bundeslade erneut hervorgeholt, damit ein neues Bündnis entstehen oder aber der alte Bund erneuert werden kann, mit dem Bewusstsein eines freien Willens auf Erden. Ihr Sein und ihre Schwingungen bringen Licht auf die Erde und erheben diese, weil sie die Schwingungen halten. Ihr Licht setzt die Codes frei, damit die Veränderungen sichtbar werden. Ihre DNS ist aktiviert, sodass sie interdimensional sind, weil ihre Anwesenheit dort erforderlich ist und der Zusammenschluss mit ihren Anteilen sie bei ihrer Tätigkeit auf Erden unterstützt. Ihre Energie kannst du spüren, wenn du dich in ihrer Nähe aufhältst, denn sie halten alles durchdringende Schwingungen der Liebe und des Lichts. Ihr Licht kann auch nicht mehr verhüllt werden, denn die Hüllen haben sie abgelegt, die Schleier beiseitegezogen, und die Engelwelt sorgt dafür, dass dieses Licht in den Raum strahlt. Es nährt den Baum des Lebens bis zu den Wurzeln, die dieses wieder nach oben abgeben, und hält den Kreislauf des Gebens. Hier bist du wieder Einheit, obwohl du zugleich individuell bist, bist du dennoch auch die Gesamtheit deiner Aspekte und aktiv verbunden mit allem, was ist. Die Zeit hast du gebraucht, um bestimmte Erfahrungen zu machen. Die Schöpfung in der Zeit lernst du kennen, indem du auf die Ergebnisse wartest, die sich zeigen. Das ist der lineare Weg. Durch die DNS hast du ein neues Verständnis für Zeit und Ort und die Distanzen, die dazwischen liegen. Es ist dir gegeben, die Welt anders zuzuordnen und neue Prioritäten zu leben. Du blickst einen Menschen an und erkennst seine wahre

Absicht. Du nimmst seine Reaktion hin, auch wenn sie garstig ist, weil er dich nicht zu seinem Knecht machen kann, denn deine Wahl der Autoritäten ist klar getroffen. Ein neues Go (Maß für das Leben) hat sich dir eröffnet, dass jetzt in aller Pracht vor die liegt und deinen Platz im neuen Jerusalem schon festlegt. Dieses neue Jerusalem ist ein Versprechen für die Kinder des Lichts, die ihm nachfolgen und in seine Fußstapfen treten. Es ist ein Programm der Glückseligen des Friedens, deren Farben weiß und gold sind und die von einer blau-weißen Sonne ihre Energie erhalten. An diesem Ort verkehren sie mit den höchsten Seraphim und Cherubim wie den Lords und den Ladies des Vateruniversums. Ihrer ist das wahre Reich der Fülle, in dem sie ihren Platz einnehmen und die Herrlichkeit der Herrlichkeiten schauen. Hier nehmen sie neue Aufgaben wahr und erhalten Schulungen, die dafür erforderlich sind, denn der Dienst an Gott hört niemals auf. Wenn du müde bist, kannst du um Urlaub bitten, aber seine Kinder erhalten Vitalenergie, dass sie eben nie müde werden, ihm zu dienen. Und er füllt sie an mit seinem Odem und stellt sie machtvoll in die neue Schöpfung, weil er diese Macht hält. Und er offenbart sich seinen Kindern, die das Zeichen der Taube tragen. Diese Kinder sind die Lehrer der neuen Zeit. Durch sie wird das Feuer seiner selbst hervorzüngeln, weil er wieder sprechen wird in aller Klarheit und Weisheit. Diese Flammen führen Veränderungen herbei, denn sie halten die höchsten Schwingungen, und diese Veränderungen bewirken auch Heilung, die nur durch ihn durchgeführt werden kann. Eine Berührung seiner Flamme setzt Veränderungen in Gang. Die Heiligkeit seines Lichts wird gefühlt von jedem, der sich davon berühren lässt. Unermüdlich ist er in seiner Güte und Lehre, damit auch jedes seiner Kinder alles erhält, was es benötigt, um ihm auf die gewollte Weise optimal zu dienen, die seinem Willen unterliegt. Sie sind es, die ihm ihre Hand entgegengestreckt und unter allen Umständen an ihm festgehalten haben. Daher ist ihr Arm der goldene Stab der Macht, denn er hält immer daran fest. Sie verwandeln sich vor euren Augen, damit ihr seht und versteht, soweit ihr es selbst zulasst. Diese Herrlichkeit wird er niemandem vorenthalten, der sich zu ihm bekennt und ihm dient. Es ist dein Geburtsrecht, das du in Anspruch nehmen kannst. Keines seiner Kinder würde die Welt, wie ihr sie kennt, gegen seine Gaben und den Platz an seiner Seite eintauschen wollen. Sie kehren zum wahren Leben zurück, wo sie die Wahrheit schauen, die Pracht erblicken und sich wieder erkennen. Sie geben sich seiner wahrhaftigen Heiligkeit hin, denn sie wissen genau, was sie tun. Es ist der Augenblick, für den sie gelebt und gekämpft haben in den alten Tagen, gestorben sind und wieder und wieder inkarniert haben, um die kristalline Treppe hinaufzusteigen, die sie dorthin bringt, wohin sie immer wollten. Diese Tür, die immer offengehalten worden ist für seine Kinder, die ihn suchen und finden, um wieder eins mit ihm zu sein, so wie er es immer gewollt hat. Sie sind nun in seiner Herrlichkeit, in seiner Ewigkeit und in seinem Licht, das sie in neue Schöpfungen hinaustragen, die seinen Programmen unterliegen.

Seine ewige Gegenwart ist gewiss, denn er ist ausnehmend fürsorglich, und die, die ihn einmal geschaut haben in der Reinheit ihres Seins, sind in dem Feuer seiner Liebe. Sie arbeiten mit den Spektralfarben zusammen und halten das Regenbogenlicht der Liebe.

Der Älteste der Tage

Er ist der Älteste der Tage und zugleich der Jüngste der Tage wie auch der Gegenwärtige. In ihm ist alles zentriert, was existiert und nicht existiert, um zu erstehen aus ihm. Er hält die Waage und ist selbst das Maß aller Dinge. Er selbst hat die Schalen des Zorns gefüllt, damit jeder erhält, was er gefordert hat zum Ende der alten Zeit. Es ist die Zeit der Abrechnung, die im Prinzip jeder selbst erstellt hat, wohl wissend, wem er gedient hat. Sein Name, der im Bewusstsein der Heiligkeit gehaucht wird, ist euch bekannt. Ihr seid der Stamm der Plejaden und zugleich die Wurzel, die mit der Krone verbunden ist. Ohne Wurzel jedoch fehlt dir die Krone, denn ein Baum kann ohne Wurzel nicht existieren und die Krone nicht nähren. Anders formuliert, gibt es keinen Kreislauf ohne Wurzel, die hält und gibt, um zu nähren. Euer Stamm sind die Plejaden, eure Mütter und Väter, mit denen ihr zur Zeit Lemurias ein inniges Beisammensein gepflegt habt. Zu dieser Zeit hattet ihr noch einen klaren Zugang zu eurer DNS mit allen damit verbundenen Fähigkeiten. Euer Stamm enthält die Blaupause, die es wieder herzustellen gilt. Um euch diese Möglichkeit zu geben, arbeiten die Plejaden mit Orion zusammen, der für euch das Inkarnationsprogramm hält, bis ihr in das Meister-Programm einsteigen könnt. Euer Stamm sind die Lichtreiter, die sich auf den Sonnenwellen fortbewegen und von Licht zu Licht aufsteigen. In diesem Bauplan ist das Aufstiegsprogramm für euch enthalten, denn ein Bewusstseinssprung und ein Quantensprung sind miteinander verbunden. Das Eine geht nicht ohne das Andere. Und jede Schwelle, die du überschreitest, beinhaltet eine neue Energie, die für dich bereitsteht, in der du wachsen und reifen kannst.

Ihr nennt den Höchsten ***Jhwh*** in der Anlehnung an die lemurische Sprachweise ***Yawee***. Es ist ein und derselbe, dem die Frequenzhalter schon immer gedient haben als Kinder des Lichts. Und er ist es, der die Schalen des Zorns bereitgestellt hat. Wann immer Schalen des Zorns bereitgestellt werden, tritt der Orden Michael zusammen, der sich mit seinen Lichtschwertern erhebt, um genau wie damals abzuschlagen, was sich gegen das Licht stellt. Hier sind ebenfalls die Frequenzhalter gefragt, die das Lichtschwert bereits erhalten haben. Kehrt nun die Frequenz der 666 in die Frequenz der 999 um, damit alles in euch einfließen kann, was ihr für die Endzeit benötigt. Wir brauchen euch wieder in Zusammenarbeit mit den Qumranern, die die spirituelle Säule der Bruderschaft des Ordens Melchizedek darstellen und die neuen Lehren verbreiten sollen. Es ist wichtig.

Ohne Shekinah könnt ihr die Verbindung zu Gott nicht herstellen, denn es ist eine der wichtigsten Verbindungen, die getrennt worden ist. Daher trachtet vorrangig nach dem Heiligen Geist mit der Bitte, wieder in euch Einzug zu halten und diese Verbindung wiederherzustellen. Das Trennen dieser Verbindung war und ist eine der größten Sünden, die jemals vollzogen worden sind. Nach all den Trennungen müsst ihr wieder die Verbindungen herstellen, die euch aus der Gefangenschaft der Invasoren befreien. Auch wenn deren Zeit abgelaufen ist und ihr Sein sich massiv ändern wird, seid ihr nicht befreit davon, euch wieder anzubinden. Wir helfen.

Frequenzen werden immer wieder gemessen, und zwar dahingehend, in welchem Maße die Menschen auch die Frequenzen der Göttlichen Gebote halten. Vielleicht ruft ihr euch diese Gebote Gottes erneut in Erinnerung. Die Messungen werden individuell und kollektiv durchgeführt und sind mit dem Gitternetz verbunden. Andere Gesetze spielen hierbei absolut keine Rolle, da sie nicht von Gott gegeben sind. Das individuelle Maß entscheidet darüber, mit welchem neuen Lichtgitter die Anbindung erfolgt. Als JHWH damals die Kinder Israels aus Ägypten geführt hat, hat er auf die 10 Gebote verwiesen. Es war der Exodus des Lichts aus der Sklaverei. Nun habt ihr schon die Endzeit betreten und es findet wieder ein Exodus der spirituellen Kinder Israels statt. Die Israeliten des Lichts werden also wieder auf seine Gebote verwiesen, weil es die Zeit dafür ist. Achtet diese, denn sie sind Mahnung an euch, dass er es ist, der für euch sorgt und seinen Bund erfüllt. Er ist es, dem ihr nachfolgen sollt. Bittet um eure Erinnerung. Schaut hin und erkennt, dass man alles für euch verdreht hat, um euch auf allen Ebenen zu verwirren. Auch der in den Geboten benannte Tag der Ruhe, der Shabbat, ist der Samstag, der mit der Dunkelheit des Freitag beginnt. Das hat mit eurem Sonntag nichts zu tun. Die 10 Gebote haben sein Volk erhalten, das im Licht seiner selbst stand, daher wurden die Gebote in einer der DNS-Sprachen des ewigen Lichts, den hebräischen Buchstaben des Feuers, verkündet. Dieser Ursprung gilt und hat ewige Gültigkeit. Eure Übersetzung ist falsch und zerstückelt. Und er hat sich bereitgemacht wiederzukommen, weil es Zeit ist, um wieder seine Kinder aus der Sklaverei zu führen. Und wie damals in Ägypten die Schalen des Zorns bis hin zur Pestilenz verschüttet wurden, so steht neues Ungemach bevor, den das Jüngste Gericht mit sich bringt. Ihr solltet nicht richten, auf das ihr nicht gerichtet werdet, und hattet nichts anderes zu tun als zu richten. Daher steht das Jüngste Gericht bereit, denn es wurde berufen und wird seines Amtes walten. Die Vorkehrungen für die Rückkehr des Lichts laufen auf Hochtouren, und der Boden, den sein Fuß betritt, wird vorher gereinigt. In welchem Ausmaß hängt von euch ab. Die damaligen Plagen Ägyptens waren ein symbolisches Beispiel für die Welt, nicht den falschen Pharaonen der Welt zu folgen. Durch die Trennung habt ihr geglaubt, dass sie das Recht haben, euch zu beherrschen, und ihr seid ihnen bis heute gefolgt. Daher hat auch das Alte Jerusalem das Ende seiner Tage erreicht, denn das Neue Jerusalem ist bereits erstellt.

Seine Kinder des Lichts sind im Visier der Liebe und das Licht fokussiert das Ziel. Das neue Spiel heißt „Erfüllung", und es erfüllt sich, was gewünscht worden ist, wobei es unabhängig ist, ob diese Wünsche in Kenntnis des Bewusstseins oder des Unbewussten erstellt worden sind. Alles, was vom Höchsten des Seins ausgesandt worden ist, erfüllt sich. Das ist Bestandteil des Programms und der Gottesmatrix. Die damaligen Invasoren haben eure DNS-Stränge zerteilt und damit die Trennung und das individuelle Bewusstsein hervorgerufen. Die Getrenntheit war Illusion, denn den quantenhaften und interdimensionalen Anteil haben sie euch nicht nehmen können, da dieser bereits in eurer Biologie enthalten ist. Das, was getrennt wurde, kann wieder zusammengefügt werden, damit die Gottesmatrix wieder erkennbar wird. Mit der Erkennbarkeit der Gottesmatrix geht einher die Erinnerung, wer ihr seid. Ihr seid Bestandteil der Lichtfamilie, von der ihr euch ausgestoßen fühlt, die jedoch immer mit euch ist, auch wenn ihr sie nicht sehen könnt. Nur steht vor der Gottesmatrix auf dem Rückweg der Verbindung die Engelmatrix, die ihr zuerst erfüllen solltet. Die Engelmatrix beruht auf Vertrauen, denn die Aufgaben eines Engels kann man nur übernehmen, wenn das in Gott gesetzte Vertrauen gelebt wird. Die Invasoren haben euch hypnotisch auf Gehorsam und Konsum programmiert. Sie haben sich vorwiegend im Hintergrund gehalten und sich selten gezeigt. Ihre Operationen gehen von höheren Sphären aus, damit ihr nicht merkt, wie ihr manipuliert werdet. Sie kamen, weil sie selbst keinen Lebensraum mehr hatten, denn ihrer ist die Gier, die alles zerstört. Sie hätten erkennen können, dass die Gier sie antreibt, aber Herrschsucht und Gier haben sie immer noch voll im Besitz.

Sie sind wenige und ihr seid viele, daher verstecken sie sich. Sie leben nach wie vor die Zerstörung und bombardieren euch mit Angstfrequenzen, weil ihr euch dann zusammenrollt, statt aufrecht zu stehen. Energetisch zusammengerollt seid ihr besser manipulierbar, weil dann eben nur noch Überlebensinstinkte vorrangig in euch arbeiten und alles andere ausgeschaltet wird. Ihr aber tragt in euch die Liebesfrequenz, um deren Verstärkung ihr bitten könnt. Diese Liebesfrequenz überlagert alle anderen niederen Frequenzen und wandelt diese. Es ist die Zeit der Erfüllung der Wünsche und Träume eines jeden. Daher gebt auf eure Wünsche acht. Diese Zeit ist machtvoll, denn sie zeigt euch auf, was in euch ist. Die Freiheit, die ihr habt, ist, euch zu entscheiden für Gott oder dagegen. Auch diese Entscheidung erfüllt sich. Alles ist im Visier der Liebe, da Gott alle Wünsche erfüllt. Dies beweist, dass er euch nichts vorenthält. Das Ergebnis der Erfüllung liegt in eurer Hand, denn es ist von euch ausgesandt worden. Seine Liebe ist übermächtig, und würde sie euch unvorbereitet treffen, würdet ihr euch darin auflösen. Daher geht er auf leisen Sohlen und gibt, was ihr in der Lage seid zu halten. Seine Macht verstärkt er einfließend, wenn ihr euch seinem Willen beugt. Sich ihm zu beugen, ist der einzige Kniefall, der gestattet ist. Er ist das Haus, in dem sich viele Wohnungen befinden, und zugleich der Hauswirt, der über sein Anwesen bestimmt. Ihm sein Recht vorzuenthalten, ist Diebstahl und steht seinen Geboten entgegen. Sich gegen ihn zu stellen, bedeutet, sich gegen das Leben und die Liebe zu stellen. Sein Licht abzuwehren, bedeutet, sich für die Finsternis des Bewusstseins entschieden zu haben. All das erfüllt sich ausnahmslos. Eure Aufgabe ist es, euch als biologische und interdimensionale Wesen zu erkennen. Eure Aufgabe auf der Erde ist es, Hüter der Bibliothek zu sein und zugleich interdimensional Kontakt zu euren Brüdern und Schwestern zu haben mit klarer Unterscheidung, was zum Licht und zur Liebe gehört. Euer weiterer Weg ist es, mit den Kristallen der Erde zusammenzuarbeiten, eine kristalline Struktur anzunehmen, damit ihr die interdimensionalen Informationen aufnehmen und halten könnt. Euer Gehirn sollte mittels der DNS ebenfalls wieder auf die gesamte Kapazität hochfahren. Wenn sich eure DNS wieder zu ihrer Gesamtheit verbindet, ändern sich die Strukturen eures Gehirns in reine, klare kristalline Pyramidenformen, damit ihr Denkprozesse in größerem Ausmaß durchführen könnt. Mit dem Ansteigen eures Bewusstseins seht ihr viel mehr in der geistigen Welt, als ihr euch momentan vorstellen könnt. In enger Zusammenarbeit mit der DNS ist es euch möglich, die Engelmatrix zu erfüllen.

Die Engelmatrix

Die Engelmatrix enthält zwar eine gewisse individuelle Komponente, ist aber im Bewusstsein ganz klar mit allem verbunden und hat einen gehorsamen, dienenden Charakter. Die Engelmatrix ist Hüter des Lichts und duldet niemals, dass das Licht verhüllt oder angegriffen wird. In der Engelmatrix selbst ist der Schutzschild enthalten, der die Engelwesen schützt und automatisch aktiviert wird, wenn ein energetischer Angriff stattfindet. Dieser Schutzschild ist aus Gold, als dem höchsten, reinsten und wertvollsten Element und Prinzip der Erde und als Symbol für das himmlische Gold. In der Engelmatrix ist die Liebe wie auch die Abgrenzung des Energiefeldes der Liebe klar enthalten. Ein Engel wird immer zurückweisen, was nicht aus der Liebe ist, damit dieses Feld geschützt und rein bleibt. Die Engelmatrix erfüllt die Freiheit des Reisens in andere Ebenen und galaktische Regionen, um dort Informationen zu erhalten, die den Dienst an Gott klar vorgeben. Der Dienst an Gott wird niemals in Frage gestellt. Im Gegenteil, dieser ist ein Selbstverständnis, das der Bund mit Gott vorgibt. Ein Engel erfüllt seine Aufgaben unverzüglich, ohne Wenn und Aber.

Es ist die Pathologie des Menschen, der sogar seine eigene Familie angreift und Kinder schändet und mordet. Und solange der Mensch auf seinem Weg nicht die Engelmatrix erreicht und lebt, wird ihm die Gottesmatrix vorenthalten. Das dient zum Schutze aller, denn der Mensch würde nicht davor zurückschrecken, auch diese anzugreifen, und sei es nur aus Unbeherrschtheit. Ihr habt euch bisher in einem Zauberspiegel gesehen, der die Wahrheit verzerrt hat und euch ein falsches Bild eurer selbst geheuchelt hat. Wenn ihr die Engelmatrix erreichen wollt, dann müsst ihr hinter dieses Bild schauen, um die Wahrheit zu erkennen. Jeder ausnahmslos, der sich für das Licht entschieden hat, erhält alle Hilfe, die er zulässt. Die Zeit der Erfüllung ist unabwendbar. Hierbei spielt es keine Rolle, was der Mensch im Einzelnen gestattet oder nicht, denn eure Wunschlisten warten darauf, sich zu erfüllen. Hört auf, euch aufzugeben und immer den Arm nach den Anderen auszustrecken. Beginnt damit, euch anzunehmen im Hier und Jetzt. Macht euch von allem anderen frei, indem ihr eurem inneren Weg folgt. Macht euch klar, dass ihr damit beginnt, euch selbst zu lieben. Wenn Gott euch keine Vorschriften in der Liebe macht, wie man zu sein hat, dann unterlasst auch ihr endlich diese Einschränkungen und bedenkt, dass auch Einschränkungen sich erfüllen. Weist die Welt als eure Autorität zurück und folgt nicht mehr den Vorgaben, was liebenswert ist und angestrebt werden sollte. Dadurch dass ihr der Illusion nachjagt, erreicht ihr nichts und seid immer unzufrieden. Es ist Bestandteil der Illusion, nichts zu geben, denn die Illusion hat kein Ziel, das man erreichen könnte, und somit kein Ergebnis, das sich zeigen würde. Somit steht der Mensch in der Illusion immer mit leeren Händen da, weil alles durch sie hindurchrinnt, was die Gier erneut entfacht, doch endlich etwas halten zu können. In der Matrix der Illusion jedoch ist die Auflösung vorprogrammiert, weil sie nicht Bestandteil der Ewigkeit ist, sondern nur ein Missbrauch der Zeitlichkeit. Die Zeit jedoch besteht aus einem Anfang und einem Ende, dem sogenannten Zeitfenster, das wieder geschlossen wird. Die Lehren dieser Zeit und das Erlernte werden eingesammelt und dem Akasha zugeführt, wo es allen zugänglich ist. Indem du als Mensch die Freiheit des eigenen Willens aufgibst, hast du die eigentliche Freiheit erreicht, denn die Liebe ist beflügelt, und Flügel öffnest du wieder, weil du deine Wurzeln erkannt hast. Du steigst auf in der Engelhierarchie, die ihre Pracht in der Hingabe hat. Die Engel um euch haben euch nie verurteilt, sondern immer so angenommen, wie ihr seid in jedem Moment eures Seins. Die Hingabe ist die Hingabe an die Liebe und das Wohlergehen aller. Engel kennen keine Gier, weil sie wissen, dass sie immer alles haben, was sie benötigen, um Gott am optimalsten zu dienen. Sie erkennen immer in aller Klarheit die Wahrheit und lassen sich nicht hinters Licht führen, wo die Dunkelheit herrscht.

Unter euch lebt der Spiegel Münchhausens mit der Kanonenkugel, die die Gewalt symbolisiert. Die Lügen sind die Versprechen, etwas zu geben, was nie gehalten wird. Die Gaukler tanzen und tanzen, um euch zu unterhalten wie in der Arena Roms, damit der Tod schmackhafter gemacht wird. Ein Engel aber trägt das Leben in sich, daher kann er nur von Leben zu Leben schreiten. Er ist mit dir und erkennt, was du brauchst. Sogar dein Atem ist ein Geschenk, für das du dich noch nie bedankt hast. Eure Generationen sind geboren mit dem Vergessen, andere, die nach euch folgen, werden sich ihrer Anbindung an die Einheit bewusst sein. Solange sich ein Mensch als getrennt ansieht, glaubt er, dass er keinen Schaden anrichten kann, wenn er betrügt. Ein Engel erkennt, dass ein Betrug als Frequenz den gesamten Raum informiert und die Schwingungen der Erde beeinflusst. Das höchste Gut der Engel ist die

Wahrheit, die über allem steht. Das heißt nicht, dass du jedem deine Wahrheit vortragen sollst, aber erkenne sie. Für die Engelmatrix benötigst du eine weitere wichtige Komponente, nämlich die des Mitgefühls. Ohne Mitgefühl wirst du die Engelmatrix in der DNS nicht finden und leben können. Mitgefühl ist der Motor, der die Engelmatrix aktiviert. Mitgefühl entsteht, wenn du erkennst, dass du in deinem Bruder und in deiner Schwester lebst wie sie auch in dir und die Unzertrennlichkeit einer Familie bilden. Im Raum der Liebe tastet niemand ein Mitglied der Lichtfamilie an, denn jedes Leid, das du einem anderen zufügst, spürst du mittels der Frequenz selbst intensiv. Sensible Menschen spüren auch auf der Erde, wenn irgendjemandem in einem Land ein Leid zugefügt wird. Das Gefühl wird erkannt, weil die Liebe immer die Liebe erkennt und das Licht immer das Licht findet. Die Engelmatrix steht in enger Verbindung mit der Gottesmatrix, obwohl die beiden nicht getrennt sind. In den höheren Ebenen gibt es den Unterschied zu euch, dass hier niemand den freien Willen wie auf Erden hat. Das ist ein großer Unterschied, daher ist es so wichtig, wie ihr mit dem Geschenk des freien Willens umgeht. Das Ergebnis beeinflusst das System der Matrix und den Zugang. Weder die Engelmatrix noch die Gottesmatrix werden erobert. Niemand kann über sie verfügen. Beide öffnen sich über die DNS, wenn dein Bewusstsein ein Liebesbewusstsein ist. Vorarbeiten kann jeder selbst leisten, aber das Ergebnis bestimmt kein Mensch. Menschen glauben, sie verfügen über Engel und über Gott, schließlich beten viele und erwarten, dass ihre Bitten schnellstens in Erfüllung gehen. Und so fordern sie mit dem Moment ihrer Geburt bis zum Ende und entscheiden, was Engel und Gott für sie auszurichten haben. Sie verfügen und beklagen sich, dass andere Menschen über sie verfügen, schauen aber nicht in den Spiegel, der ihnen vorgehalten wird, um die eigene Herrschsucht zu erkennen. Die Engelmatrix bittet nur, wenn es erlaubt ist. Und je klarer du die Engelmatrix lebst, desto weniger bittest du, weil du weißt, dass in jedem Moment deines Seins für alles gesorgt ist, wenn du es annimmst. Du bist geschützt, weil sich über die DNS die Lichtsäule um dich und um die Gruppe der Zehn schließt. Während eures Aufenthaltes hier seid ihr dadurch geschützt und werdet auch erhoben und weggeführt mittels der Lichtsäule. Eine Lichtsäule hat vielfältige Aufgaben, insbesondere die der Heilung individueller Natur, aber ebenso kollektiv.

Beginne damit, dass du nur mit der Liebe in Resonanz gehst. Wenn du dich ärgern lässt und deinem Ärger Luft machst, haben andere es schon geschafft, dich auf diese niedere Ebene zu ziehen, weil du damit in Resonanz gegangen bist. Du hast in dem Moment die niederen Frequenzen geduldet, aufgenommen und selbst gelebt, anstatt deine Liebesfrequenz herrschen zu lassen und die Frequenz des Ärgers zu wandeln, zumindest für deinen Energiebereich. Wenn andere es lieben, sich zu ärgern, dann lasse sie und halte dich fern. Dulde nicht und unter keinen Umständen, dass man diese Frequenz an dich heranträgt. Ärger beinhaltet immer und ausnahmslos, dass etwas nicht nach dem eigenen Willen geschieht. Deshalb ärgert sich jemand und hofft, dass die Verstärkung des Ärgers den anderen doch noch bewegt. Und wenn das auch nicht hilft, dann setzt die Drohung ein und es wird mit Angstfrequenzen gearbeitet. In der Engelmatrix erkennst du, dass du den Göttlichen Willen lebst, und was immer dir dabei widerfährt, von dir gelassen hingenommen wird. Allein die Sicherheit, dass Gott keine Fehler macht und seine Entscheidung immer von großer Tragweite ist, lässt dich in dem Frieden deiner selbst ruhen. Der Tumult vor deinen Augen betrifft dich nicht, weil es nicht deine Frequenzen der Liebe sind. Also schütze deinen Raum der Liebe und grenze dich klar ab. Je besser du dein Energiefeld rein erhältst, desto besser kann die Gottesmatrix sich entfalten. Übung bringt die Meister hervor.

Invasoren

Während der letzen dreihunderttausend Jahre kamen viele Invasoren auf die Erde. Sie kamen, weil sie selbst keinen Lebensraum mehr hatten, ihr Planet zugrundegegangen war und sie auf der Suche nach neuen Planeten waren, die ihnen diese Grundlage bieten konnten. Sie haben euch deshalb finden können, weil ihr die niederen Frequenzen ausgesandt habt, bewusst oder unbewusst spielt hierbei keine Rolle. Die niederen Frequenzen sind im Raum wie eine Art Landkarte zu sehen, die Wesen genau zum Ziel führen. Jeder kann nur die Frequenzen erkennen, die er selbst lebt und die nächst höheren zwei Stufen. Darüber hinaus geht es nicht mehr. Eure Frequenzen haben also Wesen die Tür geöffnet, damit die eintreten konnten. Einige von ihnen haben sich lange gehalten und immer im Untergrund. Die Masse der Menschen, die ihr darstellt, war bisher immer eine Gefahr für sie, denn ihr könntet euch erheben, was ihr jedoch nicht getan habt. Ihr wart überwiegend mit euch selbst beschäftigt und daher gut manipulierbar. Mit energetischen Scheuklappen sieht man weder nach links noch nach rechts. Wenn sich Frequenzen geändert haben, sind Invasoren weitergezogen, denn eine Änderung der Frequenzen nahm ihnen den Nährboden. Ohne entsprechenden Nährboden aber hatten sie keine Möglichkeit mehr, hier unbeschadet weiterzuleben. Mit jedem Quantensprung ändert sich die Frequenz. Der Quantensprung ist nur ein kosmischer Moment für einen Wechsel in ein anderes Bewusstsein. Ein Bewusstsein kann erhebend oder fallend sein. Diese Wahl wird von jedem selbst vorher getroffen. Mit jedem Invasor habt ihr eine andere energetische Manipulation gelebt. Heute seid ihr in eurem Bewusstsein mehr denn je gefordert, weil die Geduld Gottes ein Ende hat. Das verführt euch Menschen immer wieder, in die Opferhaltung zu gehen und zu hoffen, dass andere kommen, um euch zu retten. In der Matrix ist es so nicht vorgesehen. Enthalten darin ist, dass ihr euch selbst erhebt und euch eurer Stärke bewusst werdet. Euer Wille ist, wenn ihr so wollt, eure größte Macht. Und wenn ihr euren Willen noch mit eurer bewussten Absicht paart, zeigt sich das Ergebnis im Geiste wie in der Wahrheit. Ihr habt die Macht, jede Invasion von euch zu weisen und die Frequenzen auf die Liebesfrequenz zu erhöhen und zu halten. Dann finden euch nur diejenigen, die auf diesen Frequenzen gleiten auf ihrer Landkarte. Wenn die Invasoren sich nur ablösen und ihr in gekugelter Haltung verbleibt, haltet ihr die Angstfrequenz. Eure Aufgabe aber ist es, wieder in eure Macht zu gehen. Auch wenn man eure DNS zerschnitten hat, damit ihr die Orientierung verlieren solltet, bedeutet das nicht, dass dies auf Ewigkeiten so angelegt ist. Die DNS führt ein eigenes kosmisches Leben, wenn ihr so wollt. Als Erklärung ist das momentan die beste Anschauung für euch, weil die DNS immer ihre Wurzeln kennt und selbst über den quanten- und interdimensionalen Bereich mit der Einheit verbunden ist. Beides steht euch immer noch zur Verfügung. Ihr verändert die DNS, wie die DNS euer Bewusstsein verändert. Beides greift ineinander und wirkt aufeinander ein, damit ein erhebendes Leben geführt werden kann. Die Engelmatrix lebt das Selbstverständnis darüber. Sie weicht keinen Schritt zurück. Wenn ein Mensch die Engelmatrix erreicht hat, ist ihm vieles gegeben, zu erkennen und zu bewirken, weil er Gott wirken lässt und diese Macht durch ihn wirksam wird. In diesem Frequenzbereich kann sich kein Invasor halten, daher solltet ihr eure Frequenzen zusammenschließen und diese Macht potenziert wirken lassen. Beginnt aber mit dem eigenen Licht und lasst euch führen, damit klar ist, mit wem ihr euch vereint.

Viele erwarten, dass die Lichtfamilie und die Große Weiße Bruderschaft hier landen und ebenfalls den Charakter von Invasoren annehmen, was sie nicht tun. Das sollte klar sein. Es gibt nur einen Weg zu kommen. Dieser Weg ist, wenn sie willkommen geheißen werden oder Gottes Wille sie sendet. Und wenn wir kommen, kündigen wir uns an, wie Liebende es denn tun. Sie überfallen nicht, sondern geben sich klar zu erkennen und geben euch Zeit, euch auf diesen Besuch vorzubereiten. Es gibt nur diese beiden Möglichkeiten. Euer

Bewusstsein

Bewusstsein wehrt sich noch dagegen, weil ihr Angst habt, dann nicht mehr das Leben führen zu können, wie ihr es zurzeit tut mit allen Plänen, die ihr habt. Zwar seid ihr mit diesem Leben nicht zufrieden, wollt es aber noch nicht ändern. Euer Bewusstsein hat damit Probleme. Wir sprechen immer wieder euer Bewusstsein an, wohl wissend, dass allein das Thema „Bewusstsein" euch schwerfällt.

Der Mensch glaubt, weil er denken kann, wäre das bereits sein Bewusstsein, ohne zu erkennen, wie begrenzt und mit wie wenig Gehirnkapazität er es denn tut.

Dabei hat alles mit dem Bewusstsein begonnen, denn am Anfang der Schöpfung regte sich das Bewusstsein, also war es das Erste, was sich regte. Und das Bewusstsein war „Ich bin". Und als „Ich bin" stellte Urschöpfer die Schöpfung aus sich heraus. Das Bewusstsein des „Ich bin" hat nichts damit zu tun, dass ich denke. Es gibt ausnehmend primitive Denker, sodass das Denken allein noch keine Auszeichnung darstellt. Und wenn jemand etwas mehr denkt, verfällt er gleich in Arroganz, die auf andere niederblickt. Alles das hat mit einem Bewusstsein nichts zu tun. Eine gesunde, umfassende DNS besitzt das

Bewusstsein des „Ich bin“, daher ist sie an die höchste Helix, nämlich die Superhelix, angeschlossen und kommt an alle Informationen, die einfach in sie einfließen und ihr zur Verfügung stehen. Vor der Superhelix steht allerdings die Komplettierung der DNS in Form der Tripel-Helix, damit dir das „Ich bin“ wieder bewusst wird. Dieses Bewusstsein wollte der Mensch ursprünglich auf Erden leben, ist aber vom Weg abgekommen. Sein ursprünglicher Weg war als lichtvoller, glorreicher Weg geplant. Doch mit dem Moment, als der Mensch immer mehr den individuellen Willen lebte, hat er sich immer weiter von seinem „Ich bin“ entfernt. Die Trennungen, die anfangs über eure DNS herbeigeführt worden sind, haben euch auch von eurem göttlichen Sein als getrennt sehen lassen. Und so habt ihr Gott in weite Ferne gerückt und in einen Himmel verbannt. Gott jedoch hat sich niemals von euch getrennt. Er ist der Rufer, der Wartende, der immer da ist, wenn ihr voll erwacht zu einem Bewusstsein, das euch die Erinnerung des „Ich bin“ zurückbringt. Fordert diese Erinnerung ein, denn sie ist ein Teil eures Geburtsrechts. „Ich bin“ ist das kosmische Sein, von dem ihr ein Bestandteil seid. Diese Einheit ist aber nur über euer Bewusstsein zu erreichen, damit die DNS auf euch reagiert. Die DNS ist sozusagen euer Sensor, der sofort tätig wird, wann immer sich ein Bewusstsein regt, erwacht oder ändert. Shekinah steht in dem Fall bereit, ihr Amt aufzunehmen und die Verbindungen herzustellen. Das mag alles sehr getrennt in einzelnen Schritten klingen und erklärt sein, aber im Zeichen der Trennung ist es eine von möglichen Erklärungen für euch. Im Zeichen der Einheit ist alles untrennbar miteinander verbunden, daher weiß jeder, wenn eines sich ändert, ändert sich automatisch das Gesamte, weil ein einziger Einfluss aufgrund der Verbundenheit auf alles andere übergeht und sich darauf ausrichtet. Mit dem Bewusstsein des „Ich bin“ kommt auch das Vertrauen zurück, weil du wieder weißt, dass alle für dich sorgen. Nun bist du bereit, es zuzulassen, damit du endlich auf dem Platz stehen kannst, den Gott für dich vorgesehen hat, um ihm dort am besten zu dienen. Und weil du ihm wieder dienst, dienst du der gesamten Schöpfung. Du kannst nun nichts falsch machen, denn dein Weg ist klar. Die Auferstehung folgte nach dem Fall in die Angst, und der Auferstehung folgte die Erhebung an die Seite des Vaters. Sein Weg (Weg des Jesus-Christus) ist euer Weg, er hat ihn vorgegeben. Also steht auf und erhebt euch. Ihr braucht niemanden, der euch dazu die Erlaubnis erteilt. Geht in die Selbstermächtigung, das liebt die DNS besonders, wenn es um eine Selbstermächtigung der Meisterschaft des Lichts geht. Bewusstsein reagiert immer und überall. Die Bruderschaft der Finsternis weiß das sehr gut und praktiziert es hervorragend. Das lichtvolle Bewusstsein jedoch ist weit mächtiger als die Finsternis, denn in ihrer Anwesenheit existiert kein Dunkel mehr, weil das Licht alles erhellt und keine Schatten wirft. Wenn du eine Entscheidung getroffen hast, worum wir dich in den Büchern des P'taah gebeten haben, dann hat deine DNS reagiert. Du bist nämlich hierfür in deine eigene Macht gegangen und hast dich frei gemacht vom Einfluss und den Vorgaben aller anderen. Du hast aus deiner Macht heraus entschieden, wohin dein Weg führt und mit welcher Energie du dein Sein anfüllen willst. Wann immer du in deine eigene Macht gehst, um bewusst zur Einheit allen Seins zurückzukehren, erhältst du Unterstützung durch deine DNS. Sie hilft dir bei der Umwandlung deines Seins und deiner Biologie in eine kristalline Struktur, denn eine vollwertige DNS ist immer mit der höchsten Intelligenz verbunden und steht in Kommunikation mit deinen Zellen, die ebenfalls Intelligenz enthalten. Jedes Leben enthält Bewusstsein, sogar dein Bimsstein, wenn du ihn fragst, wird er es dir zeigen. Es gibt kein Leben ohne Bewusstsein. Lediglich der Umfang des Lichts ist unterschiedlich und auch von den Aufgaben des Dienens geprägt. Wenn Bewusstsein als Stein leben will, benötigt es ein anderes Bewusstsein als ein Mensch. Dennoch enthalten Steine unendliches Bewusstsein, das sie im Laufe der Jahrtausende aufgenommen haben, je nach geometrischer Anordnung und Funktion. Deshalb ist es so wichtig für euch, endlich zu erkennen, dass ihr Bewusstsein seid und selbst entscheiden könnt, was ihr leben wollt und mit wem ihr euer Leben teilt. Solange ihr nur ein geringes Maß an Bewusstsein lebt, hat das Bewusstsein selbst übergroße Macht über euch, da ihr euch ausgeliefert fühlt. Legt fest, dass ihr euch nur für die Liebe und das Licht hergebt, und weist alles andere von euch. Heißt JHWH (Yawee) wieder in eurer Mitte willkommen und fordert diese Lebendigkeit ein. Es ist euer Geburtsecht.

Bedingungen

Eine weitere Angewohnheit des Menschen ist es, Bedingungen zu stellen. Jeder Wunsch, jede Bitte, jedes Gebet und jede Planung enthält diverse Bedingungen. Wenn ihr zum Beispiel eine Arbeit wollt, dann stellt ihr die Bedingungen, dass der Arbeitsort nicht zu weit entfernt sein darf, das Gehalt stimmen soll, der Vorgesetze so oder so zu sein hat, das Bewerbungsgespräch entsprechend ablaufen soll usw. Die neue Energie mag keine Bedingungen. Sie fordert euch auf, euch eine Arbeit zu wünschen, die ihr voll Freude durchführt. Nicht mehr, aber keinesfalls weniger. Gebt euren Wunsch nun nach oben an die geistige Welt ab und lasst los. Loslassen bedeutet, sich keine Gedanken mehr darüber zu machen, wie oder wann etwas geschieht. Den Rest übernehmen wir. Wenn ihr keine Vorstellungen vorgebt, kommt vielleicht alles anders, als ihr es euch vorgestellt habt, aber unendlich schöner. Geht in diese Leichtigkeit und die Bedingungslosigkeit. Gott stellt auch keine Bedingungen, um euch eure Wünsche zu erfüllen. Macht euch bewusst, dass jede Bedingung euch selbst blockiert. Mit den von euch gesetzten Blockaden verhindert ihr die Erfüllung. Wenn ihr Änderungen wollt, dann beginnt innerlich, in euch selbst. Solltet ihr selbst nicht wissen, was ihr wirklich wollt, dann bittet den Vater, euch das Optimale zu geben. Er weiß gewiss, was euch glücklich macht. Wenn ihr zu denen gehört, die ein Gebet sprechen, dann macht keine Vorgaben und stellt keine Bedingungen, wer was zu erhalten hat, wer wie zu sein hat usw. Dankt lediglich dem Vater und lasst ihn für euch sorgen. Seid mutig und macht mal diese Erfahrungen. Wenn der Mensch Bedingungen aufstellt, heißt das übersetzt, dass er die Erfüllung des Wunsches nicht will und diese durch die aufgestellten Bedingungen verhindert. Es ist eine Art Hürdenlauf, den der Mensch damit beginnt, also ein sehr anstrengender Weg, damit er in der Kämpferenergie verbleibt, anstatt in die Liebesenergie zu gehen und mit dieser zu fließen. Bedingungen sind Vorgaben der Herrschsucht, die genau festlegen, was zu geschehen hat, auch wenn sie niedlich verpackt werden. Damit bringt ihr euch um die Erfüllung einer wirklichen Verbesserung eurer Lebensumstände, die im kosmischen Raum für euch bereitstehen. Himmlischer Vater, dein Wille geschehe! reicht völlig aus. Wenn ihr euer Leben verändern wollt, dann müsst ihr euch selbst ändern – als Zentrum eures Energiefeldes. Das aber verhindert ihr ebenfalls, weil die Bereitschaft nicht wirklich vorhanden ist und Bedingungen vorgeschoben werden, damit die „Nichterfüllung" und die Beibehaltung des alten Zustandes erwirkt werden. In dem Fall ist das Ego der Lügenbaron eurer selbst. Mit den Vorgaben von Bedingungen trickst ihr euch beständig selbst aus. Bedingungen grenzen euch ein und lassen euer Leben wie in einem kleinen Käfig erscheinen. Euer Handlungsspielraum wird dadurch nicht größer. Macht euch bitte bewusst, dass ihr zwar Bedingungen stellen könnt, diese aber nicht erfüllt werden müssen. Wünsche gehen mit einer Bitte einher und nicht mit Bedingungen. Für bestimmte Bereiche des Lebens sind Bedingungen sicherlich angebracht. Dann bestimmen beide Vertragspartner das Zusammenwirken für eine bestimmte Sache. Jeder hat jedoch die Möglichkeit, auch Nein zu diesen Bedingungen zu sagen, vor allem, wenn diese einseitig sind, sodass nur eine Person im Vorteil ist. Wenn es um die Engelmatrix geht, gibt es die Bedingung der Liebe, die dorthin führt, damit sich die Matrix wie eine Rose für euch öffnet. Diese Bedingung aber geht an euch, denn nicht ihr seid es, die sie stellt, sondern erfüllt. Überlegt also genau, wann es sinnvoll ist, auf Bedingungen zu pochen. Wenn ihr mit dem Fluss des Lebens schwimmt, stellt ihr keine Bedingungen mehr. Von der Lichthierarchie können bestimmte Abmachungen an euch herangetragen werden, die auch ihr abweisen oder annehmen könnt. Aber das Thema „Bedingung“ als solches gibt es nur als Halten der Liebesfrequenz, aber niemals „wie“ sich etwas zu erfüllen hat. Eine Entwicklung des Lebens entsteht aus dem Leben selbst. Es richtet sich nicht nach Bedingungen, wann es zu blühen und sich zu entwickeln hat. Du kannst eine Rose beschimpfen, weil sie im Dezember nicht blühen will, deshalb wird sie sich deiner Forderung nicht unterwerfen, sondern ihre Blüten erst öffnen, wenn die Zeit dafür reif ist. Die Zeit ist reif, wenn bestimmte Komponenten des Lebens zusammentreffen und eine eigene Einheit bilden. Eine gestellte Bedingung wird das nicht erreichen.

Eine weitere Bedingung ist das Wort „muss“ in eurem Sprachgebrauch. Wann immer ihr ein „Muss“ vorgebt, ist es eine Bedingung. Ihr setzt euch selbst beständig unter Druck, indem ihr etwas müsst, also Bedingungen erfüllt, die erforderlich sind, damit etwas geschieht. Damit seid ihr selbst der bessere

Sklaventreiber, als ihn die Pharaonen seinerzeit hatten. Ein „Muss" geht mit der Peitsche des Antreibers spazieren und zwingt den Menschen, Dinge zu tun, die er nicht will. Somit bezwingt ihr euch laufend selbst. Zwang aber hat mit Liebe nichts zu tun. Wenn ihr in der Liebesenergie verweilen wollt, dann geht auch liebevoll mit euch um. Macht euch klar, dass ihr etwas könnt und dürft. Und was immer das ist, es sollte mit Freude verbunden sein, mit der ihr euch selbst beschert. Ihr beklagt euer grausames Leben, ohne zu erkennen, dass die Liebe zu euch selbst vor lauter bestehenden Bedingungen nicht zu euch kommt, weil ihr sie euch selbst verwehrt. Kehrt jeder Bedingung den Rücken und geht in die Bedingungslosigkeit der Liebe. Vertraut darauf, dass ihr dann alles so erhaltet, dass es euch und anderen zur Freude gereicht. Die Liebe zwingt niemals, sondern ist die beständig Gebende. Eure Bedingungen knüppeln euch nieder und machen auch anderen das Leben schwer, die die Erfüllungsgehilfen eurer Bedingungen sein sollen. Geht in die Leichtigkeit des Seins und die Bedingungslosigkeit, weil ihr nur Schönes erhaltet. Beschreitet diesen Weg und lasst euch überraschen. Die Bedingungslosigkeit der Liebe kann nur Liebe bringen. Es geht nicht anders.

Eine dritte Hürde, die ihr wie ein Bergmassiv vor euch aufstellt, ist der Zweifel. Ein Zweifel reißt alles nieder, was du gerade aufgebaut hast. Der Zweifel trennt, und zwar trennt er dich von der Erfüllung deines Wunsches, den du im Visier der Liebe haben solltest. Wenn Zweifel einsetzen, dann traust du dir selbst nicht, hältst dich für zu schwach, dich selbst zu lieben und dich auf Rosen zu betten. Somit steckst du in der Abhängigkeit, denn du erkennst nicht, dass hinter diesem Zweifel eine Bedingung versteckt ist, die sagt, dass du Wünsche nur erfüllt bekommst, wenn diese oder jene Voraussetzung (Bedingung) erfüllt ist. Du arbeitest also an den Bedingungen und nicht an der Erfüllung und lässt zu, dass diese Voraussetzungen von deinem Wunsch abbringen. Somit säst du den Zweifel. Wissen tust du es im Innern sowieso, aber der Zweifel, der oftmals fürchterlich nagt, zerstört die Erfüllung. Als trennender Charakter trennt er sofort die Erfüllung ab, beißt sozusagen den Faden durch, sodass der kosmische Raum sagt, dass du eben doch nicht willst, sonst hättest du daran festgehalten. Der kosmische Raum wartet dann deine weiteren Wünsche ab in der Bereitschaft, diese zu erfüllen, immer und immer wieder, es sei denn, du sendest den Zweifel erneut aus, um dich von der Erfüllung zu trennen. Wie du siehst, lebt der Mensch ein kompliziertes Leben, weil er das Einfache für zu einfach hält und immer noch glaubt, dass er für alles kämpfen muss.

Wie kommt ihr aus diesem System heraus? Ganz einfach, auch wenn euch das misstrauisch macht, indem ihr ins Vertrauen geht. Wenn ihr euch nicht selbst vertraut, wie wollt ihr dann anderen vertrauen? Wie wollt ihr der Engelschar oder gar Gott vertrauen? Vertrauen enthält das „sich trauen", also trau dich, bedingungslos zu lieben und die Leichtigkeit des Seins zu leben. Gib deine Wünsche ab, lasse diese los, verschwende nicht einen Gedanken mehr daran und freue dich, wenn die Erfüllung dich erreicht. Genau dies wird dann der rechte Zeitpunkt sein, damit diese Freude eine wirkliche Freude ist und bleibt. Lernt, euch in Geduld zu fügen und zu dulden, was der Duldung bedarf. Erkennt, was des Lichts ist und in Fürsorge für euch erstellt wird.

Anbindungen

Bei eurem Hürdenlauf werdet ihr einer weiteren Hürde begegnen, die ihr aufgebaut habt, und diese Hürde heißt „Anbindung". Hierbei handelt es sich um Anbindungen, die ihr festhaltet, an die ihr euch kettet oder duldet, dass diese euch in den Klauen halten. Es sind sich beständig drehende Muster der Angst, Trauer oder bestimmter Erfahrungen. Weil ihr sie erlebt habt, tragt ihr diese mit euch herum in der Annahme, dass sie euer Eigentum sind und mitgeschleppt werden müssen. Dieses Marschgepäck macht euch zu schaffen, denn es wird mit der Zeit immer schwerer, besonders wenn ihr den Berg erklimmen wollt. Weil einmal etwas so war, nehmt ihr an, dass es immer so sein müsste. Ihr duldet gar keine andere Möglichkeit mehr, immer mit dem Hinweis, dass es wieder so kommen „muss". Ihr fordert es schließlich selbst, damit ihr euch bestätigt seht. Und weil ihr diese Anbindungen festhaltet, halten diese auch an euch fest, weil ihr sie annehmt. Ihr habt bestimmte Erfahrungen gemacht, um daran zu reifen und zu wachsen. Nun schließt diese Themen ab. Sie sind kein Lebenswerk. Ihr nehmt euch sonst die Luft zum Atmen und den Raum für neue, schöne Erfahrungen, die alle noch auf euch warten. In vielen Fällen merkt ihr selbst gar nicht, welche Anbindungen ihr in und mit euch tragt. Sie halten euch fern, die Engelmatrix wie auch die Gottesmatrix zu erreichen, weil sie euch beständig zurückziehen, um euch dort zu halten, wo die Anbindungen gehalten werden, damit sie einen dauerhaften Nährboden haben. Gott selbst hat keine Anbindungen und duldet auch keine. Er ist frei von jeglichem Marschgepäck. Anbindungen sind Einschränkungen, die ein besseres Leben verhindern. Das ist so, als ob du dich an einen Pfahl ankettest und schimpfst, weil du eine schöne Reise machen willst, aber der Pfahl dich nicht lässt. Die Liebe hat keine Ketten, sondern Flügel und ist immer frei. Daher bittet darum, dass ihr von allen Anbindungen befreit werdet, sich alle Ketten lösen, die euch halten wollen in einer Energie, die nicht der Liebe ist. Fordert eure Freiheit, die sich auch auf eure emotionale Freiheit bezieht. Bittet um eure emotionale Unabhängigkeit. Bittet dabei Erzengel Michael um Hilfe, damit er alle Anbindungen abschlagen kann, die euch zurückhalten wollen, damit ihr nicht die Freiheit der Liebe erreicht. Diese Anbindungen bestehen in allen Körpern, nicht nur auf biologischer Basis. Auch euer Mentalkörper hält oft

Anbindungen einer bestimmten Denkstruktur, die gelöst werden sollten. So ihr dazu bereit seid, sprecht mir nach:

„Himmlischer Vater und Erzengel Michael, ich bitte dich, mich von allen Anbindungen zu befreien, damit ich als ein Kind des Lichts meine Straße des Lebens froh und glücklich ziehen kann. Ich bitte um Befreiung, denn alles, was mich festhält, stiehlt den Raum, der dein ist, himmlischer Vater. Ich dulde nicht mehr, dass jemand oder etwas deinen Platz einnehmen will. Ich selbst will sein, was meines Vaters ist, und dulde nichts anderes. Da ich nicht klar erkenne, um welche Anbindungen es sich handelt, bitte ich dich um Hilfe und Erlösung. Ich bin jetzt bereit, ausnahmslos alles loszulassen, was nicht mein ist. Mein ist die Liebe und das Licht, daher dulde ich nichts anderes, als was ich selbst bin. Und so bitte ich dich, himmlischer Vater, nimm wieder den gesamten Raum ein, den ich dir hiermit zurückgebe, weil er ohnehin dein ist. Danke für deine Hilfe und Güte, danke für die Befreiung. Danke, Erzengel Michael. Dein Wille, himmlischer Vater, geschehe ewiglich. Amen.

Ich lasse endgültig alles los."

Nun stelle eine Bedingung, nämlich dass alles, was mit dir zu tun hat, Liebe ist. Sei dabei unduldsam und dulde nichts, was außerhalb dieser Liebe steht.

Frieden ist Liebe

In euren Inkarnationen und insbesondere in dieser, wo ihr absolut alles mitgebracht habt, wart ihr dem beständigen Kampf ausgesetzt, weil ihr glaubtet, gegen alles Ungemach kämpfen zu müssen. Der Kampf hat euch im Kreise drehen lassen, damit ihr kämpfen könnt, doch losgeworden seid ihr die Probleme damit nicht. Eigentlich haben sie sich oft dadurch vermehrt. Alles, was ihr mitgebracht habt, soll losgelassen werden, denn ein Loslassen ist ein Sichlösen von dem Ungemach. Was ich loslasse, kann mich nicht mehr festhalten. Jedes Muster, das sich von mir gelöst hat, bringt mich dem Frieden näher. Den inneren Frieden zu erreichen, ist euer Hauptthema, denn alle eure Kämpfe fanden in euch selbst statt. Fühlt diesen Frieden in euch und achtet darauf, wie die DNS auf diesen Frieden reagiert. Frieden ist Vertrauen, nämlich Vertrauen in die Liebe, die niemals angreift. Es gibt also keinen Grund mehr zu kämpfen. Nun stellst du fest, dass in der Ruhe des Friedens die größte Kraft liegt, weil diese Kraft einen Sog deines Energiefeldes bildet, das wiederum den Frieden anzieht. In dem Frieden kann sich deine Kraft entfalten, die in dir ruht. Genau in dieser Stille hörst du Gottes Wort am deutlichsten. In der absoluten Stille, die in dir herrscht, hast du alles losgelassen und bist offen. Daher zieht der Sog alles zu dir, was für dich bereitsteht, denn es ist die Anziehungskraft der Liebe, die alles zu dir führt, was für dich bestimmt ist. In diesem Frieden ist die Harmonie der Zusammenarbeit deiner Zellen gestärkt, denn du hast losgelassen. Ihr Menschen seid in einer Phase des Loslassens der alten Energien. Das bringt Aufruhr in euren Körper und euer Innenleben. Eure Systeme verabschieden sich schrittweise von der alten Energie. Daher entsteht ein Gefühl des Todes und der Trauer. Die alte Energie reißt alles fort, sodass es besser ist, freiwillig loszulassen. Daher steht vor euch alles, was ihr kennt und gegen das ihr so oft gekämpft habt. Eure Ängste zeigen sich erneut, sofern sie noch in irgendeiner Form vorhanden sind. Alles wird unaufhaltsam hervorgeholt, weil die Erde es hervorholt und ihr Erde seid. Ihr spürt das in euren Körpern, die sogar den Tod loslassen, denn die komplette DNS steht für das Leben und sorgt für dieses mit Hingabe. Im ersten Band P'taah sagten wir euch, dass ihr eine Spezies auf Kohlenstoffbasis seid. Diese Basis ändert sich in eine kristalline Basis. Daher sind eure Körpersysteme enorm gefordert, auf die ihr hören solltet, wenn sie der Ruhe bedürfen. Liebt euch dabei und hört auf, euch immer wieder anzutreiben mit aller Grausamkeit. Eure Bedingungen, die ihr euch selbst auferlegt, sind die Hürden, die ihr überwinden müsst, damit ihr zum Ziel gelangt. Diese Hürden werden von euch durch ein sklavisches Antreiben genommen, und sie bedingen Kampf, der der Liebe entgegensteht. Diese Vorgehensweise ermüdet euch und lässt euch verzweifeln, weil ihr euch selbst damit von der Ruhe fernhaltet. Diese benötigt ihr aber, um zu euch selbst zu finden. Solange ihr euch mit dem eigenen Kampf ablenkt, findet ihr nicht, weil ihr nicht sucht, sondern in eure Kämpfe verstrickt seid, die euch nur verletzen. In dem Fall ergebt ihr euch einer erzwungenen Genesungsruhe, in der ihr aber nicht in eure Stärke kommt, weil ihr erst wieder die Erschöpfung ablegen müsst. Ein Kreislauf der Erschöpfung, in dem ihr nicht aus dem Brunnen des Lebens schöpfen könnt. Der Brunnen des Lebens aber enthält das Lebenselixier, das ihr benötigt für euch selbst und andere, die sich daran laben wollen. Ein Kämpfer ist auch nicht frei, sondern immer eingebunden in die Zwistigkeiten, die er sucht oder in die er sich verwickeln lässt. Darum beabsichtigt und beschließt in aller Klarheit, dass ihr alles ausnahmslos bei dem anderen belasst, was nicht euer ist und was der andere auf euch abladen will, um nicht selbst erlöst zu sein. In dem Moment ist derjenige sein Problem los und ihr kämpft einen Kampf, der nicht der eure ist, für andere, die euch damit von eurem wahren Selbst fernhalten. Belasst also alles bei dem, dem es gehört. Durch die Invasoren seid ihr in den Hass gegangen, weil sie es waren, die euch gedemütigt haben. Demütigung ist aber des Stolzes und nicht der Liebe. Und so hat man euch glauben gemacht, dass ihr nur zum Sieger werdet, wenn ihr gegen Invasoren kämpft, und hielt euch damit von der Liebe fern. Kampf aber ist Angriff und gehört in den Bereich der Angst. Wir bitten euch nun, diesen Kampf loszulassen, der eurer unwürdig ist. Bekennt euch endlich zur Liebe, die euch den wahren Sieg beschert. Wenn ihr selbst Liebe seid, dann sendet ihr Frequenzen aus, die alle anderen Frequenzen, die darunter liegen, zunichte machen. Sie haben keinen Wert mehr und können keinen Schaden anrichten. Legt für euch fest, dass ihr immer und überall Liebe seid und es nichts gibt, was euch davon abbringen kann. Weist alles zurück, was nicht aus der Liebe ist, und duldet keinerlei Verstrickungen, die euch wieder zum Verlierer machen wollen. Ein Verlierer hat den Sieg verloren und leidet im Prinzip deshalb, weil er sich hat hinreißen lassen, etwas zu tun, was nicht seins ist. Daher ist es so wichtig, dass ihr euch ausschließlich auf den Weg zu euch selbst macht, also den inneren Weg beschreitet, denn nur dort werdet ihr euch finden. Die DNS fördert keine Kämpfe, weil sie für das Leben steht und das Leben unterstützt. Wenn ihr eine DNS in vollem Umfang wiedererlangen wollt, bleibt euch nur der Weg der Liebe, der der Weg zu euch selbst ist. Euch selbst aber findet ihr nur in dem inneren Raum, in dem ihr klar erkennt, wer ihr wirklich seid. Mit dieser Erkenntnis könnt ihr euch mit Leichtigkeit annehmen, denn die Wahrheit fordert immer und überall ihren Platz. Das „Ich bin“ kann niemals etwas anderes als ein Sieger sein und wird es ewig bleiben. Es steht über allem und hält die Fäden in der Hand. Erkenne, dass jeder Kampf ein Kampf gegen dich selbst ist, der dich verletzt und den Gott in dir und im anderen angreift. Dieser Kampf bringt dich zu Fall, von dem du dich erneut erheben musst und wieder einen anstrengenden

Weg vor dir hast. Lehne alle Umwege oder Umleitungen ab, die dich von deinem Weg abbringen wollen. Die Angst der Invasoren ist groß, wenn ihr die Liebesfrequenz auf Erden einführt. Dann seid ihr wahre Frequenzhalter und auch Hüter eurer Bibliotheken. Auch der Zugang zur Akasha ist euch als Kämpfer verwehrt, denn es ist nicht sichergestellt, dass ihr die Informationen dort für den Frieden nutzt. Die Liebe aber öffnet alle Türen. Sucht in erster Linie die Tür, die nie verschlossen war, damit ihr immer wieder den Weg nach Hause antreten könnt. Lehnt es ab, etwas anderes zu sein als euer Vater, der die Herrlichkeit allen Seins ist. Lasst euch nicht aus dieser Herrlichkeit in den Sumpf oder Unrat eines Kampfes ziehen, der euch nur besudeln will. Ein Kind Gottes ist der lebendige Sog der Liebe, dem alle Türen offenstehen. Es erhält bei allem kosmische Unterstützung, damit die Liebe den gesamten Raum wieder einnimmt. Erkenne, dass kämpfen Schwäche ist, die aus Angst geboren wurde. Sie lügt und betrügt und versucht ihr übles Verhalten zu rechtfertigen, damit es glaubhaft erscheint. Die Erde aber gibt die Wahrheit frei. Und für diejenigen, die unverbesserlich sind, stehen die Schalen des Zorns bereit, die sie damit gerufen haben und ernten, was sie gesät haben. Der ursprüngliche Kampf fand vor langer Zeit im kosmischen Raum statt, in den ihr mit verwickelt worden seid. Es ist Zeit, aus diesem Zug der Zeit auszusteigen. Dieser Zug läuft im Bahnhof der Vernichtung ein und wird den Weg nicht zurücknehmen können. Er wird auf diesem Abstellgleis verrotten, denn niemand wird sich mehr um ihn kümmern. Und ein Aufschrei wird durch die Menschen gehen, wenn die Wahrheit immer mehr sichtbar wird für eure Augen. Konzentriert euch einzig und allein auf den Weg des Lichts und der Liebe. Was immer außerhalb dieses Weges geschieht, liegt nicht in eurer Verantwortung, sondern ist von anderen hausgemacht, die es bereinigen müssen. Kümmert euch einzig und allein um eure eigenen Belange und Aufgaben, die damit zusammenhängen, euch selbst wiederzufinden. Solange ihr zaudert und zögert, befindet ihr euch auf dem schmalen Pfad, auf dem ihr immer wieder versucht, das Alte mit dem Neuen zu verbinden. Ihr verbleibt dort so lange, bis ihr euch klar entschieden habt. Nach dieser Entscheidung öffnet sich der Weg und wird zu eurem Nährboden, wo ihr Wurzel fassen könnt, damit euer Baum des Lebens wieder in seine Kraft kommt und der Kreislauf der Liebe einsetzen kann. Die Liebe aber ist der einzige Nährboden, der immer für dein Wohlergehen sorgt. Dein Wohlergehen ist das Wohlergehen aller, die sich mit dir im Namen der Liebe verbinden wollen. Nun können auch deine Systeme bis in die kleinste Zelle das Alte loslassen und die Veränderungen herbeiführen, die für dich bereitstehen. Deine DNS wird aktiv, denn sie unterstützt dich bei deinem neuen Bewusstsein, einem Bewusstsein des „Ich bin". Du bist die Frucht und der Baum zugleich, denn die neue Frucht zeigt sich in Form der Blüte zuerst. Darum erblühe in der Liebe allen Seins in deiner Herrlichkeit, die du immer warst und bist. Lasse die an dir abgleiten, deren Neid und Abgründe dich davon abbringen wollen. Kümmere dich um die Liebe als einzige wahre Aufgabe. Stelle dein Sein in den Dienst Gottes, damit du empfangen kannst, was immer für dich bereitsteht, um diesen Gottesdienst im Alltag optimal leben zu können. Hege dabei die Gedanken der Fülle und lass dich nicht mehr von der Welt blenden, die dir alles vorenthalten oder wegnehmen will. Mit dem Gedanken des Mangels will dich die Welt im Kampf halten. Die Liebe kennt nur Fülle, daher kann sie nichts anderes sein und geben. Dort, wo der Frieden den Raum eingenommen hat, gibt es keinen Kampf, weil der Frieden selbst nie einen Grund dazu hat noch bietet. Der Frieden aber ist in der

Gottesmatrix enthalten und Bestandteil deines Erbes. Lebe also die Attribute der Gottesmatrix, damit diese wieder in den Vordergrund treten kann und alles auslöscht, was sie verhüllen will. Das, was du lebst, ziehst du an und machst es zu deinem persönlichen Alltag. Als Mensch hast du keine Erinnerung mehr, was die Gottesmatrix umfassend beinhaltet. Eure Vorstellungen von Herrlichkeit können die Wahrheit nicht erreichen. Darum laßt eure Vorstellungen darüber fallen, denn sonst seid ihr an diese niederen Vorstellungen gebunden und haltet diese Anbindungen, die euch den Weg zu weit mehr Lebensqualität versperren. Diese neue Lebensqualität wird nicht erkämpft. Sie ist eine Gottesgabe wie die Matrix selbst, damit ihr nie vergesst, wessen Kind ihr wirklich seid. Hört also auf, eurem Schöpfer den Rücken zu kehren und fremden Herren zu dienen, die euch als Sklaven halten und deren Heimat im kosmischen Raum ist. Sie haben erkannt, dass sie euch mit Angst klein halten, darum erhebt euch im Licht der Wahrheit eures Seins. Dann kann der Bauplan des Lichts wieder seine Tätigkeit aufnehmen und ihr erhaltet den Lichtkörper zurück, den ihr damals abgelegt habt. Diesen Lichtkörper benötigt ihr für den kosmischen Kreislauf der Liebe, daher müsst ihr dieses Lichtgewand wieder anlegen. Bittet darum, denn der Lichtkörper gehört zu den höheren Ebenen, von denen aus das Sein jetzt gesteuert wird. Das alte Ruder ist zerbrochen und bringt euch nirgends mehr hin. Diese Kanus drehen sich nun im Kreis des Strudels, der sie nach unten zieht. Lebt das Vertrauen der Liebe, die euch den neuen Weg vorgibt, den ihr nicht erkennen könnt. Daher seid ihr auf die höhere Führung angewiesen, der ihr nur im Vertrauen folgen könnt.

In der Ära der alten Energie standet ihr unter dem Licht der Verzerrung. Es ist ein gelbliches Licht in einem Winkel der

Licht Gottes

Schatten. Der Schatten jedoch seid ihr selbst, da sich der Schatten immer nur nach dem Objekt ausrichten kann, das diesen Schatten wirft. Eure imaginären Kämpfe sind Schattenkämpfe, wie Kinder, die sich Schattenspiele anschauen und einschreiten. Schatten existieren, damit du als Mensch sie dir ansehen kannst. Ein Schatten bedeutet, dass etwas nicht erkannt worden ist und der Erlösung wegen existiert. Um dieses zu erkennen, benötigst du Licht. Wenn der Schatten nun beleuchtet ist, existiert er nicht mehr und kann nicht mehr bekämpft werden. Wenn jemand seine Schatten bekämpfen will, dann nur deshalb, weil er sie nicht beleuchten will, aus Angst, er bekäme dort etwas zu sehen, was er nicht sehen will. Daher wenden sich viele ab von den Schatten, erklären sie als böse, damit sie bekämpft werden können, der Kampf also wieder aus Sicherheitsgründen legalisiert wird. Und schon steckt ihr wieder in der Falle, die andere oder ihr selbst für euch aufgestellt haben. Das Licht, das in der Gottesmatrix enthalten ist, wirft niemals Schatten, weil es aus einem heiligen Winkel heraus scheint. Seine Farbe ist blau-weiß und lässt das Sein in einem anderen Licht erscheinen. Euer bisheriges Licht ist ein Verschlusslicht, das eine Art Verdichtung vornimmt, während das Gotteslicht ein Öffner ist. Das Öffnerlicht setzt Energien frei, weil es sich mit der Gottesmatrix verbindet, um die dortigen Matrixanlagen hervorzuholen und freizulegen. Das bedeutet, dass sich die DNS gemäß dieser Lichtinformation neu ausrichtet und bestrebt ist, ihren vollkommenen Zustand zu erlangen. Es finden auf allen Ebenen Wiederherstellungen statt, die die Gottesmatrix freigibt, da sie selbst mit der Frequenz des Gotteslichtes übereinstimmt. Das Gotteslicht hält die Liebesfrequenz und ändert den Nährboden, der nun wieder die Früchte des Gartens hervorholt, damit sie reifen und neue Bäume zeugen. Das Gotteslicht ist ein Lebenslicht, das das Feuer der DNS entfacht, das wieder aufsteigt, um die Verbindung zu den höchsten Ebenen herzustellen. Bisher seid ihr in den unteren sieben Chakren gefangen, sodass euch diese Anbindung fehlt. Verbleibt also nicht dort unten, sondern fordert euer Recht an Vollkommenheit ein. Die Herstellung der Einheit ist euer Recht. Verzichtet auf keines eurer Rechte mehr, sonst werden sie euch genommen, weil der kosmische Raum davon ausgeht, dass ihr keinen Wert darauf legt. Die Essenz des Gotteslichtes ist schützend und informativ. Es lässt alles in dich einfließen, was dich erhebt und wieder zu dem macht, der du sein willst. Es eröffnet den Reigen der Wahrheit, die du annehmen solltest in der Erkenntnis, dass alles mit dir zu tun hat. An mehreren Stationen deines Weges wirst du befragt, ob du weitergehen willst. Analog zu deiner Entscheidung führt dich die geistige Welt. Der Weg der Erlösung führt zum Erlöser, mit dem du den weiteren Weg deiner Reise zurücklegst. Du trittst heraus aus dem Schattenkabinett, weil dein Schattendasein ein Ende gefunden hat. Das Gotteslicht entfaltet sich in dir, erst als kleinere Flamme, dann immer mehr und immer größer, so lange, bis du dunkle Räume erhellen kannst. Du bist gesehen und erkannt im kosmischen Raum, und der Strahl, der dich erhebt, ist nun auf dich gerichtet. Du kannst diesen Strahl nun reiten, um auf ihm die Weisheiten zu erhalten, die deine sind, um deinen Dienst aufzunehmen. Die Farbe des Lichtstrahls sind deine Frequenzen, mit denen du übereinstimmst. Lass dich nicht aufhalten, durch nichts und niemanden, sondern gehe deinen Weg. Nehme dabei auf die Lichtoffenbarungen, die dir zuteil werden. Da du nun die Frequenzen halten kannst, sendet dein Licht Informationen an die Systeme deines Bruders und deiner Schwester, die dafür dankbar sind, denn es bringt das Leben in Bewegung, sodass der Stillstand ein Ende hat. Du arbeitest nun intensiv mit deinem Zwilling, den du in deiner DNS bewusst wahrnimmst. Sei nicht ungeduldig, denn Ungeduld will dich immer aus dem Vertrauen ziehen auf die Seite der Gewalt des Erzwingenwollens. Bleibe gelassen in der Ruhe, denn nun sind andere Mächte am Werk, die dieses vollenden unter deiner Mitwirkung. Je mehr die DNS ihre vollkommene Tätigkeit aufnimmt, je mehr bist du es, der in die Ruhe geht, wohl wissend, dass für alles gesorgt ist. Je tiefer du in die DNS vordringst, desto mehr erkennst du, dass dein Reich nicht von dieser Welt ist und du dich nur mit der Welt befasst in dem Maße, in dem es wirklich sein soll. Du hältst dich so oft wie möglich im Licht auf, um das Gewand „El Shaddai“ (Teil der DNS) zu erhalten, das von Metatron vergeben wird. Er hat dich fest im Visier und wacht darüber, was du auf diesem Weg lebst. Auch wird er dich auffordern, alles abzulegen, was dir selbst noch im Wege steht, weil du es nicht erkannt hast. Er ist der Herr des Lichts, und jeder, der zum Licht will, bedarf seiner. Nun ist es an dir, Hüter des Lichts zu sein und dieses Licht in die Welt hinauszutragen und dennoch zu schützen. Ab hier wirst du der Macht des Lichts bewusst, weil du diese schon kennengelernt hast. Im wahren Gotteslicht öffnet sich die Matrix wieder und du erkennst deine Geschichte, deinen Pilgerweg durch die Zeiten. Das Licht ist nun eine Offenbarung, vorrangig eine Offenbarung des Göttlichen Willens. Frage nun nicht mehr nach dem „Wie“, sondern beginne immer zügig an der Umsetzung des Göttlichen Willens zu arbeiten. Die erste Tat und der erste Schritt setzen den Sog in Gang. Wenn du in der DNS wandelst, mag dir vieles noch nebulös erscheinen. Das gibt sich mit der Zeit. Die Schleier verziehen sich und die Klarheit ist dein. Nun erhältst du eine Ahnung von der Herrlichkeit des Lebens, die dir zusteht. Wenn du für das Neue Jerusalem bereit bist, wird es sich dir zeigen und die Pforten für dich öffnen. Metatron wird es sein, der den Weg freigibt oder auch nicht. Wenn du es bis hierhin geschafft hast, musst du dein Leben deshalb auf Erden nicht beenden. Es ist an dir, die Weisheit des Lichts wieder auf die Erde zu bringen und ein Wegweiser der Liebe zu sein. Dann ist es dir gegeben, eine Fackel anzuzünden, die die Weisheit des Lichtes offenbart und an der alle teilhaben können.

Bisher hast du als Mensch wie ein kleines Wesen in einem Ei gelebt, das ausgebrütet worden ist. In dem Ei denkst du, das sei die Welt, die dich umgibt, und alles, was existieren würde. Jetzt bist du in dem Stadium deiner Entwicklung, wo du die Schale des Ei's anpickst, bis du aus dem Ei geschlüpft bist. Nun erkennst du, dass es weitaus mehr gibt und andere Welten existieren, wie du es dir nie hast vorstellen können. Im Ei selbst war es dunkel und dein Blick war getrübt. Jetzt bist du der Schale entronnen und kannst dein Gefieder im Licht und der Wärme ausstrecken. Deine Entwicklung geht in das nächste Stadium. In der neuen Welt musst du dich erst zurechtfinden und lernen, deine Flügel zu benutzen, ohne deine Wurzeln zu vergessen. Das Licht leuchtet dir auf deinem Weg und ist dein neuer Führer, dem du folgen sollst. Dabei stehen dir Engel zur Seite, die deinen Weg begleiten. Die Engelmatrix ist das Licht des Vertrauens und Dienens, die Gottesmatrix ist das Licht des Schöpfers, das dich immer weiter erhebt. Einen Lichtkörper erhältst du, damit du das Göttliche Licht in unendlicher Weise aufnehmen und halten kannst oder, falls erforderlich, an bestimmten Orten eines Planeten oder Systemen deponieren kannst. Dieses Licht beschert dir eine Entwicklung auf allen Ebenen, auch körperlich, das nicht nur die Geistesgaben, sondern auch massive körperliche Veränderungen herbeiführen kann. Du wirst der Macht der Liebe Zeuge und Lehrer. Sein Reich ist nicht von dieser Welt, daher wird diese Welt verändert, damit sie wieder Licht wird und zurückkehren kann.

Das Neue Jerusalem

Das Neue Jerusalem ist die Matrix der Aufgestiegenen Meister. Diese haben sich selbst gemeistert und getan, was ihre Aufgabe war. Dieses Programm hält die Herrlichkeit des Göttlichen Seins auf einer Ebene, die dein Zuhause wird. Von dieser Plattform aus wirkst du in neuer Form mit neuen Aufgaben. Es ist eine goldene Plattform, die permanent eine Lebensessenz einfließen lässt und dich in einer Art Glückseligkeit trägt. Deine Geschichte wird völlig neu geschrieben, weil die Geschichte der Erde neu geschrieben wird. Es ist der Ort, wo du wieder in besonderer Form mit den Erzengeln und Mitgliedern der Großen Weißen Bruderschaft zusammen bist im Austausch dessen, was erforderlich ist. Planetare Meister unterweisen dich auf ihre einzigartige Weise, die ihnen eigen ist und die du verstehst. Atlantis war grandios, Lemuria war grandios auf eine andere Art und Weise, aber all das reicht nicht an das Neue Jerusalem heran. Das Neue Jerusalem ist eine Bruderschaft, die direkt der höchsten Ebene untersteht. Die Jerusalem-Bruderschaft hat sich gegründet mit dem Ziel, die Herrlichkeit Gottes in jedem Wesen sichtbar zu leben. Was das bedeutet, kann ein Mensch momentan nicht ermessen, nur erahnen aus der Erinnerung des ursprünglichen Seins. Der Plan Gottes ist nie fallengelassen worden, auch wenn es eine Zeitverzögerung durch Invasoren gab. Dieser Plan ist umso mehr gereift und hat neue Dimensionen angenommen. Dieser Herrlichkeit muss ein Mensch mit seinen Systemen gewachsen sein. Es bedarf einer stufenweisen Einführung. Und wenn diese Stufen genommen sind, dann wird erneut ein Bund geschlossen. Dieser Bund ist ein besonderer, da er mit besonderen Aufgaben auserwählter Brüder und Schwestern geschlossen wird, die bereit sind, alles hinzugeben und an nichts festzuhalten. Die großen Mutterschiffe stehen im Licht der Herrlichkeit, vielleicht erinnert ihr euch an sie, aber sie reichen bei weitem nicht an die Herrlichkeit des Neuen Jerusalem heran. Das Jerusalem-Programm ist ein Pilotprojekt des Lichts, und wir werden sehen, wie weit wir damit kommen. Dieses Programm ist legendär, weil allein die Möglichkeiten unendlich sind und die Gewölbe Pate stehen. Der kosmische Raum haucht diesen Begriff, um dessen Größe Achtung und Ehre zu erweisen. Die Allmacht des Lichts versammelt sich hier. Von hier aus werden wieder die Lichtakademien auf der Erde errichtet. Erinnert euch an die Lichtakademien Ägyptens im Orte On (Alexandria), Kairo und Elefantia (Edfou). Ihr Licht wurde mit den Plagen Ägyptens zurückgezogen. Dieses Licht und seine Akademien erstehen nun weltweit neu und lichtvoller als je zuvor, weil ihr das mit eurem Bewusstsein erschafft.

Der Orden Melchizedek nimmt wieder direkte Unterweisungen vor. Er beginnt mit seinen Mitgliedern, die er selbst zur Erde gesandt hat. Die Akademien von Nebadon werden wieder gut besucht sein. Das ist der Beginn.

All das und vieles mehr findest und wirst du durch deine komplette DNS. Und so wie Gott die Triade des Männlichen, Weiblichen und Geistigen ist, soll auch deine DNS als erstes diese Triade wieder herstellen. Das Geistige ist Bestandteil der Schöpfung und ist in der Matrix festgelegt. Es hat Priorität. Es berichtigt dein Sein, dein Denken, dein Handeln und lässt dich wieder zu dir selbst finden. Negiere also nicht eine geistige Welt, die großen Einfluss auf alles ausübt. Auch eine Hypnose ist ein Zustand, der geistig herbeigeführt worden ist und den Geist trüben und die Versuchsperson missbrauchen kann. So verhilft dir der Heilige Geist wieder zu der Klarheit, damit du Lichtträger bist und überhaupt erst das Licht erkennen kannst. Die Gottesmatrix offenbart dir das Bildnis, das hinterlegt worden ist, damit deine Zellen und Systeme sich danach ausrichten. Schau dieses Bild genau an und bitte Gott, das Seine dazu zu tun. Hier sind Fähigkeiten gefragt, die du als Mensch noch nicht beherrschst, darum lerne wieder, zu bitten und nicht mehr zu befehlen. Befehle gehören dem Stolz an und wenden sich von der Liebe ab. Die Bitte ist aus der Liebe, weil die Liebe der Liebe jeden Wunsch erfüllt. Je klarer du im Lichte der Wahrheit bist, desto beeindruckter bist du von der unendlichen Schöpfung, dessen kleiner Teil schon so beeindruckend ist, dass dir fast der Atem stockt. Im ersten Moment fühlst du dich durch die Invasoren hintergangen, und vielleicht macht sich Zorn breit. Lasse los und hadere nicht mit dem Schicksal. Wende dich nur noch Lösungen zu und lasse alles los, was dich hindern will, die absolute Liebe zu sein. Ein Leben ohne „Sein Licht" kannst du dir nun nicht mehr vorstellen und willst es auch nicht. Je mehr du zu dir selbst zurückfindest, desto mehr und leichter stellst du dich schützend vor die Liebe und hütest das Licht. Als Lichthüter bist du über die Lichtarbeit hinausgewachsen, denn diese diente dazu, das Licht zu finden. Der Lichthüter ist Träger des Lichts und immer und überall mit dem Licht verbunden. Er wird niemals dulden, dass das Licht angegriffen wird. Und je mehr das Licht in ihm lodert, desto mehr Geistesgaben entwickelt er. Thoth war in Ägypten in der Lage, sich in sein Krafttier, den Ibis, selbst zu verwandeln. Es gibt einen Ort in eurem Körper, von dem aus Verwandlungen geschehen können, wenn ihr dem Göttlichen seinen Raum gebt. Ein Grund mehr, in den Steinen Thoth oft als Ibis darzustellen, weil es eben so war. Und weil sich das Licht immer mit dem Licht verbindet, findet eine beschleunigte Entwicklung statt, die durch die Jerusalem-Ebene noch gefördert wird. Dort werdet ihr in eine Andacht gehen, die neu ist und die eure Systeme einnehmen wird. Es ist eine selbstbewusste Andacht des Göttlichen Lichts, das sich erhebt, um wieder zu erheben. Ein goldener Ort, an dem es keine Zeit gibt und im eigentlichen Sinn auch kein Ort existiert. Es wird zu einem ewigen Sein ausgeweitet, ein ewiges Sein im ewigen Jetzt, das immer die Schwingung der Glückseligkeit hält. Die Glückseligkeit schwingt im Besonderen aus Liebe zum Licht. Yawee wird dort einkehren, um persönlich wieder zu lehren, und euch an seinem großen Wissen teilhaben lassen. Seine Kinder tragen Weiß, und dieses Weiß wird leuchten in einer besonderen Art, mit jedem Kontakt heller und weiter. Er wird mit seiner Weisheit und Wissenschaft neue Kristallschädel, Wissenspyramiden und das Akasha der Schöpfung anreichern für die, die euch nachfolgen, um letztendlich ihm nachzufolgen. Die Plejaden, euer Stammbaum, trägt Früchte, die eingesammelt werden. Die Ernte ist reif.

Terra Mater

Ein neues Band der Liebe wird wieder geknüpft, diesmal auch auf Erden. Terra Mater verändert ebenfalls ihre DNS. Das bedeutet, dass vieles ans Licht kommt, was euch bisher verborgen war. Wahrheiten werden von der Erde freigegeben und aus ihren Verstecken gezerrt, die euch eurer Erinnerung näherbringen. An energetischen Orten der Welt bricht die Erde auf, denn alle Veränderungen verändern auch die Erdkruste. Funde werden erhoben, die euch wieder staunen lassen, denn das habt ihr schon fast verlernt. Ein staunendes Kind ist ein offenes Kind, offen für alles, was das Leben in seiner Fülle zu bieten hat. Darum staunt öfter mal wieder, über alles, das euch täglich begegnet. Wenn ihr bisher Ufos gesehen habt, dann kamen sie schnell und verschwanden ebenso schnell wieder. Ihr Aufenthalt war nicht lange. Habt ihr euch je gefragt, warum das so ist? Es ist eure Macht, die ihr in euch tragt, die ganze Universen erstehen lassen kann. Das ist euch Menschen gegeben, ohne dass ihr davon groß Gebrauch macht. Extraterristen können das sehen, wie machtvoll ihr seid, wenn ihr aus eurem Inneren schöpft. Leider macht ihr das äußerst wenig, vor allem wenig bewusst. Sie fürchten sich vor dieser Macht und messen die Lebenskraft, die euch innewohnt, daher kommen sie erst gar nicht nahe oder sind gleich wieder weg, ohne dass ihr sie gesehen hättet, auch wenn sie hinter euch stünden. Das pulsierende Leben, das die Erde und somit ihr in euch tragt, ist eine Schöpferqualität, die nicht allen im Raum gegeben ist in der massiven Weise. Daher werdet ihr als etwas Besonderes erkannt. Euer Sein ist machtvoll und von großer Bedeutung für den gesamten Raum. Staunt bitte einmal über euch selbst.

Wenn ihr nun noch die Helix der Plejaden und Lemuriens wieder miteinander verbindet und diese Stränge sich vereinen in der DNS, dann seid ihr wieder komplett. Lemuria war eine hochgradig spirituelle Gesellschaft, Atlantis eine eher mentale. Die Verbindung dieser beiden geriet ins Ungleichgewicht zugunsten von Atlantis, das dadurch dem Untergang geweiht war. Das Durchtrennen eurer DNS-Stränge hatte zufolge, dass man euch von eurem Stammbaum abgetrennt hat, der ohne den dritten Helix-Strang nicht aktiv war. Die Stränge Lemurias und der Plejaden bilden eine Triaden-Einheit. Ihre Fähigkeiten sind eure, die euch immer noch zur Verfügung stehen. Ihr habt gemeinsam auf Terra gelebt, verbunden in der Liebe und des Wohlwollens. Ihr seid daher die Wurzelrasse der Liebe, des Lebens und der Weisheit. Leider macht ihr von diesen göttlichen Attributen sehr wenig Gebrauch. Ihr versucht das Universum zu erkunden, ohne euch selbst zu erkunden. Ihr macht euch mehr Gedanken darüber, ob es einen Urknall bei der Entstehung des Universums gab, was nicht der Fall war, denn das Leben entsteht aus dem Kern heraus und umhüllt sich damit, als euch um eure eigene Entstehungsgeschichte zu kümmern. Wir sagten euch im ersten Buch P'taah, dass ihr in einem Universum der Halbspiralen lebt. Daher hat die Form eurer Helix eine gedrehte Spiralform. Diese Spiralformen sind nicht voneinander getrennt und nicht biologischer Natur wie eure biologische Basis. Daher kann die Trippel-Helix leicht wiederhergestellt werden, indem ihr darum bittet. Die Spiralen werden sich wiederverbinden und eine Neuordnung herstellen, die dem Triadensystem entspricht. Dies ist ein Weg, die Einheit wiederherzustellen, die das Gegenteil der Getrenntheit ist. Die Einheit jedoch war immer in euch vorhanden, weil euch diese auf geistiger Ebene niemand nehmen konnte. Daher ist es so wichtig, die geistige Ebene anzuerkennen und zu leben. Es ist ein fehlender Anteil, den ihr wieder integrieren müsst, indem ihr darum bittet. Der Heilige Geist ist für alle da, nicht nur für Auserwählte, jedoch entscheidet der Heilige Geist nach deiner Absicht, die du hegst. Eure plejadischen Väter und Mütter tragt ihr nach wie vor in euren Herzen, dort sind sie nie verlorengegangen. Die Kraft Lemurias ist nach wie vor lebendig in euch, das in der DNS zu Hause war und Großes vollbracht hat. Terra Mater stellt diese Verbindungen wieder her, was sich teilweise durch Chaos, Erdbeben, Vulkanausbrüche und auch Kriege zeigt. Die Wut der Bruderschaft der Finsternis ist maßlos, und je mehr sie sich aufbäumt, desto schneller geht sie unter. Ihre Kontrollen funktionieren bis in eure Wohnzimmer hinein, und es ist an euch, aktiv zu sein und mit Terra Mater Hand in Hand zu gehen, damit euer Weg wieder zurück in einen gesunden Zustand des Seins führt. Die Strukturen der DNS haben kristallinen Charakter, daher wurden auf Terra die Kristalle aktiviert. Jede Gegenläufigkeit wird in eine Gleichläufigkeit umgepolt, die ein gemeinsames Ziel hat. Das Ziel ist die Wiederherstellung eures ursprünglichen Zustandes. Euer ursprünglicher Zustand ist der Adam Kadmon, der das Bildnis ist, das in der Gottesmatrix enthalten ist. Adam Kadmon hat den Lichtkörper der Melchizedek-Ebene getragen und war mit dem höheren Kreislauf verbunden. Seine Attribute waren die Weisheit, die der Mensch verloren hat, wie auch die Unsterblichkeit, die euch genommen worden ist, damit die Seele reifen kann, und letztendlich die Herrlichkeit, die ihr ausstrahlt als reine Lichtemanation der Gottesmatrix. Ihr habt die Macht und die Möglichkeit, diesen Urzustand wiederherzustellen, um wieder die Krone der Schöpfung zu sein. Keter (Krone) zu erlangen, ist eines der höchsten Güter, die der Mensch anzustreben hat. Terra Mater unterstützt euch bei diesem Anliegen, weil die Zeit reif dafür ist. Ihr dürft wieder träumen, darum erwählt die kühnsten Träume, die euch möglich sind. Beschränkt diese Träume nicht auf euer kleines Sein eines Mietshauses, sondern greift mit euren Träumen nach den Sternen, findet, was ihr wissen solltet, und dann geht los, es zu leben. Keter ist die Krone am Baum des Lebens auf der Ebene der Seraphim und Cherubim und betrifft die Kette der höheren metaphysischen Sphären. Hier bist du aufgerufen, wieder teilzuhaben an den verborgenen Weisheiten, die dem Menschen mit niederem Bewusstsein verborgen und unverständlich sind. Du bist als Krone der Schöpfung ausgerufen. Die Krone wird für die Meisterschaft verliehen. Die höchste Krone ist die Königskrone, in der der Mensch selbst wieder königlich ist und die Krone der Schöpfung darstellt. Auf dem Weg dorthin lebe dein Mitgefühl für die gesamte Schöpfung. Ohne dieses Mitgefühl wirst du die höchste aller Kronen nicht erreichen. Die Keter-Ebene ist die Ebene der Farblosigkeit, bevor sich der Lichtstrahl in den darunter liegenden Ebenen in den verschiedenen Farben bricht. Wenn du selbst wieder die Wurzel bist, repräsentierst du die erste Ursache. Der Baum des Lebens steht auf dem Kopf, seine

Adam Kadmon

Wurzeln sind oben, die Zweige unten. Und so wird verständlich, dass nur wenige unter diesem Feigenbaum Platz haben und sitzen werden, weil sie eben diese Entscheidung treffen. Solange dieser Baum besteht, existiert die Schöpfung.

Sündenfall

Adam Kadmon war noch ein androgynes Wesen, während Adam und Eva die Polaritäten des Männlichen und Weiblichen darstellten. Die Vertreibung aus dem Garten Eden geschah durch die Frucht des Baumes der Erkenntnis. Erkenntnis wollte der Mensch erlangen, indem er in das Reich von Gut und Böse hinabstieg. Das hatte die Trennung (Vertreibung) der Einheit des Gartens Eden zufolge und die vermeintliche Trennung von Gott, dessen inniger Austausch für den Menschen nicht mehr wahrnehmbar war. Somit war die Frucht vom Baum des Lebens verwehrt, denn der Mensch hatte das ewige Leben oder seine Unsterblichkeit verloren. Die Trennung war auch eine Trennung der DNS-Stränge, was ein polares Leben ermöglicht hat. Der Baum des Lebens ist in euch, und ihr solltet beginnen, nach diesen Früchten des Lebens zu suchen. So solltet ihr nach dem streben, was euch genommen worden ist, die Unsterblichkeit, die Weisheit und die Einheit. Die Erkenntnis diente, euch selbst zu erkennen, wenn ihr hingesehen habt, was meist nicht der Fall war. Wie viel Erkenntnis benötigt ihr noch? Der Baum der Erkenntnis ist abgeerntet, also wendet euch dem Baum des Lebens zu. Hier ist das Wissen, das als das geheime Wissen bezeichnet wird, gelagert, wofür ihr den Zugang zum Baum des Lebens benötigt, den ihr ohne das geistige Reich und den Heiligen Geist nicht erlangen könnt. Solange ihr wie ein Eichhörnchen seid, das den Baumstamm nach oben und nach unten abläuft, kehrt ihr immer wieder zurück. Erst wenn ihr bereit seid, in die Essenz des Baumes einzudringen, das heißt, in das Innere des Baumes zu gehen, findet ihr das ewige Leben.

Bisher wurde die Erde immer wieder durch zwei Elemente zerstört, nämlich Wasser und Feuer, und das in regelmäßigen Abständen. Diesmal könnt ihr es besser machen. Es liegt an euch. Gott aus seinem Leben zu verbannen, ist eine große Sünde. Den Weg nicht zu nehmen, der dich wieder mit Gott verbindet, ist die weitaus größere Sünde. Es ist die Zeit des Weiblichen und der nährenden Liebe. Daher schaut auf euch selbst und überhäuft euch endlich selbst mit Liebe. Die Liebe hat das Bedürfnis, sich mit Liebe zu verbinden. Einen besseren Zeitpunkt könnt ihr nicht wählen.

Im Baum des Lebens ist in der heiligen Geometrie der Davidstern enthalten, der die obere Welt mit der unteren Welt verbindet. Erst wenn diese beiden göttlichen Dreiecke zusammengefügt werden und einen Stern ergeben, ist die geistige Welt mit der materiellen Welt verbunden. Achtet also auf dieses Zeichen. Die materielle Welt ist ein Abbild der geistigen Welt, also zeigt sich alles Geistige im Materiellen. Daher sind Geist und Materie nicht trennbar. Du kannst mit jeder Materie kommunizieren, wenn du sie befragst und den Kontakt zu ihr aufnimmst. Sie wird ihr Wissen mit dir teilen. Wenn du also den ineinandergesteckten Stern siehst, dann hast du zwölf Ecken, die auf die zwölf Stämme Israels hinweisen, und in der Mitte das Sechseck. Die Zahl sechs ist die Zahl der Begrenzung und des Menschen, die mit den zwölf Stämmen in geistiger Hinsicht oder auch Planeten in Wechselbeziehung steht. Die zwei großen Dreiecke ergeben die sechs kleinen Dreiecke im äußeren Ring, sodass das innere Sechseck das siebente Feld darstellt. Diese heilige geometrische Form ergibt ein Zusammenwirken in Harmonie, weil allein die Anordnung schon gleichförmig, also harmonisch ist. Lebe also das innere Geistige mit dem materiellen Äußeren und erkenne es als eine Einheit, obwohl alles Frequenz ist, die nur in verschiedenen Sequenzen schwingt. Durch die Polarität erkennt die Finsternis das Licht und das Licht die Finsternis. Erhebe dich darüber und nimmt den übergeordneten Pol ein, der sich weder mit der einen noch der anderen Seite verbindet oder identifiziert. Das, was du verurteilst, bekämpfst du, wenn du in der Polarität verbleibst, weil du immer einen Standpunkt einnimmst, den du verteidigst. Vergiss nicht, dass man Standpunkte jederzeit wechseln kann. Wozu also der Kampf? Die Keterebene ist die farblose Ebene, auf der es keine Getrenntheit gibt.

Wenn du es schaffst, in deiner DNS aktiv zu sein, dann wirst du mit deinen Anteilen konfrontiert. Das sind alle Seinsformen, die von dir auf verschiedenen Ebenen existieren. Deine Aufgabe ist es, diese zu belichten, wenn du das Licht in dir trägst. In diesen Energiefeldern wird dir einiges begegnen, das deiner Hilfe oder Erlösung bedarf. Die Erkenntnis hört hier nicht auf, aber nimmt einen anderen Stellenwert ein als auf den niederen Ebenen. Das Thema loslassen hat hier Priorität. Daher ist die Abgrenzung der Liebe ein besonders wichtiger Standpunkt, den du hier einnehmen solltest. Je höher du dich in den Energien bewegst, desto feiner werden sie und desto mehr und leichter fließen sie ineinander. Auch wenn sie niemals getrennt sind, kannst du ein Energiefeld aufbauen, das aus Liebe und Licht ist. Für die Reinerhaltung bist du zuständig, denn es ist dein persönliches Energiefeld. Die Klarheit nimmt ebenfalls eine besondere Position ein, denn an dieser Klarheit solltest du festhalten, um dir selbst Halt zu geben. Diese Klarheit wird oft getestet, denn jede Energie versucht dich noch nach wie vor auf ihre Seite zu ziehen oder in deinen alten Zustand zurückzuholen. Hier kannst du Erkrankungen begegnen, die dich seit langem plagen, weil sie auf einer höheren Ebene angesiedelt waren bzw. dort abgelegt worden sind. Heilung hat immer auch mit Erkenntnis zu tun,

Klarheit

nämlich dem Erkennen, was die Disharmonie hervorgerufen hat. Oftmals wirst du Mut brauchen, denn die Energien der DNS führen dich in Situationen des ewigen Bestandes. Ewig deshalb, weil sie von dir bisher nie geändert wurden. Hier bist du mit Wesen zusammengetroffen, die du nicht als schön empfindest und die dich gepeinigt haben. Jetzt hast du die Chance der Erlösung, wenn du sie denn wahrnimmst. Je klarer und reiner du dich durch deine eigene Befreiung machst und die Erlösung wiederherstellst, desto mehr Licht kannst du halten. Ihr merkt spätestens hier, dass sich der Begriff Lichtträger von dem Begriff Lichtarbeiter weit unterscheidet. In diesen Energien bist du immer auf die Hilfe deines Höheren Selbstes angewiesen, um dich zurechtzufinden. Es ist Neuland, das du betrittst, obwohl es dir vertraut ist, da es dich mit anderen Galaxien zusammenbringt, in denen du heimisch bist. Weder Zeit noch Ort können dich aufhalten, weil in der DNS alles ewig gegenwärtige Energie ist, in der du dich bewegst. Da alles gegenwärtig ist, solltest du klar und rein sein, sonst wirst du immer wieder mit dir selbst konfrontiert, der Erlösung wegen. Auch hier wird euch klar, dass niemand eure Probleme wegzaubert, wenn ihr selbst nicht aktiv seid. Sucht euch zumindest jemanden, der diesen Zugang hat und euch behilflich ist, wenn ihr die Klarheit besitzt, welchen Weg ihr einschlagen wollt. Bisher habt ihr nur eine klare Entscheidung treffen sollen, hier aber werdet ihr viele Entscheidungen treffen müssen, daher ist eure Klarheit von großer Bedeutung. Wenn ihr diese Klarheit nicht habt, seid ihr wieder in einem verzerrten Zustand. Hier solltet ihr abwarten, bis ihr wieder klar seid, und dann erst euren Weg weitergehen. Klarheit beginnt immer mit der Klarheit einer Entscheidung, die ihr trefft. Da eure Strukturen die Strukturen eines reinen Kristalls einnehmen wollen, solltet ihr einen diamantenen Königsschliff tragen, damit eure Strahlkraft ungehindert das diamantene Feuer sprühen kann, sonst enthält euer Diamant dunkle Flecken, die für alle erkennbar sind. In all diesen Energiebereichen stellt ihr sozusagen den Mittelpunkt dar, von dem aus die Veränderungen stattfinden können. Ihr habt die Begrenztheit und tragt dennoch die Grenzenlosigkeit in euch. Diese Grenzenlosigkeit enthält auch die Möglichkeiten, alle Seinsformen zu verändern, damit ihr insgesamt lichtgeflutet werden könnt. Haltet mit eisernem Willen an eurer Klarheit fest und beabsichtigt, wieder der oder die zu sein, die ihr in höchster Form darstellt. Dann strebt diese höchste aller Formen an, von der ihr hier am weitesten entfernt seid und dennoch nur hier die große Möglichkeit der Vereinigung habt, da sich die Liebe immer mit der Liebe verbindet. Hört endlich auf, die Liebe zu euch von den vielen Kleinigkeiten abhängig zu machen, die man euch einreden will, oder gar von der Bewunderung und Anerkennung anderer. Bewundert werden meist die Schurken, wegen der Dreistigkeit und Kälte, mit der sie vorgehen. Die Liebe ist in der Geschichte der Existenz nie bewundert worden. Entweder ist sie gelebt worden oder aber sie war so heilig, dass sich niemand an sie herangetraut hat. Das Schurkische wird gebrüllt, das Heilige gehaucht. Euch fehlt unendlich viel Klarheit schon im Alltag, und es ist für euch nicht leicht, die fehlende Klarheit auf dieser Ebene zu finden. Ihr seid immer sehr vorschnell mit euren Urteilen, weil sie nur aus eurer ureigensten Sicht getätigt werden. Wenn ihr endlich die übergeordnete Position einnehmen würdet, hättet ihr zumindest verschiedene Blickwinkel und ein umfassenderes Verständnis. Spielt mal Detektiv und fragt euch, warum vieles für euch „so selbstverständlich" ist. Klarheit zu erlangen, ist nämlich nicht so einfach, wie viele es darstellen, weil die Klarheit meist hinter der Verzerrtheit zu finden ist. Wer die Verzerrtheit nicht durchdringt und die Klarheit nicht sucht, findet sie auch nicht. Ihr aber lebt in einer verzerrten Welt, einer Zeitschleife mit einer entsprechenden physikalischen Weltraumkrümmung, damit ihr diese Möglichkeiten habt. Sie wurde erschaffen, damit ihr spielen und lernen, euch selbst als Schöpfer erfahren könnt, bis hin zum Experiment der Amnesie, aus der es auszusteigen gilt. Eine Amnesie ist eine Störung der Erinnerung, die euch ja fehlt und die euch die Klarheit bringt, wer oder was ihr wirklich seid. Euer Gedächtnis wurde euch genommen, das bedingte das Experiment. Um zurückzukehren zur Wahrheit, müsst ihr zwangsläufig die Klarheit anstreben, die euch zu einem gesunden Zustand zurückbringt. Der Weg zurück beginnt in euch, nicht außerhalb. Ihr könnt diese Wege verknüpfen, die Wahrheit aber werdet ihr nur in euch finden. Das Gedächtnis ist bei einer Amnesie gestört, daher lernt ihr auch so schwer und linear im Außen, und wenn ihr das Erlernte nicht laufend benutzt, ist es wieder weg. Die Erkenntnis, dass es sich hier um Verzerrungen handelt, bringt euch nur die innere Welt. Tief in euch drin wisst ihr das. Wenn ihr euch verkleidet und die Identität eines Schauspielers annehmt, dann seid ihr deshalb nicht die Person, die der Schauspieler darstellt. Er ist ein Darsteller verschiedener Rollen mit verschiedenen Charakteren, obwohl der Schauspieler selbst ein ganz anderer ist. Wenn er nicht aufpasst, kann er sich in seinen Rollen verlieren und sein eigentliches Sein vergessen. Jedoch wird er sich immer wieder finden, wenn er es will. Daher entscheidet euch immer für die Klarheit und fordert diese ein. Amnesie entsteht durch ein Sich-getrennt-fühlen mit verschiedenen Einflüssen, die auf das Gehirn wirken, das entsprechend reagiert. Euer Gehirn jedoch ist nicht der Träger eurer Erinnerungen, sondern das Bewusstsein, das mit der DNS gekoppelt ist. Solange ihr versucht, mit eurem Verstand euer Leben allein zu regeln, haltet ihr die Tür des Bewusstseins fest verschlossen.

Eure DNS wird darauf reagieren. Sie weiß, wann man ihr die Tür vor der Nase zuschmeißt. Dennoch sagten wir euch, dass es eine Tür gibt, die nie verschlossen wurde, damit ihr den Weg findet, der euch wieder in eure Ganzheit bringt, denn die Einheit beginnt nicht im kosmischen Raum, sondern in euch und mit euren Anteilen, also euren verschiedenen Wesenheiten, die alle zugleich existieren. Sie sehen zwar unterschiedlich aus, haben verschiedene Erfahrungen gemacht, dennoch sind sie Bestandteil eurer Ganzheit, die sich aus der Verschiedenheit eurer Seinsformen zusammensetzt. Sammelt diese Weisheiten ein und verbindet euch, wenn ihr euch liebt. Akzeptiert, was ihr vorfindet, sonst geht ihr nicht den nächsten Schritt. Empfindet Mitgefühl mit euch selbst, damit eure DNS reagiert und neue Seinsebenen eröffnet, die ihr betreten könnt. Bereichert euch selbst, indem ihr euch findet und verbindet. Ihr strebt zwar nach den höchsten Gütern, aber den Weg dorthin wollt ihr nicht nehmen, weil es zu anstrengend ist. Es ist eure Entscheidung, die wir respektieren. Diejenigen, die weder Mühe noch Zeit scheuen, denen sei geholfen auf ihrem Weg, denn es ist ein Weg des Lichts, weil sie das Licht einsammeln und Erleuchtung erhalten. Erleuchtung zieht den Lichtkörper an, denn das Licht findet das Licht, immer und überall. Licht strahlt immer dort, wo Klarheit ist, weil es in seinem Sein nicht behindert wird und weitere Verbindungen eingehen kann, damit die Lichtcodes geöffnet werden, die wie Zünder oder Katalysatoren funktionieren und dein Bewusstsein mit Weisheit anfüllen. Das Bewusstsein des Lichts hat immer die Erinnerung gehalten und nie verloren, weil das Licht geschützt ist. Daher ist eure Lichtwerdung wichtig, um zu euch selbst zu finden. Wenn ihr euch verschließt, was viele tun, wenn etwas Neues auf sie zukommt, dann könnt ihr nicht mit Licht geflutet werden und es nicht aufnehmen. Licht aber ist der Transformator des Bewusstseins, der euch zu den Informationen führt, die ihr braucht. Du allein entscheidest, was du bist und je werden willst. Diese Entscheidung nimmt dir niemand ab. Darum entscheide dich in aller Klarheit für das höchste Gut, das du als Mensch erlangen kannst. Lege ab die Rollen, von denen du glaubtest, sie seien dir auf den Leib geschrieben, die nicht den Beifall als heroisches Opfer gebracht haben und deren Aufführungen karg besucht waren. Lass dich nicht beeindrucken von dem Schurkentum der Grausamkeiten, das die Liebe verlacht. Hier und jetzt geben wir euch Brief und Siegel, dass es sich zeigt, wer den Sieg in der Tasche hat. Darum seid euch im Klaren, wen oder was ihr bewundert. Fordert diese Klarheit jeden Tag neu und lasst euch dabei auf keine Kompromisse ein. Kümmert euch um euch selbst und geht unbeirrt euren Weg. Es ist die wichtigste Zeit, die euch zur Verfügung steht.

Schöpfertum

Die Gottesmatrix ist absolut klar und rein und grenzt sich von allen Verunreinigungen ab. Sie zu erlangen, ist das Ziel. Ohne die Gottesmatrix kann ein Mensch sein Schöpfertum nicht leben, sei es auf Erden oder in einer anderen Wohnung des kosmischen Hauses. Die Verbindung mit der Gottesmatrix setzt den Geist Gottes frei, der wieder in seiner uneingeschränkten Macht walten kann. Es wird Momente geben, wo ihr vielleicht wieder mit Gott hadert, aber bleibt dennoch auf eurem Weg. Duldet keine Zweifel, weil der Zweifel euch wieder entzweien will. Vertraut eurer Führung, auch wenn ihr es nicht versteht. Die Einheit mit der Gottesmatrix ist die Vereinigung mit dem Schöpfer auf Erden, so wie Jesus Christus sie erlangt hat. Dazu ist er aufgestiegen, denn diese Vereinigung kann nicht auf niederen Ebenen erfolgen, sondern ist nur auf höheren Ebenen möglich. In den höheren Ebenen ist die Wahrheit und Klarheit zu Hause, daher ist nur hier eine reine Vereinigung möglich. Vereinigen kann sich, was zusammengehört, daher strebt nach dem Höchsten. Die Absicht, die Gottesmatrix zu erlangen, sollte die Liebe und Hingabe an Gott sein und nicht der versteckte Wunsch nach Macht und Selbstdarstellung. In dem Fall bleibt dir die Gottesmatrix verwehrt, weil du dich noch auf der Bühne der niederen Ebenen aufhältst und deinen Applaus brauchst. Diejenigen, die Beifall erheischen wollen, spielen immer fremde Rollen, weil ihr eigenes Sein ihnen nicht gut genug ist. Wenn du aber dir selbst nicht gut genug bist, warum sollte Gott dir einen höheren Wert beimessen, als du es selbst tust? Wenn du dir nichts wert bist, ist Gott dir nichts wert, der dich erschaffen hat in der Vollkommenheit deiner Seinsformen, deren Quintessenz du bist. Ein Licht ist sich immer seiner selbst bewusst, daher lebt es das Selbst-Bewusstein und bedarf keines Beifalls, denn es ist der natürliche Zustand, auf den ein Wesen ein Anrecht hat. Dazu aber musst du die Reise zu dir selbst wieder antreten, um dich zu finden in der Klarheit, die du bist. Dein Sein ist allumfassend, wie es immer war. Viele scheuen sich, diesen Anblick zu ertragen, weil er so lichtvoll ist und der Mensch sich dann wie ein Staubkorn im gesamten Raum und seiner Herrlichkeit beraubt fühlt. Dennoch gehe über dein individuelles Sein hinaus und trete ein in dein Lichtbewusstsein und erkenne, dass du es bist, der die Rolle erwählt hat, und nicht Gott dich damit gestraft hat. Ausgenommen sind diejenigen, die eine bestimmte Inkarnation auf sich genommen haben, damit sie zu einem bestimmten Zeitpunkt inkarnieren konnten, um wertvolle Aufgaben zu erfüllen. Auch sie haben gehadert. Nur mit dem Schicksal zu hadern, hat keinen Zweck. Es war deine Wahl, die du einst getroffen hast, daher kannst nur du es wieder ändern. Dass du es ändern kannst, ist Teil des Schöpfertums. Schöpfertum bringt immer neues Leben und erschafft aus der Fülle der Möglichkeiten. Der Weg ist von oben nach unten. Die Grausamkeiten der niederen Ebenen stellen sich gegen das Leben. Sie erschaffen nichts, sondern nutzen das Vorhandene für ihre Kontrollen, um die sogenannte Macht zu halten, in dem sie euch in der Verzerrung belassen. Diejenigen, die sich aber gegen das Leben stellen, denen verschließt sich die DNS, deren einer Teil ihrer Aufgabe es ist, für das Leben zu sorgen. Daher wird Schöpfertum nie allein entschieden, sondern geht von Gott aus, dem du dienst und dessen Willen du lebst, damit sich seine Schöpfung zeigt auch in der Materie. So ist den niederen Geistern der Weg zum Neuen Jerusalem verschlossen, denn sie werden nicht die Früchte vom Baum des Lebens genießen können, da sie sich dagegen entschieden haben. Die Kontrollen engen das Leben ein und dulden keine Entfaltung, das Universum aber geht auf Ausdehnung, der die Entfaltung und Entwicklung zugrunde liegt. Ein Sklave, der Gehorsam lebt, hat keine Entfaltung. Sein Leben ist ausnehmend begrenzt und unfrei. Und solange du dir selbst sagst, dass du etwas musst, solange folgst du den Befehlen der verborgenen Eminenzen, die in deinem Unterbewusstsein hinterlegt wurden. Die Finder der Gottesmatrix kennen nur eine Autorität und die ist bei Gott. Für das niedere Bewusstsein ist das ein Schlag ins Gesicht, denn hier werden der Herrschsucht Grenzen gesetzt. Jesus Christus hat nur die Gesetze und den Willen des Vaters anerkannt und ist seinem Willen gefolgt. Darum legt ab das Rom, das ihr immer noch in euch tragt, und macht Platz für das Neue Israel des Lichts.

Als Menschen habt ihr die Möglichkeit, Bücher in materieller Form oder esoterischer Form zu lesen. Das hängt von dem Bewusstsein des Lesers ab. Heilige Bücher in materieller Form zu lesen und den Wortlaut zu befolgen, erzeugt Irrglauben und Fanatismus, dem immer unschuldiges Blut anhaftet. Bücher in esoterischer Form zu lesen, öffnet das Bewusstsein zu neuen Ufern, Weisheiten und Erkenntnissen. Es bewegt die Energien der DNS, die immer bereit ist, euch auf dem Weg zur Gottesmatrix zu unterstützen. Die DNS ist sich der Ursprünglichkeit immer bewusst gewesen, und es ist Teil ihrer Aufgabe, euch wieder die Wege zu ebnen, damit ihr in euer Schöpfertum gelangt.

Materielle Trostlosigkeit

Das, was euch so zu schaffen macht, ist ein trostloses Leben, das euch durch den Materialismus in seiner gierigen und vernichtenden Form gefangennimmt. Es ist ein unerkannter Virus, der seinen epidemischen Vernichtungsfeldzug schon lange begonnen hat und der die Selbstzerstörung des eigenen Lebensraumes zur Folge hat. Die Invasoren kamen einst, weil ihr Lebensraum vernichtet wurde und sie auf der Suche nach neuem Lebensraum waren. Das Virus der Gier steckt in ihnen, und wohin sie auch gehen im kosmischen Raum, vernichten sie Planet um Planet wie die Heuschrecken, die über Gebiete herfallen und ein Tal der Trostlosigkeit hinterlassen. Sie infizieren das Leben mit ihrer Gier, damit alle dem Materialismus folgen, der in der geistlos gelebten Seinsform das Begrenzteste im gesamten Raum ist. Das ist der Stand auf Erden, gepaart mit Waffen, die das Leben unter den Besatzern gefügig halten sollen. Das ist eine der niedersten Ebenen des Bewusstseins, wo das Bewusstsein weder erkannt und noch gelebt wird. Ihr aber wisst es besser. Die Welt bedarf einer Heilung, denn die Trostlosigkeit hat zum Ziel, euch infiziert zu halten und euch schuldig zu fühlen. Die Banken haben euch arm gemacht, dann hat der Staat euer Geld zur „Rettung der Banken“ genommen, um euch nun Haus und Hof zu nehmen und euch erneut zu enteignen. So seid ihr nun zweimal enteignet worden. Die damit verbundene Wut und Trostlosigkeit hält euch gefangen in dem viralen Pol der Vergeltung und des Hasses. Es ist Zeit, euer Bewusstsein zu erheben, um diese Machenschaften zu erkennen. Wenn ihr sie denn erkennt, wisst ihr, wie ihr euch davon heilen könnt.

Lemuria hatte noch ein umfassendes Bewusstsein, das Himmel und Erde miteinander verbunden hat. Es war sehr naturbezogen. Erst der Zusammenschluss mit Atlantis hat es ermöglicht, tiefer in die Materie hinabzusteigen und der Materie direkt Formen zu geben. Damit aber war der Virus der Macht geboren, der sich mit dem Virus der Gier vereinigt und so mit einem Mutanten den Vernichtungsakt eingeleitet hatte. Ein Leben in der Form der Materie, wie ihr sie vorfindet, war von den Söhnen des Lichts nicht geplant, dennoch im Bewusstsein vorhanden, sodass es sich in der Natur zeigen musste. Die erste Materie war so fest, dass ein weiterer Aufstieg fast unmöglich war, daher wurde sie vernichtet und eine zweite, leichtere geschaffen, die dennoch gefallen war, damit der Virus erkannt werden sollte. Materie wurde immer mit Macht infiziert auf niederen Ebenen, denn das Erste, was der Mensch beherrschen wollte, war die Natur samt Materie, anstatt sie als Bestandteil des eigenen Lebens zu erkennen, denn du selbst bist Natur. Daher bedeutet die Vernichtung der Natur die eigene Vernichtung mangels Erkenntnis dieser Wahrheit. Daher hat ein Tier dir um vieles mehr zu geben als das Gros der Menschheit, weil ein Tier mit der Natur lebt als Einheitsverbund. Das Ausbeuten und Vernichten der Natur führt in den trostlosen Zustand, weil jedes Argument, was euch gegeben wird, warum die „Wirtschaft“ notwendig ist, tief in euch entlarvt wird. Die Gier ist grausam und lieblos, und es ist die Lieblosigkeit, die die Trauer in euch hervorruft, wohl wissend, dass ein Trost hier nichts bewirken kann, denn der Trost bezieht sich wieder auf materielle Güter und hat mit dem eigentlichen Leben nichts zu tun. Daher seid ihr konsumhörig, was sich in Müllbergen wiederfindet, weil das, was ihr konsumiert, genauso trostlos ist wie die Gier selbst. Würdet ihr euch mehr um euer Bewusstsein kümmern, dann hättet ihr andere Forderungen an das Leben.

Macht mit mir eine kleine Reise und seht euch im kosmischen Raum schweben, wie ihr auf die Erde zufliegt. Ihr könnt sie schon sehen als ein strahlendes Juwel, das voller Leben pulsiert. Ihr kommt näher und näher, bis ihr sanft auf ihr landet. Ihr befindet euch ganz allein auf diesem Planeten. Was ist euch wichtig? Bittet darum, dass es euch gezeigt wird, ***Jetzt!***

Das Amnesie-Programm lebt ihr, damit Heilung eintreten kann. Heilung wird aber immer auf höheren Ebenen des Bewusstseins vollzogen, weil es nur dort die Antworten gibt, die man sucht, gepaart mit der Erkenntnis, dass es nichts Getrenntes gibt. Nur weil man euch das Gefühl der Getrenntheit vermittelt hat, gibt es sie dennoch nicht. Eure Väter auf den Plejaden haben damals die anstehenden Veränderungen auf ihrem Planeten erkannt und ihren Samen weitergetragen zu euch, als Erben der Liebe. Das System der Plejaden hat sich weiterentwickelt und daher das Angesicht verändert in eine weitaus geistigere Form. Planeten und Völker mit einem höheren Bewusstsein setzen die Materie zum Wohlergehen aller ein. Sie ahnden jedweden Missbrauch und vermeiden ihn, wenn möglich im Ansatz, in dem Wissen der sonst entstehenden Selbstschändung. Eins mit der Natur und der geistigen Welt, erschaffen sie Wunder und haben eine weitaus größere Entwicklung, da ihre Absicht die Liebe ist. Die Liebe zum Leben, zur Natur und die Festlegung des Wohlergehens aller, inklusive des Planeten, der ihnen Heimat bietet, ist festgeschrieben und Gesetz. Ein freundliches Miteinander, das auf das Wohl aller bedacht ist, gewährt ihnen einen Wissensaustausch auf anderen Ebenen, weil diese Errungenschaften ebenfalls nur zum Wohle aller eingesetzt werden. Diese Erfindungen nehmen kein Ende, weil die Kreativität als Bestandteil des Lebens ausgekostet wird. In Trostlosigkeit wird die Kreativität erstickt. Sie befindet sich sozusagen in einer Art Zwangsjacke deshalb, weil sie hervorgezwungen wird, um bestimmte Erfindungen zu machen, die wiederum dem Materialismus dienen und ihn fördern sollen. Kreativität ist aber ein enormer Kommunikator der DNS als der weibliche Anteil der wissenschaftlichen Forschung des Lebens, weil sich diese Art der Kreativität mit der Schönheit des Lebens verbindet und im Außen zeigt, während die düstere Trostlosigkeit des Materialismus eure Leblosigkeit widerspiegelt. Die DNS öffnet sich der Kreativität, verschließt sich aber der Gier des Materialismus und hält die Begrenzung aufrecht. Je länger ein Virus wüten kann, desto fortgeschrittener ist die Krankheit und bedarf einer intensiven Heilung. Heilung setzt immer ein, wenn sich das Bewusstsein ändert und die DNS wieder den Weg freigibt. Das Bewusstsein kann sich ändern, indem man akzeptiert, dass es ein krankhafter Zustand ist, abgewandt von der Gesundheit und Ganzheit eines Lebens. Das zu erkennen, setzt gute Heilungschancen in Gang. Wenn nun etliche behaupten, sie seien gesund, und behaupten, dass eben das Leben so wäre, dann ist die Krankheit in einem fortgeschrittenen Stadium. Nur weil ihr nichts anderes kennengelernt habt, heißt das nicht, dass etwas Besseres nicht existieren würde. Und wenn ihr recht hättet, würdet ihr nicht ständig die Sehnsucht nach einer besseren und gerechteren Welt in euch tragen. Solange diese Sehnsucht in euch Raum hat, bedarf es nur eines Schrittes zur Umkehr in einen gesunden Zustand.

Je mehr sich das Bewusstsein in dir und somit analog in deiner DNS verändert, je mehr bist du dir deines Einflusses auf die

Welt bewusst. Nun beginnst du endlich, dich nicht mehr als Opfer derer da draußen zu fühlen, sondern krempelst die Ärmel hoch und gehst in deine Schöpferkraft. Bedenke hierbei, dass die DNS sehr wohl auf dich reagiert, wenn du nur für dich eine Welt deines Holons erstellst oder die Tatkraft für den göttlichen Willen nutzt. Der Rest lebt insgesamt den göttlichen Willen, während nur ihr hier in diesem Quadranten den freien Willen habt. Daher überlege wohl, was du dir erschaffst. Auf den eigenen Willen nicht zu verzichten und sich daran festzuklammern, bedeutet die Abgewandtheit von Gott. Der Missbrauch des eigenen Willens war der Auslöser dessen, was ihr heute hier vorfindet. Wenn du den göttlichen Willen lebst, bist du im Verbund der lichtvollen Einheit. Eure Angst, dass Gott euch eure Bequemlichkeiten nehmen würde, ist unbegründet. Allerdings seid ihr gefordert, und das in aller Unerbittlichkeit, eure Aufgaben wahrzunehmen, wenn ihr euch dafür entschieden habt. Ihr unterschreibt auf eurem Planeten auch keinen Arbeitsvertrag, um dann diese Tätigkeit nicht aufzunehmen, sondern zu Hause zu sitzen und dennoch ein Gehalt zu erwarten. Warum sollte es in Gottes „Firma“ anders laufen? Ihr würdet sehr schnell eure Kündigung erhalten, und dann war es das. Macht euch bewusst, dass ein Lichtträger besondere Aufgaben hat, die ihm übertragen werden. Die Große Weiße Bruderschaft stimmt alles auf die Erfüllung dieser Aufgaben ab. Du siehst also, alle anderen sind mit von der Durchführung deines Auftrages abhängig, da es ein Hand-in-Hand-Arbeiten ist. Und wenn ein Rädchen im Verbund nicht funktioniert, muss es in ein funktionierendes gewandelt werden, damit wieder alles läuft im Lichtgetriebe.

Gottes Firma

Ihr hängt am Zipfel des Unterganges, weil euch die Anerkennung in einem Vernichtungssystem so wichtig ist. Von

Menschen anerkannt zu werden, ist ein wichtiger Bestandteil eures Lebens. Wichtiger jedoch ist, von Gott erkannt zu werden. Die Anerkennung der Menschen erhaltet ihr nie oder nur mit Berechnung, meist aber als Lobhudelei, damit ihr weiter funktioniert und ausnutzbar seid. Ihr besitzt keine emotionale Freiheit, die es euch ermöglicht, über diese primitive Schiene hinauszugehen. Die Angst, gegen den Rest der Welt allein dazustehen, hält euch zurück. Ihr würdet feststellen, wenn ihr euren eigenen Weg geht, dass ihr dann erhaltet, wonach ihr gesucht habt. Das ist eine Frage des Standpunktes und des Bewusstseins. Auch wenn sie euch verketzern, bewundern sie euch tief innerlich, dass ihr den Mut habt, auszubrechen und euch emotional unabhängig zu machen. Als Lichtträger und Gottes Beauftragter auf Erden fühlt ihr euch nicht mehr verantwortlich für alles, was andere sich selbst einbrocken. Ihr wandelt in der DNS und besitzt eine andere Erkenntnis der Dinge und Hintergründe. Hier in diesen Energien erlebt ihr die Folgen von nicht getroffenen Entscheidungen, Verzögerungen oder falschen Handlungen sofort, sichtbar und hautnah. Da es hier keinen Zeitfaktor gibt, sondern nur die ewige Gegenwart, passiert auch alles gleich und sofort. Der Vorteil ist, ihr könnt es auch sofort wieder ändern, was im materiellen Bereich nicht gleich möglich ist. Innerhalb eurer aktivierten DNS aber wandelt ihr in den Welten, vorzugsweise im Kontakt mit denen, die euch bei eurer Aufgabe unterstützen. Hier arbeitet ihr intensiv mit eurem astralen Zwilling zusammen, der zum einen für die materielle Ebene die Vorbereitungen trifft, zum anderen die Vorbereitungen in der geistigen Welt. Es ist ein wirklich spannendes Erlebnis, was ab und zu schon einiges an Mut erfordert. Als Mitwirkender in Gottes Firma bist du gefordert, und das ohne Kompromisse, in deine eigene Schöpferkraft zu gehen. Die Entwicklung deiner eigenen Schöpferkraft entfaltet die Gottesmatrix als Beschleuniger, denn als Lichtträger kannst du diese Energien halten. Auf der materiellen Ebene könnt ihr euch noch an vielem vorbeimogeln, indem ihr es verdrängt oder verbietet. In den Bereichen der DNS ist das nicht möglich und nicht gewollt. Hier bist du ganz klar mit dir selbst konfrontiert und kannst nicht mehr leugnen, dass du Urheber deines Schicksals bist. Die Weigerung, das anzuerkennen, hat einzig und allein den Hintergrund, dass du andere für dein Schicksal verantwortlich machen willst und dich weigerst, selbst tätig zu werden und in die Erlösung zu gehen. Die Erlösung bedingt Vergebung, und dazu sind die meisten nicht bereit. Ein Lichtträger scheut keine Konfrontation mit sich und seinen Aspekten, weil er weiß, dass er mit Gottes Hilfe Erlösung bringen kann. Erlösung ist zugleich die Auflösung von Schwierigkeiten und Anhaftungen, die nun nicht mehr existent sind und den Weg freigeben. Der Ursprung der Gottesmatrix ist Reinheit und Freiheit mit den göttlichen Tugenden und Fähigkeiten. Willst du die Gottesmatrix, ist dein Weg vorgegeben. Es ist ein Weg des Lichts, der Fülle und der Bereicherung für alle Beteiligten. Wir sagen nicht, dass dir damit alle Arbeit abgenommen wird. Im Gegenteil, oft wirst du aus deiner Sicht vor Probleme gestellt, die dir die Lösung nur auf Basis der Intuition und Kreativität ermöglichen. Menschen neigen immer dazu, wenn es um geistige Arbeit geht, faul und feige zu sein und diesen Job am liebsten anderen zu überlassen. Das hat mit eurem Selbstwert zu tun. Ihr glaubt, wenn ihr nicht heilig dasteht, dann werdet ihr verurteilt. Die Verurteilung aber liegt allein bei euch. Ein Lichtträger verurteilt niemals, sondern ist voll des Lobes, weil du den Mut bewiesen hast, diese Konfrontationen auf dich zu nehmen, der Liebe und der Freiheit wegen. Die andere zurückhaltende Seite ist die Scham, der oder diejenige oder gar die geistige Welt könnte erkennen, dass

Falschheit, Hinterhältigkeit, Geiz, Neid oder ähnliches euer Antreiber ist. Erkennen kann es ohnehin jeder, der das Göttliche Licht in sich trägt, auch wenn euch das nicht bewusst ist. Ihr solltet absolut nicht dulden, dass Angst oder Scham euer Leben bestimmen. Sie sind vorhanden, weil es eben keine göttlichen Tugenden sind. Macht euch immer klar, wer eure Autorität ist und wem ihr folgt. Demjenigen, dem ihr folgt, gestattet ihr, euch auch in die Vernichtung zu führen und euer Holon zu beeinflussen, zu verfärben und zu verzerren. Als Lichtträger grenzt du dich von solchen Ansinnen ganz klar ab. Du nimmst Einfluss auf dein Energiefeld, deinen heiligen Kristall, und sorgst dafür, dass dieser immer rein und klar ist. Du erhebst dich über die niederen Ebenen und hast damit nur noch in geringem Maße zu tun, weil du in der Wahrheit wandeln willst. Du erhältst deine Aufträge aus den höheren Ebenen, die für dich maßgeblich sind. Du bist ein Instrument Gottes, auf dem wir virtuos tätig sind. Klang ist ein Beschleuniger der DNS, denn diese Schwingungen verbreiten sich und sind ein Gottesattribut. Licht ist zugleich Ton, der immer alle niederen Töne sofort kraftvoll überlagert und im Raum zu hören ist. Und wenn du in die Freiheit gehst, erkennst du, dass du alles aufgegeben hast, und es stört dich nicht. Was du aufgegeben hast, hatte allein mit Unfreiheit zu tun, die durch Manipulation und Lüge aufrechterhalten worden ist. Die Wahrheit aber ist eine andere. Durch die Entfaltung der Gottesmatrix bist du wirklich frei, weil dir eben zur Erfüllung deiner Aufgaben alle Freiheiten zur Verfügung stehen, die du nicht festlegst, sondern die bereits von Gott festgelegt worden sind. Den Preis für die Lüge wirst du nie mehr zahlen wollen. Du gehst deinen Weg eigenverantwortlich, so wie es vorgesehen ist. Verantwortung zu übernehmen, ist ebenfalls ein Beschleuniger der DNS, ein Katalysator, der mit Aufrichtigkeit zu tun hat. Daher setzt du aufrecht deinen Weg fort mit deinem neuen Verbündeten, der DNS.

Ermächtigung und Selbstermächtigung

Für die ersten Schritte des selbständigen Gehens bedarf es der Selbstermächtigung. Das bedeutet, dass du dich selbst ermächtigst, in deine Kraft und Stärke zu gehen und aus der Ohnmacht und der Lethargie herauszutreten. Ermächtige dich des Weiteren, die Göttlichen Attribute zu leben in ihrer absoluten Uneingeschränktheit. Gehe nun weiter in deiner Ermächtigung, dass du beabsichtigst, emotional und finanziell frei zu leben und dein Energiefeld der Liebe gegen alles abzugrenzen, was nicht der Liebe und des Lichts ist. Wenn du bis hierher mitgegangen bist, wird die Bruderschaft der Finsternis versuchen, dir gehörig Angst einzujagen. Lass dich nicht verwirren und schreite weiter voran. Fixiere dich absolut auf das Ziel, die Einheit mit Gott wiederherzustellen. Beschließe für dich, dass du nichts anderes duldest, und bitte dein Höheres Selbst um Hilfe und klare Führung. Nun kann es passieren, dass du das erhältst, was du erlösen sollst und wovor du dich jahrzehntelang gedrückt hast. Viele behaupten, sie würden schon jahrelang an sich arbeiten. Aber, ihr Lieben, das tut ihr, weil ihr nicht auf den Grund eures Bewusstseins gegangen seid und das Alte losgelassen habt. Wenn ihr nicht loslasst, dann werdet ihr noch hundert Jahre arbeiten und es wird sich nichts ändern, weil ihr nach wie vor festhaltet. Das zu erkennen, ist vielen nicht gegeben, die sich nicht auf den Weg machen. Nun schreitet weiter voran und legt fest, dass ihr um euren Lichtkörper und den Anschluss an die Höheren Systeme bittet. Haltet daran fest unter allen Umständen. Wer Verantwortung übernehmen will, überlässt das nicht anderen und stiehlt sich vor der Arbeit davon. Wenn ihr auf eurem Weg die Engelmatrix entfacht, werdet ihr von den Höheren Welten weiter geprüft, wie stark und standhaft ihr inzwischen seid. Ohne Prüfung geht auch hier nichts. Das soll euch dazu dienen, dass auch ihr erkennt, wo ihr steht. Bis hin zur Gottesmatrix erhaltet ihr zu eurer Selbstermächtigung die Ermächtigungen von Gott, die mit den euch zugeteilten Gaben und Geistesgaben wachsen. Das geht soweit, dass einige wenige sogar über Leben und Tod entscheiden können und den Tod in Leben verwandeln können. Aber Vorsicht, hier handelt es sich um Ermächtigungen, die niemals ohne Gottes Willen durchgeführt werden. Tust du es dennoch, fällst du heraus und dir werden die Gaben wieder entzogen. Bei einer Ermächtigung durch Gott selbst agiert er oft durch den Menschen selbst mit der vollen Kraft seiner Präsenz. Diese Gaben und Fähigkeiten werden erhöht, insbesondere für die kommenden Zeiten. Die Maske wurde der Erde genommen, sodass alle ihr wahres Gesicht zeigen. Es besteht keine andere Wahl, auch wenn du dich gegen Gott entscheidest, fällt die Maske der Erkenntnis wegen. Daher kommen weiter große Veränderungen auf euch Menschen zu. Das könnt ihr bereits fühlen, weil diese Energien aktiv sind. Knoten werden gelöst werden, und das ist immer schicksalhaft. Diese Energien dringen bis zum Kern vor und knacken ihn. Niemand kann sich vor diesen Energien davonstehlen, denn es sind Flutwellen des Lichts mit entsprechenden Partikeln, die für diese Informationen sorgen. Wie weit ihr Ausmaß sein wird, hängt von euch ab. Das schlimmste Szenario wäre ein Krieg, der ein Ausmaß an Vernichtung annimmt, dass ein Leben auf Erden für einen langen Zeitraum nicht mehr möglich ist. Es geht dabei um ein totalitäres Regime und die Weltherrschaft, die in den Raum ausgedehnt werden soll. Sollte dieses Szenario eintreffen, macht euch dennoch keine Gedanken. Die Taube steht bereit, und tief in euch wisst ihr, dass die Formation zum

Flottenkommando gehört und euch auflesen wird. Daher ist es so wichtig, dass ihr zum Lichtträger werdet, damit das Licht euch erkennt und einsammelt. Anders formuliert, heißt das, dass eine Evakuierung durchgeführt wird. Ein Transport zu den Mutterschiffen ist vorgesehen, wo dann eine weitere Verteilung vorgenommen wird. Das wäre der Fall des übelsten Szenarios.

Dennoch kommen Umwälzungen auf euch zu, die großes Chaos beinhalten. Meidet daher zu große Menschenansammlungen. Hört auf euch und euer Höheres Selbst, wenn ihr weitere Schritt plant. Alle Antworten findet ihr in euch. Wenn ihr alle Schritte zur Gottesmatrix einhaltet, ist euer Weg vorgegeben, dem ihr nur noch zu folgen braucht. In den Zeiten des Chaos brauchen wir die Sieger, die die Fackel hochhalten und den anderen den Weg weisen können. Diese Sieger sind standfest im Vertrauen auf ihre Aufgabe und ihren Schutz. Andere kommen nicht in Frage, denn Wankelmut auf einer wankelmütigen Erde bringt keinen Halt und keinen Erfolg.

Volk des Lichts

Die Söhne und Töchter des Lichts haben das Neue Jerusalem erbaut als Belohnung für die Lichtträger, um ihnen ein Sein zu erschaffen, in dem sie sich leben können, wann immer sie wollen. Es ist die Plattform, von der aus sie aktiv ihre weiteren Aufgaben durchführen, wobei sie hier von den verschiedenen Bruderschaften und Orden direkt unterwiesen werden. Zum Teil seid ihr ohnehin Mitglieder eines Ordens, ohne dass euch dies noch bewusst ist. Hier ist der oberste Treffpunkt des Volkes des Lichts, das sein Volk Israel des Lichts darstellt und das sich aus allen Menschen der Erde, egal, welcher Religion, zusammensetzt, die dieses göttliche Licht in sich tragen und sich um diesen Ort verdient gemacht haben. Ihr alle befindet euch in einem Erlösungszeitalter, daher ist die Erlösung für euch das Wichtigste und sollte absolute Priorität haben. Wer die Schwelle des Neuen Jerusalems überschreiten darf, hat den Zugang zu allen existierenden Gewölben. Es sind die Auserwählten, die unter dem Schatten eines Baumes Platz haben und die ihren galaktischen Baum des Lebens nutzen, um Gott zu dienen. Ihrer ist das neue Himmelreich, das sich ihnen eröffnet, die den körperlichen Aufstieg vollzogen haben, der allen möglich ist. Ihnen ist es möglich, in und mit seinen Königreichen zu arbeiten und zu wandeln. Die Pyramidenkammern der Göttin, des Gottes und des Sohnes werden sich wieder öffnen, und die Schwingungsgeometrien werden wieder frei fließen, damit der Mensch den göttlichen Bauplan verstehen und leben kann. Die Vereinigung von Michael und Christos zeigt sich und hilft euch, in die erforderliche kristalline Struktur zu gehen, damit eure Struktur mit der Struktur des Lichtgitternetzes vereint werden kann, da die materiellen Gitter entfernt werden. Diese Lichtnetzwerke werden mit den Himmeln vereint. Das wiederum ist nur möglich, wenn ihr loslassen könnt. Loszulassen ist deshalb oberstes Gebot, weil sonst eine Vereinigung mit dem Höchsten Selbst nicht stattfinden kann. Das Loslassen geschieht durch die höheren Sphären in Zusammenarbeit mit euch, damit ihr wieder klar und rein werdet. Wenn Menschen behaupten, sie wären das schon alles, erliegen sie der Verzerrung, die ihnen das weismachen will, um sie in alten Strukturen zu halten. Ihr selbst könnt es nicht allein regeln und nicht allein erkennen, schon gar nicht ohne den Heiligen Geist und die geöffneten höheren Chakren. Seid daher bitte nicht so vorschnell mit eurer Meinung, sondern erkennt, dass es sich hier um einen ausnehmend wichtigen Prozess handelt, der nicht allein in eurer Hand liegt. Es gilt, den Baum des Lebens mit dem göttlichen Licht zu durchdringen, damit eine Vereinigung mit dem Licht der Höheren Welten stattfinden kann. Die Orden von Melchizedek und seine Priesterschaften sind für die Lichtgemeinschaften zuständig und wirken durch sie. Es gibt Phasen, wo sie dem Menschen sichtbar sind, während sie aber überwiegend aus Ebenen arbeiten, die für den Mensch unsichtbar sind. Die Kinder des Lichts sind eine Saat, die ihm untersteht, denn sein Orden existiert in Ewigkeit. Er führt die Lichtfamilie wieder zusammen als vereinte Kraft und Bündelung des Lichts, die seine Wahrheit weiter trägt. Sie sind die Friedfertigen, die die Erde erhalten werden als einen Lebensraum des Lichts, so wie es von Anbeginn verheißen war. Und jeder, der einen Krieg gegen die Söhne oder Töchter des Lichts führen will, wird wie einst von Michael in den Raum geschleudert und abgetrennt werden. Es geschieht, wie es verheißen war, schon um seiner Kinder willen.

Das, was jetzt auf Erden auf euch zukommt, ist die alte Angst, die ihr noch loszulassen habt. Wir sagten euch im ersten Buch P'taah, dass euch mit der Invasion und der Besetzung der Erde die Angstschwingung impliziert worden ist. Das Thema Invasion ist noch nicht vom Tisch. Wir sagten euch weiter, dass alle, die je mit der Erde zu tun hatten, bei einem Aufstieg und der Umstellung des Bewusstseins wieder mit ihr zu tun haben werden. Das gilt für die niederen Frequenzen wie auch für die höchsten. Das Thema Invasion steckt euch also noch in den Körpern und wird euch noch einmal ereilen. Konfrontiert werdet ihr immer mit euren Themen, solange sie nicht losgelassen worden sind. Dann haften sie euch an und bedürfen immer wieder der gleich konstruierten Erfahrungen, wenn auch mit anderem Gesicht, damit ihr erkennt, was erlöst sein will. Daher achtet immer wieder darauf, wer eure Autorität ist.

Der Weg, den die Erde eingeschlagen hat, ist nun klar. Sie nimmt wieder ihren Auftrag als Lebensraum für das Licht an. Und damit verbunden sind alle Wahrheiten und Weisheiten, die je vom Höchsten ausgegangen sind im Licht und der Wahrheit, die sich auf Erden wieder in vollem Umfang zeigen. So wie ihr loslassen sollt, lässt auch die Erde los, was sich dem Leben entgegenstellt, damit es von Michael abgeschlagen werden kann und auf den entsprechenden Platz verwiesen wird. Es ist ein grandioses Spektakel und das Ende des Missbrauchs. Das Volk des Lichts wird unbeirrbar den Weg fortsetzen, den es schon vor langer Zeit eingeschlagen hat, flankiert von den Großen des Lichts unter der Lichtregierung. Er ruft wieder sein Volk zusammen zu einem Volk, das sein Sein, seine Heiligkeit und seinen Willen repräsentiert.

Die Gottesmatrix enthält den Bauplan des Lebens, der ein Ewiges ist, wie Gott selbst ewig ist. In ihr sind alle Möglichkeiten und Veränderungen enthalten, die es euch ermöglichen, auf allen Ebenen in allen Bereichen zu existieren und euch sogar körperlich anzupassen. Es ist ein Gottesgeschenk, das er seinen Kindern gemacht hat, indem er sein Erbe codiert weitergibt. Diese Codes werden eröffnet werden, wenn es soweit ist, da diese an eure Bereitschaft zu dienen gekoppelt sind.

Es ist an euch, wieder eine Reise zu den Sternen anzutreten, deren Heimat ebenfalls die eure ist. Die Ursprünge eurer Entwicklung werdet ihr dort finden und die Erinnerung zurückholen. Eure Stränge der DNS werden sich wieder zu kristallinen Leitern erheben, die das Feuer halten, so wie es vorhergesagt wurde und festgeschrieben steht. Das Lichtvolk erhebt sich in seinem physischen Körper im Licht durch Transformation, um die Allmacht Gottes zu repräsentieren. Wäre er nicht allgegenwärtig, wäre das nicht möglich. Daher erkenne als Mensch, dass du nie getrennt warst von dem, der dich erschaffen. Du als Mensch repräsentierst die Möglichkeit der beiden Pole der niederen Ebenen. Löse dich davon und schwinge dich empor auf die übergeordnete Ebene, die die Drei wieder vollkommen darstellt. Erkenne seine Heiligkeit und somit die Heiligkeit deines eigenen Seins auf diesem Planeten. Erkenne, dass das Leben in allem pulsiert und ein Recht auf Entfaltung hat. Eröffne also den Reigen und die Orchesterklänge des Lichts als ein Instrument Gottes, auf dem er in den höchsten und reinsten Tönen spielen kann, um die Zuhörer zu begeistern. Er ist der Älteste der Tage und zugleich der Ewige der Tage. Sein sind das Licht und die Herrlichkeit, die euch genommen wurden und die ihr wiedererlangen sollt in diesen euren gegenwärtigen Tagen. Ihr seid die Söhne und Töchter der Alten der Tage und zugleich die Väter und Mütter der Neuen der Tage. In eurer DNS, und das beginnt zu begreifen, gibt es nur den ewigen Tag und der ist immer jetzt. Daher seid ihr verbunden mit euren Vätern und Müttern immerdar. Der Weg, den ihr geht, ist ihr Weg, denn sie haben die Grundsteine gelegt, damit ihr heute eure Erlösungstätigkeit aufnehmen könnt. Darum achtet und ehrt sie in höchstem Maße, wie sie es verdienen. Sie sind mit euch und um euch und stehen bereit für dieses große Ereignis der Erlösung.

Euer Wohlergehen ist sein Wille ewig gewesen und der Vater hält daran fest. Legt eure Kleingläubigkeit ab und tretet heraus aus der alten Haut. Streift eure Haut ab, wie die Schlange der Sonne es tut, damit die neue Haut sichtbar wird. Wer auserkoren ist, erhält die Krone, denn er ist Herrscher seiner selbst und hat diese verdient. Als König dient er den Königen, weil es seine Aufgabe ist und er nur hier seine wahren Fähigkeiten einbringen kann.

Einst ist das Volk des Lichts auf die Erde gekommen, um die Finsternis in Licht zu wandeln. Seit der Zeit Lemurias wurden Heilungen des Lichts vorgenommen, die sehr erfolgreich praktiziert wurden, weil die DNS komplett und jeder ein

Lichtträger war, sodass es keine schweren Krankheiten gab, sondern nur Erkenntnis und Berichtigung des Denkens erforderte, um wieder klar und rein an Körper, Geist und Seele zu sein. Während der Atlantis jedoch begann man, Einfluss zu nehmen auf den anderen und damit zu manipulieren. Jetzt, im Erlösungszeitalter, seid ihr in der Lage, eure Probleme selbst aus der Welt zu schaffen, sofern ihr diese erkennen könnt und wieder die Heilungskraft der höchsten Energien der DNS nutzt. Diese Kraft war für euch nicht erreichbar und wird wieder auf die Erde gebracht, um dem Licht zur Verfügung stehen. Sein Licht kann nicht mehr verhüllt werden. Die Zeiten sind vorbei. Es geht nur darum, es zu erkennen oder blind weiterzulaufen. Darum sucht euch jemanden, der ein wahrhaftiger Lichtträger (Frequenzhalter) ist, damit die Heilung euer ist und die fehlenden Verbindungen wiederhergestellt werden, um eure DNS auf die vollkommenen einhundert Prozent ihrer Fähigkeit anzuheben.

Göttlicher Zorn

In der nächsten Zeit kommt auf der Erde alles an die Oberfläche, was noch im Verborgenen lag. Einen großen Teil nimmt dabei der Zorn wegen der Missachtung des Lebens in Anspruch. Daher haben wir am Anfang auch von den Schalen des Zorns gesprochen, weil es sich hier um einen göttlichen Zorn handelt. Dieser göttliche Zorn ist für euch deshalb relevant, weil ihr nun in der Phase des Erlösungszeitalters seid, wo ihr nicht mehr behaupten könnt, die Wahrheit nicht zu kennen. Diese Phase ist vorbei. Auf den oberen Ebenen hat die Regierung des Lichts klar entschieden, dass jeder in der Lage ist, das Leben zu achten als Basis allen Seins auf Erden. Jedwede Missachtung bezeugt also eine Willkür und eine Erhebung gegen das Leben, weil es sich insbesondere gegen die Schwächsten der Nationen richtet. Die von

Menschen eingerichtete Armut, die eine der Foltern der Menschheit ist, um sie zu knechten und klein zu halten, wird insbesondere mit der Folter des Hungers und der kontrollierten Grausamkeit der Unterdrückung praktiziert. Die größte Sünde jedoch ist die Aufrechterhaltung der Trennung von dem Vater und den Kindern, durch die diese Foltermethoden erst dauerhaft möglich geworden sind. Die Erde hat sich erhoben und streift ihre Haut ab. Seine Macht und Herrlichkeit werden wieder lebendig sichtbar sein auf diesem Planeten und in die wahre Macht und Herrschaft des Lichts übergehen. In der alten Zeit wurde das Jüngste Gericht nach dem, was ihr hier Tod nennt, ausgerufen. Im Erlösungszeitalter findet das Jüngste Gericht unter den Lebenden statt. Die unterirdischen Lichtstädte, die sich zum Teil tief in den Meeren befinden, sind aktiviert. Und so wie der Heilige Geist das Denken der Menschen berichtigen soll, berichtigt er auch die Lüge der Welt. Der Heilige Geist ist weiblich, daher nimmt Shekinah-Sophia ihren Platz ein, denn diese Berichtigung ist eine Berichtigung von der Lüge zurück zur Wahrheit. Und nichts, was der Mensch tut, wird das verhindern können, schon um der Auserwählten Willen. Der Heilige Zorn Gottes wird sich zeigen auf diesem Planeten und den Gewölben (Himmel), die durch Krieg, Missachtung und Respektlosigkeit ihm gegenüber gezollt wurden. Dieser Preis war hoch und wird noch höher bezahlt. Die Willkür, die hier zum Einsatz kam, wird diese Kür zu Ende bringen, wenn auch ohne Applaus. Die Kinder des Lichts haben ab jetzt die Möglichkeit, die höchsten Möglichkeiten zu ergreifen, die je einem Menschen auf Erden geboten worden sind. Zaudert nicht und seid nicht zaghaft, sondern folgt Seinem Willen, um zu verwirklichen, was Er für euch bereitgestellt hat. Und so wird ein Wehklagen durch die Menschheit gehen, denn die Schalen des Zorns werden voller Bitterkeit sein. Und diejenigen, die die Anwesenheit des Vaters leugnen, werden ein Leben in Bitterkeit führen, denn was sie leugnen, wird für sie nicht mehr vorhanden sein und sich ihnen entziehen. Die Geduld des Lichts wurde überstrapaziert und dem pervertierten Missbrauch der Finsternis wurde ein Ende gesetzt. Dieser Endpunkt ist erreicht.

Wer die Knechtschaft leben will, dem wird sich ein weiterer Stiefel in den Nacken stellen und ihn niederdrücken. Also wechselt von der Knechtschaft in die Kindschaft und von der Kindschaft in die Meisterschaft. Das ist der Weg des Erlösungszeitalters.

Diejenigen, die auf ihrem eingenommenen Pol beharren und nicht weichen, werden die Wirkungen dieser Polarität auskosten. Darum erhebt euch im Licht. Das ist die einzige Erhebung, die ihr habt. Wenn sich die Finsternis erhebt, dann nur, um sich aufzubäumen vor dem Untergang. Das aber hat mit Erhebung nichts zu tun. Da sich der Heilige Zorn des Vaters mit dem Zorn der Erde paart, wird für die Menschen viel Ungemach hervorbrechen. Das alles geschieht plötzlich und ihr könnt euch nicht mehr darauf vorbereiten. Die einzige Vorbereitung, die ihr treffen könnt, ist die klare Entscheidung, wohin ihr wollt. Das Erlösungszeitalter ist immer ein Endzeitalter, in dem eben alles Alte beendet wird, sich sozusagen ablöst. Diese Ablösung hat stattgefunden und ist noch immer tätig, ihre Auswirkungen treten jetzt zutage. In Kürze werden hier die Beschleuniger-Codes eingesetzt, die von den unterirdischen Lichtgemeinschaften aktiviert werden. Und so wie die Schlange des Lichts wild herumspringt und nach oben schießt, ebenso schnell wird sich alles andere an Wahrheit auf Erden zeigen. Sein Volk des Lichts erhält ein Feuermal, sichtbar für die Erde und den Himmel als Zeichen seines Bündnisses, dass die Kinder mit dem Vater vereint sind. Die energetischen Verbindungen der höheren Lichtpyramiden vereinen sich wieder mit den Erdpyramiden, sodass die Einweihungsschwingung fließt und euch zur Verfügung steht. Jesus-Christus wird dabei weder Wein noch Blut ausgießen, denn die Zeit des Blutes ist vorbei. Die höheren Lichtsysteme fordern kristalline Klarheit im Licht der Wahrheit. Die Schändung und die Verunreinigung des Blutes sind beendet. Daher wurden neue Signaturen gesetzt, die ihre neue Schwingung verbreiten. Signaturen hat man auf der Erde in Steine gemeißelt, weil sie die Knochen der Erde darstellen und über altes Wissen verfügen. Knochen aber sind lebendige Systeme, die ebenfalls Schwingungen verbreiten. Erinnert euch, dass alles Frequenz ist. Das Himmelreich fordert nun aber höhere Frequenzen, damit die Schwingungen der höheren Ebenen gehalten und umgesetzt werden. Darum wird die Erde innerlich und äußerlich darauf vorbereitet, wieder der Lichtträger zu sein, der die Wurzel hält und zugleich die Spitze des Baumes erhebt bis zu dem Moment, wo die gesamte Materie nur noch aus Licht besteht, das sich mit dem Licht der gesamten Existenzen vereint. Das wird erst im Zuge einer Entwicklung geschehen, dennoch wurde der Grundstein als Matrixbaustein gelegt. Eine kristalline Bibliothek kann mehr Wissen aufnehmen, weil diese Lichtinformationen speichern kann. Eure DNS kann dieses Wissen durch eure Merkabah einfließen lassen, wenn ihr denn über eine verfügt. Die Merkabah wird in eurer DNS erstellt auf Basis der Lichtsaatatome. Da die Merkabah ebenfalls aus dem Grundprinzip der ursprünglichen Drei besteht, könnt ihr keine Merkabah aufbauen, wenn ihr weiterhin zwischen den Polen gefangen bleibt. Ohne dass ihr euch erhebt, wird sich eure Merkabah als Lichtgefährt ebenfalls nicht erheben können. Hier habt ihr ein kleines Beispiel, wie sehr alles miteinander verbunden und verknüpft ist. Die Merkabah ist also der Zugang zu eurer kristallinen Bibliothek und somit zum Akasha wie auch zum Leben selbst durch die von ihr in Gang gesetzte Rotation.

Wenn ihr euch gegen die notwendigen Veränderungen sträubt und stemmt, dann verhindert ihr eure eigene Rotation und verharrt in der Stagnation. Ein Verharren in Stagnation bedeutet, an dem Althergebrachten festzuhalten, damit sich eben nichts verändern soll. Die Blume eures Lebens kann sich aber nur entfalten, wenn sie wieder rotiert, analog zur Blume des Lebens der Erde. Die Stagnation stellt sich dem Leben entgegen, weil sie nicht bereit ist, im Fluss des Lebens zu fließen. Sie krallt sich am Ufer fest und beharrt auf dem Standpunkt. Ein Standpunkt, auf dem man beharrt, ist jedoch immer das Ende, weil er keine neuen Weisheiten aufnehmen kann. Das, was zu Ende geht, haucht in der Form das Leben aus, weil es kein Interesse am Leben hat, das immer in Bewegung ist. Anders formuliert, kann ein Stillstand keine Entfaltung bringen, und wenn euer Herz oder euer Atem stillstehen, dann haucht ihr das Leben aus der Form, weil ihr kein Interesse an der Fortsetzung auf dieser Ebene habt. Der Form des Dreiecks folgt die Form des Vierecks. Daher werden eure kristallinen Pyramiden analog zu den Pyramiden Ägyptens geformt und in eine Fünfer-Zirkulation gebracht und formatiert. Die Große Pyramide Ägyptens wird ihre Rotation wieder aufnehmen und den Kindern des Lichts den Zugang zur Sphinx ermöglichen, die durch die Schwingung der Sphinx wieder in die Himmel aufsteigen werden, die ihr Zuhause sind. Dabei durchschreiten sie die Hallen des Lebens und der Weisheiten, die ihnen wieder geoffenbart werden. Die Schwingung des Sohnes weiht sie wieder ein, damit sie sich erkennen und so im Kontakt mit ihren Brüdern und Schwestern bleiben. Sie stimmen das Lied an, das sie in ihren Herzen tragen und mit dem Sohn gemeinsam singen.

Stagnation – Rotation

Dabei erheben sie sich zu dem, was sie immer waren, nämlich Söhne und Töchter der Sonne. Die Peitschen der falschen Pharaonen werden zu Staub zerfallen und zertreten werden wie diese selbst. Erst wenn das Gleichgewicht von Himmel und Erde wieder hergesellt worden sind, wird der Zorn verrauchen und die Schalen wieder eingesammelt werden.

Die Stämme Israels stellen unter anderem auch die Planeten eures Universums dar, in deren Mittelpunkt Israel stehen sollte, nämlich die Erde als Israel des Lichts, auf dem das Auserwählte Volk lebt. Euer Planet ist ein Planet, dem die Illumination zu eigen ist, was ihm nach wie vor verwehrt werden soll. Das Licht jedoch erstrahlt wieder in neuem Glanz des All-Gegenwärtigen. Diejenigen, die das Licht nicht sehen wollen, laufen Gefahr zu erblinden, wenn es sich zeigt, weil ihre Augen und Systeme nicht daran gewöhnt sind. Und so wie einst, wie sein Volk sich erhoben hat, um aus Ägypten auszuziehen, erhebt es sich wieder, um aus der Finsternis auszuziehen. In der Finsternis kannst du Gott nicht erkennen, weil du dich selbst in der Dunkelheit nicht sehen kannst. Daher gibst du der Finsternis so große Macht, und deine Angst besteht darin zu glauben, dass dich das Übel unerkennbar überfallen kann und du dich dagegen nicht schützen kannst. Daher glaubst du weiter, dass nur jemand „da draußen" dir helfen kann, weil du noch blind bist. Bitte um das Licht, damit keine Finsternis in deinem Sein mehr existiert und somit keine versteckte Macht mehr über dich hat. Das Licht wird niemals Missbrauch treiben, weil es immer ein Göttliches Attribut ist. Lasse die Angst los, damit das Licht dir zeigen kann, wie du wirklich hier lebst deiner Erkenntnis wegen. Dulde, dass das Licht dein Sein beleuchtet, damit du die Finsternis nicht mehr in dir trägst und gegen dich selbst kämpfst. Bitte Gott, das falsche Bild, das du in dir trägst, zu zerschmettern oder aufzulösen, und bringe deinen

Geist zur Ruhe. Er ist müde und sollte sich erholen. Das Kämpfen hat dich geschwächt, darum lege die Waffen nieder und ziehe mit dem Lamm weiter. Bitte um die Friedfertigkeit deines Seins auf allen Ebenen und bewirb dich um die Mitgliedschaft in der Großen Weißen Bruderschaft. Groß ist sie in Gott und weiß ist diese Bruderschaft, weil sie Lichtträger und Diener des Höchsten ist. Daher hat sie ein weißes Gewand erhalten, das nicht verunreinigt werden kann, weil alle eins sind mit dem Vater, der höchsten Triade des Männlichen, Weiblichen und Geistigen. Sie ist zusammengesetzt aus den Söhnen und Töchtern des Lichts, die eins mit dem Vateruniversum sind, auf dass sie ewig im Licht wandeln. Sie sind die Schöpfer und Co-Kreatoren des Göttlichen Willens, den sie hinaustragen, um in alten und neuen Welten tätig zu sein. Das gesamte Universum expandiert. Daher ist es in Bewegung, nämlich in der Rotation des Lebens und dessen Erschaffung, Werdung und Freude. Es erzeugt Klänge, weil es ein Instrument des Vaters ist, durch die pulsierende Vibration des Lichts. Leben pulsiert, weil das Leben aus Expansion und Kontraktion besteht und ein ständiger Bewegungsablauf ist, der niemals stillsteht. Darum bringe deinen eigenen Seelenstern zum Leuchten, der sich in deinem achten Chakra befindet und dir das Tor zum Universum öffnet. Pulsiere wieder mit der gleichen Frequenz des Göttlichen Atems und dulde, dass „Er" dich bewusst beatmet. Niemand weiß es besser als Er, der dich erschaffen hat. Höre auf, herumzuirren in der Dunkelheit, ab und zu ein Streichholz anzündend, damit du nicht ganz erblindest. Du hast ein Anrecht auf das Licht, weil du selbst Licht bist und aus dem Licht hervorgegangen bist. Du kannst nichts anderes sein als dein Schöpfer, der seinen Samen für dich gegeben hat, in dem sein Leben enthalten ist, auch wenn du verschiedene Formen annimmst. Dieser Lebensbaustein enthält dennoch nichts anderes. Das „Ich bin“ hat dir ermöglicht, alle Varianten auszuprobieren, die du gewählt hast und die du in der Folge der Wahl dann leben musstest der Erlösung wegen. Ein Leben ohne Erlösung existiert nicht. Die Erlösung kann jedoch immer ein anderes Gesicht haben. Das hängt von der Wahl ab, die du triffst. Für manche ist auch eine Vernichtung eine Erlösung in Unkenntnis weiterer Möglichkeiten. Die Fähigkeit zur eigenen Wahl ist immer eure, denn eine der wichtigsten Mächte im Universum ist der Wille, den die meisten verkümmern lassen und die wenigsten nutzen. Der Wille jedoch gehört zur Selbstermächtigung des eigenen Seins, was auch Sinn macht und logisch ist. In einem Quadranten des freien Willens kann und muss dieser dann auch genutzt werden. Wo sonst?

Die Umstellung auf kristalline Strukturen ist Bedingung für ein weiteres Voranschreiten in die vielfältigen Möglichkeiten der Einheit und der Erweiterung und Ausdehnung eures Seins. Eine Erlösung zeigt euch, wo ihr bisher eure Augen wissentlich verschlossen habt. Seht das bitte nicht nur negativ, denn nun wird dort gereinigt, wo sich Disharmonien angesiedelt haben, auch wenn es von einigen als schmerzlich empfunden wird, weil harte Krusten aufbrechen, wie auf der Erdoberfläche. Die Isolation der Erde als eine konstruierte Illusion erzeugt Krankheit, weil der Krankmacher nicht erkannt wird und die Möglichkeiten der Heilung nicht gesehen und erreicht werden können. Hier arbeitet die DNS mit einem reduzierten Minimum, ohne die volle Kraft ausschöpfen zu können. In der vollen Kraft aber liegt die Heilung, deren Anteil in den höheren Energien zu finden ist. In dem reduzierten Zustand könnt ihr nicht erkennen, auf wie vielen Seinsebenen und Seinsformen eine Krankheit sich bereits manifestiert hat oder dort feststeckt, weil die Erlösung fehlt und das falsche Denken nie berichtigt worden ist. In den Energien der DNS könnt ihr das feststellen, weil ihr hier mit diesen Energien zusammengeführt werdet, damit ein Anfüllen und Pulsieren des Lebens wieder stattfinden kann. Also schließt den Kreis zu Lemuria und den Plejaden als den euch fehlenden Bindegliedern der aktiven DNS. Erkennt, dass Einheit sich auch auf die Spiritualität bezieht wie auch auf die Natur. Tief in euch lehnt ihr oft die Erde ab, ohne euch klarzumachen, dass es die dort herrschenden ungerechten Machenschaften sind, die ihr eigentlich ablehnt. Die Biologie ist eine ausnehmend lebendige Form, die zu allen Veränderungen fähig ist. Viele sind hier auf diesen Planeten gekommen, um sich mittels dieser Biologie heilen zu lassen. Es ist eine lebendige Technologie, die in ihrer Gesamtheit ebenfalls mit allem in Verbindung steht und einen lebendigen Kommunikationsaustausch praktiziert. Nur deshalb kann euer Körper reagieren und sich regenerieren. Die biologische Form, die ihr erhalten habt, setzt sich aus den Informationen des Lebenskristalls zusammen, den ihr erhaltet, wenn ihr inkarniert. Ihr erkennt, dass also Veränderungen kein Wunderwerk sind, sondern kristalliner Alltag mit vielfältigen Möglichkeiten. Vor

Kristalline Kinder

einigen Jahren habt ihr über das Wunder der Kristallkinder gesprochen, die auf die Erde kommen, und deren Fähigkeiten bewundert. Tretet vor euren Spiegel, schaut euch an und erkennt, dass ihr es seid!

Ohne eine Erweiterung des Bewusstseins wird kein Mensch begreifen, was das Leben an Möglichkeiten parat hat, weil ein begrenztes Bewusstsein immer nur den eigenen Standpunkt verteidigt und unbeweglich verharrt, der eigenen Entscheidung wegen. Der Mensch begreift oft nicht das „Wie", aber letztendlich ist es nicht notwendig, weil das Ergebnis zählt. Zur Zeit Lemurias wart ihr in der Lage, in kristallinen Wohnungen zu leben, die ihr aus euch herausgestellt habt und die euch Licht, Wärme und Wissen vermittelt haben. Wenn ihr weitergezogen seid, habt ihr alles eingepackt, in euch hineingezogen und mitgenommen, was euer war. Im Prinzip funktioniert ein Lebenskristall nicht anders, nur ist es euch nicht mehr bewusst. Eure Fähigkeiten haben zu lange brachgelegen und sind verdörrt wie eure Wurzeln. Eure Aufgabe ist es, als eigenständiger Schöpfer durchs Leben zu gehen, mit allen damit verbundenen Fähigkeiten, die erforderlich sind.

Dafür benötigt ihr auf den niederen Ebenen Hilfe, um die ihr bitten solltet. Meidet dabei die Dumm-Stolzen, die euch sagen wollen, was möglich ist und was nicht, weil sie sich in ihrem Pol der Wahl selbst gefangenhalten. Euch wurde von Jesus-Christus gesagt, dass ihr das Salz der Erde seid. Erkennt die Spiritualität in dem Text, denn Salz kristallisiert und gebiert kristalline Formen. Zur Zeit der Atlantis habt ihr ganze Städte mit Kristallen erhellt und deren Frequenzen genutzt, um eure Weisheit und euer Wissen auszudehnen. Ihr hattet Kristallhöhlen, die teilweise heute noch unterirdisch existieren, und habt Kristalle zur Heilung genutzt. In Atlantis wurden sogar Kristalle gezüchtet, weil man ihren hohen Wert zu schätzen wusste. Allerdings kam der Missbrauch hinzu und die Schädigung bis zur Zerstörung dieser Kristalle. Kristalle aber stehen mit allen Kristallen in Verbindung und haben den Schmerz und die Schändung in den kosmischen Raum getragen, hörbar und fühlbar für alle. Die Zerstörung der Kristalle war eure eigene Zerstörung, weil ihr auf die Schlange der Finsternis und nicht auf die Schlange der Sonne gehört habt. Daher tragt ihr diese Informationen noch in euch, weil im Universum nichts verlorengeht, auch keine Information. Euer Geburtskristall enthält die Geschichte, weil sie noch immer der Erlösung bedarf und auch zur Zeit der Atlantis keine Wahl getroffen worden ist, die eine Wiederherstellung des Lichts hätte bewirken können. Und so schließt sich nun der Kreis wieder, nicht nur zu Lemuria, sondern auch zu Atlantis, denn ohne eure Friedfertigkeit werdet ihr diese kristallinen Strukturen nicht annehmen und euch gegen Veränderungen stemmen. Ihr könnt aus der Geschichte der Menschheit linear lernen oder den globalen Weg beschreiten, der über die DNS geht und eine beschleunigte Möglichkeit bereithält. Zu erkennen, was falsch war und zum Untergang geführt hat, ist nicht verkehrt, denn es ermöglicht ein Wiedergutmachen und die Veränderung der Lebensumstände. Wenn ihr eure eigenen Lebensumstände verändert, verändert ihr das Leben im kosmischen Raum. Zur Zeit von Atlantis habt ihr euch befehlen lassen und seid zu Befehlsempfängern degradiert worden. Befehlt euch selbst und erlöst die alte Pein der Machtgier, Herrschsucht und des Missbrauchs. Machtgier stellt sich immer vor Gott und verbannt ihn aus dem Leben, um der eigenen Herrschsucht willen. Herrschsucht duldet nie einen zweiten Herrscher an seiner Seite. Daher ist das Ziel aller Mächte auf der Erde, die Weltherrschaft anzustreben. Diese Gier ist ein Relikt aus der Zeit von Atlantis, die auf anderen Ebenen geboren und hierher getragen worden ist, weil die Zone des freien Willens ein Ausleben ermöglichte. Frieden trägt diese Gier nicht in sich, denn er weiß um seine Macht, die er aus der Gottesmatrix bezieht und die Teil des Vaters ist und daher die Vereinigung nie gelöst hat. Und da den Friedfertigen die Erde gehört, ist klar, dass eine Wandlung hin zum Frieden Basisbaustein einer kristallinen Struktur ist, zumal die kristallinen Strukturen mit der Sonnenpyramide und den höchsten Kristallschädeln in Verbindung stehen und niemand mehr eine Zerstörung der Kristalle duldet. Umso mehr sind die Säulen des Friedens und des Dienens Voraussetzung, um ein bedeutungsvolles Leben auf Erden zu führen. Daher ist unausweichlich eine Wandlung der humanreptoiden Struktur in die Vogelstrukur gefordert, denn Vögel sind friedliche Wesen, analog euren Anschauungen auf Erden. Schon zur Zeit der Azteken stiegen die Götter vom Himmel herab, um mit ihnen die Zeremonie des tanzenden Vogels zu feiern. Hierbei wurden Gewänder aus Federn angelegt und einem Kopfschmuck des Vogels. Die am höchsten angesiedelten Vögel sind für euch der Adler und der Condor, die sich auf ihrem Flug in den höchsten Höhen vereinigen. Seine Flügel ermöglichen ihm die Freiheit des Fliegens. Er hat keine Arme oder Hände, weil er sie nicht braucht, als Geschöpf des Friedens. Die Vogelperspektive ist die höhere Perspektive, die man einnehmen kann, um etwas zu betrachten und einen anderen Überblick zu erhalten. Das Übergeordnete ist das Bestimmende, weil es mit Weisheit verbunden ist. Daher ist es euch als Kindern der Erde gegeben, das Salz in der Lebenssuppe zu sein, zu kristallisieren und euch von einem Rohdiamanten hin zum königlich geschliffenen Diamanten zu entwickeln.

Euch war die Herrlichkeit eures Seins nicht nur versprochen, sondern sogar festgeschrieben und vorgegeben in eurer Gottesmatrix. Da eine Gottesmatrix existiert, sucht sie Erfüllung. Sie will gelebt werden, weil sie ein solches Leben als Geburtsrecht beansprucht. Wenn ihr diese Möglichkeit nicht wahrnehmt, wäre es so, als wenn man euch einen Schatz anbieten würde und ihr euch aber so hart verurteilt und in eure Ohnmacht geht, dass ihr freiwillig in Armut weiterlebt. Ihr habt einen Anspruch auf euer Erbe, also schlagt es nicht aus und duldet nicht, dass andere euch daran hindern wollen, es zu beanspruchen. Einen Teil dieser Zurückweisung stellt ihr selbst dar, weil es euch nicht bewusst ist. Auf das Thema Bewusstsein kann man im Prinzip nicht oft genug eingehen, da hier eure größten Lücken liegen. Das liegt zum Teil daran, das ihr ein äußerst reduziertes Leben führt, zum anderen die Wurzeln des Lichts, die euch wieder mit dem Stamm der Plejaden verbinden, verdorrt sind. Sie können daher keine Nahrung aufnehmen und euren Baum des Lebens nähren, ihn sozusagen antreiben, um zu erblühen im Licht der Gegenwart, damit ihr die daraus hervorgehenden Früchte genießen könnt. Die Vernichtungstendenz von Atlantis nimmt immer noch einen sehr großen Raum ein und der damit verbundene Frequenzabfall, der euch in einen Schockzustand versetzte, ebenfalls.

Dunkel des Bewusstseins

Die Tiefe eures Bewusstseins ist Dunkelheit, die mit der Bruderschaft der Finsternis nichts zu tun hat, die aber eure Unwissenheit nutzen, wohl wissend, dass ihr davon ausgeht, im Dunkeln sowieso nichts zu finden, zumal ihr nicht wisst, wonach ihr suchen sollt. Die Schöpfung aber wurde aus dem Schoß der Dunkelheit geboren, die weder böse noch negativ ist. Bis hierher ist sie neutral. Erst was ihr selbst aus dieser Schöpfung macht, zieht euch entweder zu dem einen oder anderen Pol im Raum der Polaritäten, bis ihr eine übergeordnete Position einnehmt und immer nach der höchstbesten Lösung für alle strebt. Nach der besten Lösung für alle strebt ihr aber immer erst, wenn euer Bewusstsein so weit gereift ist, dass es erkennt, ihr seid nicht voneinander getrennt, weder von der Menschenfamilie noch von der kosmischen Familie. Das ist den meisten einfach nicht klar. Viele suchen das Unterbewusstsein sogar als eigenes Versteck auf, in das sie schon als Kind aus Erfahrungen geflüchtet sind, die ihnen Angst, Trauer oder Leid verursacht haben. Die meisten Menschen sitzen immer noch in ihren Verstecken, weil sich bisher niemand um diese Seelenkinder gekümmert hat. Eure Unkenntnis und Unwilligkeit, euer eigenes Leben zu belichten, hält euch von den erforderlichen Veränderungen ab. Ihr tragt lieber den Schild des Hasses und der Vergeltung vor euch her, anstatt ihn auszutauschen gegen den goldenen Schild des Erzengels

Michael. Ihr hofft immer noch, dass ihr eure Probleme anderen in die Hand drückt und sie diese am besten mit der Berührung zweier Finger auflösen. Niemand wird euch von euren Übungen abhalten. Schaut einfach, wie weit ihr damit kommt. Der Boom der alten Zeit sind die Heilsversprechen von der einen wie auch der anderen Seite. Niemand wird euch wirklich ein Versprechen geben können, bevor ihr nicht die Bereitschaft habt, in die Erlösung zu gehen und eure Probleme wirklich loszulassen. Ein wirklicher Meister macht euch bewusst, was ihr denn tut, damit es keine Wiederholungen gibt und eine Erlösung auch eine solche bleibt. Hier erst erkennt ihr, dass ihr es seid, die diesen Lebensweg entweder mit Tränen oder mit Freude gepflastert haben. Ihr hört immer wieder gern von den Möglichkeiten, die ihr als Menschen habt und die euch ein himmlisches Leben im Kontakt mit euren kosmischen Geschwistern ermöglichen. Aber einen Schritt zur Klarheit, die den Frieden in euch herstellt, den wagt ihr dabei nicht. Dieser aber ist die Voraussetzung für alles andere. Zuerst muss der Frieden in euch hergestellt werden, und das geht über euer Bewusstsein. Nur Vegetarier zu werden, bedeutet noch keinen Frieden in sich zu tragen. Erst wenn ihr euch bewusst darüber klar seid, warum ihr wirklich etwas tut, dann erst kann der Friede gewahrt bleiben. Niemand wird euch etwas verbieten. Diese Ängste könnt ihr fallenlassen. Ihr lebt in und mit so vielen Verboten, dass ein paar mehr oder weniger sowieso keinen Sinn ergeben. Wir bitten euch dennoch, ganz klar zu sehen, dass es göttliche Gebote und Gesetze gibt, an denen niemand vorbeikommt, weder mit Sturheit noch Ignoranz. Die Herrschsucht tritt immer dann in Kraft, wenn ihr eure inneren Verstecke schützen oder verteidigen wollt. Das bedeutet, dass ihr verhindern wollt, dass der andere euch aus diesem Versteck hervorholen könnte, ihr wehrt es ab und reagiert aggressiv.

Dieses Verhalten ist euch in den wenigsten Momenten bewusst. In den Momenten, in denen es euch bewusst wird, ändert ihr es nicht, sondern seid froh, wenn dieser Kelch an euch vorbeigeht. Ihr Lieben, auch an Jesus-Christus ist der Kelch nicht vorbeigegangen, obwohl er darum gebeten hat. Das Schicksal bezwingen zu wollen, bringt einem Sisyphosarbeit der ständigen Wiederholungen. Die meisten von euch wissen nicht, wie sie etwas ändern sollen, was auch so stimmt. Es besteht kein Grund zur Verzweiflung, denn hier fehlt lediglich die Klarheit, wo man in welchem Versteck etwas findet, aktuell oder über Inkarnationen verborgen, und die Bereitschaft zur Erlösung oder ein Sich-Lösen von dem Problem. Ihr seht nun, wie wichtig es ist, Erkenntnis zu haben, nämlich Erkenntnis über das eigene Tun, die die Absicht klar hervorholt. Das, was ihr anschaut, könnt ihr verändern. Wer weiterhin die Augen verschließt, verschließt die Tür der Möglichkeiten, weil er auch seiner DNS Einhalt gebietet. Der Baum des Lebens steht im Garten Eden, der ein Hort des Friedens war. Wenn ihr nicht das Bedürfnis habt, diese Früchte zu genießen, wird euch niemand dazu zwingen. Da ihr aber die Früchte der Erkenntnis gekostet habt, ist die Erkenntnis und das Streben danach eure Pflicht. Erkenntnis spielt sich immer in einem kleinen Raum ab, damit ein Problem leichter erkannt werden kann. Das Leben aber nimmt immer den gesamten Raum ein, weil es das Bedürfnis nach Ausdehnung hat. Das ewige Leben wandelt im Licht und nimmt nichts mit, was nicht des Lichts ist. Wenn ihr mögt, macht folgende Übung mit uns:

Seht vor euch ein weißes Gewand. Betrachtet es einen Moment und erkennt, an welchen Stellen dieses Gewand dunkel oder blutrot ist, ***Jetzt!***

Wenn dieses Gewand nicht reinweiß ist, gibt es Verstecke, die ihr ausheben solltet, damit euer Gewand wieder reingewaschen ist.

Im Zenit des Lichts

Im Zenit des Lichts gibt es keine Schatten, da dieser Raum belichtet ist und daher keine Schatten werfen kann. Dieses Licht fällt von oben auf euch, aus einer konstanten, erhabenen Position heraus. Der Baum des Lebens steht ebenfalls im Zenit und wird durch Licht genährt.

Ihr Menschen denkt, wenn ihr im Mittelpunkt eines Geschehens seid, dann würdet ihr mitten im Leben stehen. Dem ist aber nicht so, weil der Lebensmittelpunkt ihr selbst seid. Dorthin, wo ihr hingeht, nehmt ihr diesen Mittelpunkt mit. Des Weiteren nehmt ihr alles mit, was an euch haftet in Form von unerlöstem Gepäck. Im Prinzip spielt es keine Rolle, wo ihr euch aufhaltet oder mit wem ihr euer Leben teilt. Solange es Verstecke gibt, wird euch jeder auf diese dunklen Bereiche aufmerksam machen. Das geschieht zu eurem Besten. Durch euer Gegenüber lernt ihr und drückt euch aus, als Reflexion eures Seins. Euer Schöpfertum beginnt von der übergeordneten Position heraus, wo ihr auf euer Leben endlich Einfluss nehmen könnt. Hier seht ihr, wann etwas für oder was auch gegen eine Absicht spricht. Im übergeordneten Bereich nimmt man Einfluss auf beide Pole, die sich im höchsten Pol vereinen und ebenfalls zum Zenit streben. Im Zenit ist das Licht, das euer Lebenslicht wieder entfacht und sich mit diesem verbinden kann. Das göttliche Feuer muss anwachsen und eine bestimmte Größe erreichen, um die DNS zu fluten. Es ist also an euch, dieses Feuer zu schüren und dafür zu sorgen, dass es nicht verlöscht. Das göttliche Feuer breitet sich in der DNS aus und bahnt sich seinen Weg zur Gottesmatrix, die ebenfalls aus dem göttlichen Feuer besteht und nun entfacht werden kann. Die Codes reagieren auf Licht und werden freigesetzt.

Ab hier ist es an euch, das Optimum zu wollen, was immer das für euch darstellt. Erinnert euch, das Optimum ist, nichts zu wollen. So bleiben eure Hände leer und können angefüllt werden mit allem, was für euch bereitsteht. Leere Hände halten nicht fest, weil sie wissen, was immer sie loslassen, zieht Besseres nach sich. Offen zu sein für Gottes Willen und ihm optimal dienen zu wollen, ist das höchste Prinzip. Folge dabei ausschließlich seinem Worte, das du nun hörst, und keiner weltlichen Schrift, die dich in Vorschriften ersticken will und nicht aus seiner Feder stammt.

Seine Schrift ist die Flammenschrift, die du als Mensch nicht mehr verstehst, wie auch die Sprachen der DNS dir fremd sind. Das aber macht nichts, denn Gottes Wille erfüllt sich immer und überall, wenn du dich bereiterklärst, ihn wirken und schaffen zu lassen.

Unfähigkeiten

Bisher unterstellt ihr eure eigenen Unfähigkeiten und Unwissenheiten Gott, um ihn euch gleich zu machen. Das geht hin bis zu Vorschriften, die man ihm im Gebet macht. „Lieber Gott, mach dies und das und das so oder so." Hier ist der Punkt, an dem ihr nicht weiterwisst und seine Fähigkeiten in Anspruch nehmen wollt. Da der Mensch Gott kleinmachen will, hat er dann andererseits Probleme, seine Größe und Allmacht zu erkennen, die bis dato für ihn nicht existiert haben. Er gesteht ihm nur soviel Macht zu, wie er gerade benötigt, um sein Problem zu lösen. Wenn Gott dann nicht gleich pariert und euch die Lösungen in den Schoß legt, dann ist er entweder zu weit weg oder es gibt ihn nicht. Ihr lasst seine Existenz nur gelten, wenn sich alles so zeigt, wie ihr es wollt. Gottes Wille bleibt dabei auf der Strecke, schließlich hat er im Gebet für euch dazusein und eure Wünsche zu erfüllen. Nun ja, man kann es auch anders betrachten, nämlich aus dem Blickwinkel der Demut heraus. Bedenkt, dass die Erfüllung eurer eigenen Wünsche das gesamte Gefüge durcheinanderbringen kann und sogar die Vorbereitungen und Arbeiten der geistigen Welt stören. Das ist euch nicht bewusst, weil ihr euch nicht als Ganzes betrachtet und fühlt. Bittet daher Gott immer um seinen Willen und dass dieser geschehe. Euer Gefühl der Trennung und der damit verbundenen Unfähigkeit beruhen auf der damaligen Trennung der DNS mit Reduktion auf zwei biologische Stränge, wobei die Abspaltung bzw. Brachlegung der Plejadischen und Lemurischen Stränge das größere Verhängnis waren. Die Trennung veranlasste euch zu dem Gefühl der Unfähigkeit, eigenständig diesen Zustand zu verändern, der euer wichtigster Zustand ist, nämlich der Zustand der Einheit, die in euch beginnt. Da ihr mit diesem Moment die Unfähigkeit programmiert habt, benötigt ihr jemanden, der fähig ist, diesen Zustand zu transformieren und in einen gesunden Zustand zu überführen. Im Prinzip ist das Tor der Fähigkeiten nie verschlossen, da ihr den freien Willen habt. Dieser freie Wille kann fordern, dass der ursprüngliche Zustand wiederhergestellt wird. Diesen Willen zu haben, ist noch keine Herrschsucht, sondern die Nutzung der Möglichkeit, die euch zueigen ist. Die weiteren Schritte jedoch liegen bei Gott, da nur er erkennen kann, was berichtigt werden muss, damit ihr wieder die Entfaltung der Gottesmatrix erreicht. Nutzt also euren Willen, wieder die Gottesmatrix zu leben.

In der Gottesmatrix selbst findet ihr Ruhe und das absolute Sein, das keine Wünsche hat. Das „Ich bin“ ruht in sich selbst und ist, wie es ist. Ihr könnt das mit dem Auge des Taifuns vergleichen, in dem die absolute Ruhe herrscht, während um das Auge herum der größte Sturm tobt. Hier in der Ruhe liegt eure wahre Kraft und entwickelt wieder die Fähigkeiten, die ihr eigen sind. An diesem Ort findet ihr die Weisheit, die sich wie selbstverständlich entfaltet, je nach Bewusstsein und Bereitschaft zu dienen. Hingabe ist der Name, nämlich Hingabe an Gott und somit an das Leben selbst. Eure Hingabe ist gefordert, denn Gott selbst hat sich hingegeben wie auch seinen Sohn, damit ihr euch leben könnt. Er kann genau die gleichen Gaben von euch verlangen, denn mit diesen Gaben hat er euch den Weg zurück ermöglicht.

Ihr seid in einem territorialen System der Galaxis, wo ihr mit eurem Willen erschafft. Was nicht sofort funktioniert, wir der Unfähigkeit zugeschrieben. Die eigene Betrachtung der Unfähigkeit schreibt anderen übergroße Fähigkeiten der Macht zu, mit der ihr geknechtet werdet. Vielleicht nutzen diese aber nur den Willen. Die eigene Unfähigkeit wird ebenfalls mit der materiellen Macht in Verbindung gebracht, nach dem Motto, wenn ich nichts habe, kann ich auch nichts machen. Der Mensch vergisst dabei leider, dass der Wille an sich nicht materiell ist. Er ist ein Katalysator, der eine Welt bewegen oder entstehen lassen kann. Sicher gehört dazu noch einiges mehr, dennoch ist er die Voraussetzung, damit überhaupt etwas passiert. Den Willen zu nutzen, bedeutet, wieder in die Fähigkeit zu gehen als ersten Schritt, mit dem auch die DNS Anlauf nimmt. Der Wille ist Teil der Gottesmatrix und göttlicher Natur. Wer in die Selbstermächtigung seines eigenen Willens geht und diesen dazu noch Gott übergibt, landet auf der Schnellstraße der DNS, die in diesem Moment mit der Aktivierung und Neuausrichtung der Energien beginnt. Der Weg für euch wird geebnet, wieder nach Hause zurückzukehren in das Haus des Lichts. Das Haus des Lichts ist das Vaterhaus, das für euch Menschen so bereitsteht, ohne dass ihr euch im Licht seiner selbst auflöst. Hier kommen die Wahrheit, Klarheit und die Erinnerung zurück und die damit verbundenen Fähigkeiten. Ihr erkennt hier, wo die eigentlichen Fähigkeiten und die eigentliche Macht beheimatet sind. Und so ihr ihn walten lasst, sind euch die Wunder wieder gegeben, die euer Leben bereichern. Hier seid ihr in dem wahrhaftigen Raum der Liebe, mit deren Frequenzen ihr alle anderen überlagern könnt. Die Macht der Liebe wird nun aktiv und ebnet eure Wege. Gebt euch dieser Liebe ganz und gar hin im Vertrauen darauf, dass euer Leben und ihr selbst gewandelt werdet, weil ihr nun selbst in der Liebe wandelt. Es geht nicht anders. Lasst hierbei alle Erwartungen fallen, denn Erwartungen sind Vorgaben, die ihr macht und die Erfüllung suchen. Erwartungen sind Wünsche, die sich erfüllen wollen. Diese aber stammen von euch und nicht von Gott. Wenn sich eure eigenen Erwartungen nicht erfüllen, seid ihr enttäuscht oder gar wütend und verschließt euch den Weg wieder selbst. Die Liebe gibt immer das Beste. Die Erkenntnis, was das Beste für euch ist, liegt nicht in eurer Hand. Darum nehmt an, was die Liebe euch geben will, und setzt das nicht sofort mit kleinen menschlichen Anschauungen von einem Leben in Reichtum und Machtmissbrauch gleich. Macht euch klar, dass oft der größte Missbrauch in der eigenen Familie herrscht, indem die Mitglieder beherrscht werden sollen. Oft wird die Liebe der Familienmitglieder missbraucht, denn hier sind sie leicht zu manipulieren. Die Liebe kann euch den Traummann oder die Traumfrau bringen, wenn ihr dazu bereit seid. Diese müssen nicht euren eigenen Vorstellungen entsprechen. Eure Vorstellungen habt ihr unbewusst entwickelt zu dem Partner hin, der euch zur Erkenntnis führt, und das sind nicht immer die harmonischen Partnerschaften, sondern eher die, wo es um Reibung geht. Gebt eure Vorstellungen ab, denn sie stellen sich vor die Tür der Liebe, die euch wirklich glücklich machen will. Die eigene Kleingläubigkeit bezeugt die Unfähigkeit, die nun von der wahren Fähigkeit abgelöst werden kann. Vertraut der Liebe.

Afrika war der erste Kontinent, der sich aus dem Wasser der Erde erhoben hat, daher wurde er als erhebend erwählt. Ägypten bedeutet auch soviel wie Mensch, weil es dem Menschen ermöglicht werden sollte, wieder sein Bewusstsein zu erheben. Die Erhebung des Bewusstseins geschieht durch Licht, weil Licht selbst Bewusstsein ist. Der Bau und die Anordnung der Pyramiden stellt zugleich ein Einweihungszentrum wie auch eine Art Zeitmesser dar. Und wenn wir von der Erhebung des Bewusstseins sprechen, meinen wir die Seele eines Wesens. Es ist nicht der Verstand, der erhoben wird, wenngleich auch er dabei nicht auf der Strecke bleibt. Aber in erster Linie geht es um die Seele, die sich erhebt aus der Dunkelheit ins Licht. Das könnt ihr auch an den Glyphen und Piktogrammen der Tempel Ägyptens erkennen, wo immer die Seele und die DNS angesprochen ist. Ursprünglich kam die Weisheit des Lichts aus dem Osten, noch aus der Vorzeit der alten Veden Indiens, und wurde nach Ägypten getragen. Die lichtvolle Weisheit sollte den Weg vom Osten über die Erde zum Westen hin nehmen und so verbreitet werden. Zur Zeit der Hochblüte Ägyptens erhielten die Menschen Schulungen und Einweihungen, die es ihnen ermöglichten, zu den Sternen zu reisen und im regen Austausch mit der kosmischen Bruderschaft zu stehen. Viele Wandgemälde geben das deutlich wieder. Dann kam die Zeit des Missbrauchs und die Finsternis begann sich über Ägypten zu legen, was die Freigabe der Kinder des Lichts bedeutete, die zu großen Teilen diesen Kontinent verließen, um sich in anderen Teilen der Welt niederzulassen. Die Pyramiden wurden auf der materiellen Ebene geschändet, um dem Menschen die Möglichkeit des Aufstiegs zu nehmen und ihn in der Finsternis des Bewusstseins zu halten, was am besten durch Unwissenheit geschah und im Prinzip noch heute so praktiziert wird. Die Schändungen der Pyramiden in geistiger

Ägypten

und materieller Hinsicht gelangen nur soweit, wie Menschen sich nicht um die spirituellen Aspekte des Lebens bemüht haben. Der geistige Aspekt hingegen war und ist immer voll funktionsfähig. Das Licht wurde wieder in den Pyramiden entfacht und in Kürze ist auch auf materieller Ebene die Funktion wiederhergestellt. Der damalige Gedanke der Niedertracht hat nicht berücksichtigt, dass das Bewusstsein eigene Wege geht und eine Erhebung und Ausdehnung bereits der Gottesmatrix zugrunde liegt. Alles, was in der Gottesmatrix vorhanden ist, ist ein Göttliches Attribut und kann durch nichts überlagert werden. Zwar besteht die Möglichkeit der Nichtnutzung und des Brachliegens, aber eine Tilgung oder Überlagerung gibt es nicht. Daher kann die Gottesmatrix jederzeit aktiviert werden, sofern man sich auf den Weg der DNS begibt. Die Gottesmatrix ist ein Geschenk des Vaters, damit es euch auf eurer Reise immer wohlergehe. Sie ist eine Unterstützung, die euch helfen soll, eure Träume zu verwirklichen. Träume der Liebe, die geträumt werden im Reich der Liebe, verdienen eine zeitliche Plattform und eine Theaterbühne, wo sie aufgeführt werden können. Träume und deren Verwirklichung jedoch finden immer im Herzen eines Wesens statt, weil hier der Sitz der Seele ist, die träumt, und hier der magnetische Anziehungspunkt ist. Die Aufgabe des Denkens ist es, die Verwirklichung der Träume auf der materiellen Ebene zu unterstützen, aber keinesfalls die Herrschaft zu übernehmen. Das Denken kann dich täuschen, das Gefühl nicht. Darum wohl denen, die noch Träume haben und diese nicht aufgeben. Träume sind Teil des Schöpfertums, das in seiner Kreativität unendlich ist und seine Fähigkeiten immer mehr vervollkommnet. Wenn Träume sterben, stirbt ein Teil des Wesens mit ihnen, da in der Gottesmatrix der Erfüllungscode verankert ist. Was euch wieder zu träumen hindert, sind die Erfahrungen der Vergangenheit, mit denen ihr von eurem Kopf aus attackiert werdet und der euch mit seinen Zügeln zurückreißt und ausbremst.

Darum macht mit uns, wenn es euch entspricht, folgende Übung:

Seht euch vor einer alten, hölzernen Tür stehen und lest auf ihr ein Schild, auf dem „Vergangenheit“ steht. Diese Tür ist offen, damit euch diese alten Energien und Erfahrungen jederzeit zur Verfügung stehen. Bedankt euch bei diesen Erfahrungen, die euch das Lernen ermöglicht haben, und sagt ihnen, dass ihr sie jetzt dauerhaft loslasst, damit ihr neue, schöne Erfahrungen machen könnt. Es treten nun zwei Engel zu euch in ihrer Lichtgestalt. Bittet diese Lichtwesen, euch zu helfen, die Vergangenheit loszulassen, und dankt ihnen zugleich. Nun macht die hölzerne Türe zu und schließt sie mit dem Schlüssel ab, der in dem Schlüsselloch steckt. Bittet nun die lichtvollen Engelwesen, dafür zu sorgen, dass ihr keine Wiederholungen lebt, sondern stellt diese Erfahrungen dem kosmischen Raum und dem Akashaprogramm zur Verfügung für andere, die daraus lernen wollen. Sprecht dies auch so aus.

Dann dreht euch weg von dieser Tür, sodass ihr mit dem Rücken zur Tür steht. Seht nun vor euch einen lichtvollen Weg, der mit Rosen bedeckt ist und von Gold durchstrahlt ist. Bedankt euch für die Hilfe und die Möglichkeit der Veränderung eures Lebens.

Nun bittet um Licht und den damit verbundenen Frieden, damit euer Bewusstsein sich erheben und ausdehnen kann, und dankt dafür.

Jetzt begebt euch mit dem ersten Schritt auf die neue Straße des Lebens und schreitet weiter, bis ihr zu einem Meilenstein kommt, auf dem Folgendes geschrieben steht: Die Angst vor der Zukunft loslassen.

Haltet nun einen Moment inne. Bittet nun den himmlischen Vater, euch die Angst zu nehmen, und verwendet, wenn ihr mögt, folgende Worte: „Himmlischer Vater, der du ewig bist, ich bitte dich, die Angst zu entfernen, denn sie will mich nach wie vor fernhalten von dir. Ich aber will eins mit dir sein und dulde nicht, dass sich etwas zwischen meinen Willen und meine Liebe zu der Vereinigung mit dir stellen will. Darum bitte ich dich, die Angst zu tilgen und sie durch das Vertrauen zu dir zu ersetzen, denn ich will mich deiner Führung anvertrauen. Daher fülle mich an mit dem Mut und der Kraft, die ich benötige, um dir entgegenzugehen. Ich übergebe dir mein Sein wieder zu treuen Händen und bitte dich erneut, den Bund der Liebe mit mir zu schließen wie in den alten Tagen, in denen du mich auf den Schwingen deiner Liebe getragen und an deiner Hand gehalten hast, damit ich nicht strauchele. Himmlischer Vater, ich danke dir."

Bewahrt nun einen Moment Ruhe und lasst geschehen.

Verweilt so oft wie möglich in dieser Ruhe, indem ihr in euch selbst ruht, Gott gleich. Wenn ihr in die innere Welt der Ruhe eintretet, dann entschleunigt ihr die Vorgänge im Außen, weil ihr ihnen die Aufmerksamkeit entzieht. Wem ihr Aufmerksamkeit entzieht, entzieht ihr auch Energie, die erforderlich wäre, um aktiv die begonnene Bewegung fortzusetzen. In der Phase der Verlangsamung aber haben die Lichtwesen mehr Muße, Veränderungen herbeizuführen. Im Gegenzug findet in euch im Raum der Ruhe eine Beschleunigung statt, denn eure Aufmerksamkeit ist auf euch und diesen Ort gerichtet. Die Energie folgt der Aufmerksamkeit, darum seid darauf bedacht, wem ihr eure Aufmerksamkeit schenkt. Lenkt eure Aufmerksamkeit immer auf das höchste Ziel, das die Vereinigung mit Gott ist. Auf diesem Weg sucht und findet die Gottesmatrix. Hier ist das Ebenbild der höchsten Ebene von euch gelagert, das wieder aktiviert werden soll, damit eure Zellsysteme sich der Vorlage anpassen und zugleich das falsche Bild löschen, das in der Verzerrung sichtbar war. Geht in euch, um euch zu finden.

Erlöser

Wenn ihr euch selbst aus der Dunkelheit des beschränkten Bewusstseins befreit und klar und unerschütterlich den Weg des Lichts geht, dann erlöst ihr auch den Christus in euch. Ihr seid somit der Erlöser, wie auch der oder die Erlöste. Erlösung hat mit dem Sich-Lösen und dem Loslassen zu tun.

Es gilt, sich von der Beschränktheit des Seins zu lösen, um in die Unbegrenztheit des Seins einzutreten. Dunkelheit gibt es nur bei euch, ansonsten ist der Raum Licht, je nach Bewusstseinsebene. Da Licht und Bewusstsein zusammengehören, weil sie eins sind, geht es nicht anders, als sich für das Licht zu entscheiden. So bewegt sich der Lichtreiter von Licht zu Licht, um die Ernte einzusammeln.

Der Christus kann nur im Licht auferstehen, was für euch bedeutungsvoll ist, insofern als das Neue Jerusalem den Zutritt nur denen gewährt, die den Christus lebendig in sich tragen. All jenen wird eine neue Welt des Lichts eröffnet, die an Schönheit bisher unübertroffen ist. Ihre kristallinen Strukturen und Formen pulsieren im göttlichen Licht, glänzend und kraftvoll, denn hier ist der neue Hort für die Kinder des Lichts (die ursprünglichen Israeliten) und eine Begegnungsstätte der Liebe, erschaffen vom Orden Melchizedek, der direkt wieder die wahren Lehren verkündet. Diese kosmische Lichtstation ist mit anderen Lichtstationen verbunden, wie auch mit der Erde selbst.

Das, was euch Menschen eigen ist, ist ein Fluchtverhalten. Die meisten Menschen treten die Flucht nach vorn an, wenn sie sich in irgendeiner Form bedroht fühlen, und sind daher ihr

Fluchtverhalten

Leben lang auf der Flucht, ohne sich bewusst zu machen, wovor sie eigentlich fliehen. In dem Wort „Flucht“ findet ihr auch das Wort „Fluch“. Der Fluch aber stellt bei euch eine Strafe und Verbannung vom Licht dar, daher begreift, dass ihr vor nichts fliehen könnt, denn alles ist in euch und geht mit euch, wohin ihr auch zu fliehen gedenkt. Die Flucht ist eine Flucht vor der Erlösung, die euch befreien würde. Warum also gestattet ihr euch diese Befreiung nicht?

Es ist auch nicht die Aufgabe der Menschheit, Weltflucht zu begehen. Eine Weltflucht steht der Gottesmatrix entgegen und behindert diese. Sinn ist es, dass euer Bewusstsein wieder die Erkenntnis erlangt, wer ihr wirklich seid, und den Himmel wieder mit der Erde zu verbinden.

Eine Flucht ist immer eine Flucht vor sich selbst. Es gibt verschiedenste Gründe, warum jemand vor sich selbst flieht, in jedem Fall aber liegt ein Mangel an Eigenliebe vor. Ein Mangelbewusstsein, sei es nun Liebe oder andere materielle Güter bis hin zum Geld, ist ein Programm, das ihr als Mangelprogramm lebt. Schaltet um auf das Programm der Fülle und Liebe. Die Gottesmatrix kennt keinen Mangel, damit kann sie nichts anfangen, denn ihr Sein beinhaltet die absolute Fülle, da sie selbst Liebe ist. Da Liebe nicht zu begrenzen ist, als ewiger Parameter existiert und sich dauerhaft selbst potenziert, existiert in ihr nur Fülle. Die Liebe ist der Grundbaustein allen Seins und hat das Prinzip der Ausdehnung. Ausdehnung gehört ebenfalls zur Fülle und ist keinesfalls eine Mangelerscheinung. Mangel zu leben, ist der Eigengeiz, den man sich auferlegt, weil man sich selbst nichts gönnt. Dahinter verbirgt sich Angst, dass man irgendwann nichts mehr haben könnte und daher auf die Polster der Vergangenheit zurückgreifen will. Diese Angst gehört aber in das Mangelprinzip und steht der Gottesmatrix entgegen. Das alles hat mit euren Trennungsgedanken zu tun und damit, dass ihr euch allein glaubt. Der Vereinigungsgedanke besagt, dass ihr den anderen überhäufen sollt, damit ihr potenziert zurückerhaltet. Weil ihr euch selbst vorenthaltet, gebt ihr aber auch anderen nichts. So wird der Mangelstatus täglich praktiziert und diese Energie aufrechterhalten. Niemand wird euch das verbieten. Die Frage, die ihr euch stellen könnt, wäre, warum ihr Mangel lebt, wenn ihr Fülle leben könntet. Und wenn nun sofort die Frage auftaucht, wie das gehen soll, ist diese Frage vom Kopf gestellt und wird ihm nicht beantwortet werden, weil es mit eurem Bewusstsein zusammenhängt, denn der Mangel ist auch von eurem Bewusstsein entschieden worden. Ihr versteht nun die unterschiedlichen Wege, die ein Mensch geht, und die dadurch entstehende Zerrissenheit, die ein Mensch lebt. Der Kopf mag auch die DNS fragen, wie sie funktioniert, das Bewusstsein aber trifft nur eine Entscheidung, nämlich die, in Liebe und Fülle zu leben. Das reicht. Der Kopf wird merken, dass es funktioniert, nämlich ganz von selbst. Er darf sich in der Zwischenzeit ausruhen, denn seine Aktionen würden nur störend wirken und die Umstellung aufhalten. Bewusstsein ist Intelligenz, und es reicht, eine Entscheidung auf dieser Basis zu treffen. Die DNS reagiert darauf, denn die Fülle ist ein Seinszustand des „Ich bin". Wann immer ihr den Weg in den Seinszustand einschlagt, ist euch die DNS dabei behilflich. Sie hält inne und ermöglicht euch Erfahrungen, die ihr leben wollt auf diesem Weg, und steht euch ebenfalls für die schönen Erfahrungen des Lebens zur Verfügung. Es ist eure Entscheidung, die ihr mit allen Konsequenzen lebt. Ihr habt die Möglichkeit und könnt euch jederzeit neu entscheiden und einen anderen Weg einschlagen.

Das Bewusstsein des Lichts ist Fülle, weil es sich mit dem Licht verbindet und potenziert Licht gibt. Auch wenn Licht in die Dunkelheit geht, ist dort Licht, weil Licht immer die

Oberherrschaft hält und die Dunkelheit auflöst. Genauso ist es mit eurem Bewusstsein, wenn ihr dem Licht den Zutritt gewährt. Es löst die Dunkelheit des Bewusstseins auf, die dann nicht mehr existent ist. Nun kann sich euer Licht mit dem kosmischen Licht wieder verbinden und die Intelligenz des Gesamten nutzen. Licht stellt Weisheit zur Verfügung, sonst gäbe es kein Akashaprogramm, aus dem alle schöpfen könnten. Ihr könnt euch das Akashaprogramm wie eine Art Internet vorstellen, wo ihr Antworten auf eure Fragen erhaltet und das Wissen zur Verfügung steht, ohne dass ihr es einpackt und mit nach Hause nehmt, um es in einen Schrank zu legen. Licht weiß um die Einheit und ist ein Geberpotenzial wie auch die Liebe, weil beide nie versiegen können. Das funktioniert deshalb nicht, weil es selbst potenzierende Attribute sind. Gibst du eins, erhältst du das Zehnfache. Und sollte je eins versiegen, dann hast du immer noch das Neunfache, das inzwischen wieder potenziert wurde, bis ins Unendliche. Mangel dagegen ist ein Reduktionsmechanismus, der immer auf das Minimum reduziert und diesen Status beibehält, bis man sich davon verabschiedet. Setzt mal den ersten Schritt in die Seligkeit des Gebens und macht freiwillig eine neue Erfahrung. Ihr werdet es nicht mehr missen wollen. Ihr könnt diesen Energieunterschied auch auf eurer Ebene fühlen.

Liebe ist eine Herzensangelegenheit

Die Liebe ist eine Herzensangelegenheit. Und hier seid ihr an einem wichtigen Punkt angelangt, denn dies ist der Ort und Schnittpunkt zur geistigen Welt, weil die Verbindung zur geistigen Welt über die Liebe geht. Das ist sozusagen der Steg, den ihr überqueren müsst, wenn ihr diese Einheit wollt. Problematisch ist für euch, dass die meisten Herzen verschlossen sind. Niemand, auch bei allen wunderbar erscheinenden Versprechungen, wird euer Herz öffnen, solange ihr es nicht selbst tut oder aber „bewusst“ an dieser Herzensöffnung mitwirkt. Der Kopf sagt, dass die Systeme ja offen sein wollen, das Seelenbewusstsein sagt etwas ganz anderes, nämlich dass das Herz verschlossen bleibt, aus Angst vor Verletzung oder Zurückweisung. Auf energetischer Ebene findest du das Herz verriegelt und mit Schlössern versehen. Diejenigen, die sich mit uns gemeinsam auf den Weg in ihr Herz gemacht haben, waren überrascht, was für verstaubte Rumpelkammern der Vernachlässigung sie dort vorgefunden haben. Hier musste erst einmal klar Schiff gemacht werden, damit der Herzensbereich wieder in Funktion treten kann. Wie ihr seht, steht eurer Kopfentscheidung meist ein Bewusstsein gegenüber, das euch nicht bekannt ist und jede Kopfentscheidung ad absurdum führt. Dann verzweifelt ihr, weil euch nichts gelingt, und geht zurück in eure Ohnmacht, anstatt den Spuren der Liebe zu folgen, die euch wieder in einen heilsamen Zustand führen.

Sakrileg

Die Frage ist doch, warum sich Menschen mit der Liebe so schwertun und dagegen wehren? Es fällt ihnen leichter, der Angst zu folgen in aller Demut und Untertänigkeit, anstatt sich für die Liebe zu entscheiden. Und mehr als dieser einen Entscheidung bedarf es nicht. Angst zu leben und daran festzuhalten, ist Sakrileg, denn dann verweigert ihr euch der Liebe.

Die Angst war immer ein schlechter Ratgeber, der euch in kleine, dunkle Verstecke verbannt hat, damit ihr nicht groß werdet. Sie hat die Allmacht von euch ferngehalten, die der Untergang der Angst ist. Dass Liebe Allmacht ist, habt ihr noch nicht ausprobiert und daher nicht erfahren. Was sollte euch mit der Liebe so Schlimmes passieren können, dass ihr euren Tempel verschlossen haltet und der Liebe, die anklopft, die Tür weist?

Der Baustein der Gottesmatrix ist Licht, auf dass sich alles wieder zum Licht erhebe. Wenn ihr in der modrigen Gruft der Angst verweilt, wird die Gottesmatrix nicht aktiviert werden können, weil ihr euch dagegenstemmt.

Materie besteht aus Licht, macht euch das bewusst, auch wenn es euch schwerfällt. Es ist nur eine andere Schwingungsrate. Materie ist Intelligenz, die wieder zum Licht strebt. Wenn aber alles zum Licht strebt, welchen Weg werdet ihr gehen?

Wenn ihr der Liebe das Licht des Tempels verweigert, dann bringt ihr euch um eure eigene Herrlichkeit, euer Wachstum, das ewige Leben und schlichtweg um eure Freiheit. Ihr zahlt damit den höchsten Preis, den man für etwas bezahlen kann, letztlich zahlt ihr mit eurem Leben. Nur über die DNS könnt ihr euer Todeshormon loswerden und durch das Hormon des Lebens ersetzen. Das Hormon des Lebens ist Bestandteil der Liebe, die sich immer selbst erneuert. Sie erfreut sich des Lebens, weil die Lebensfreude ein weiterer Baustein des Ewigen ist, der Freude an seiner Schöpfung empfindet. Gebt euch wieder den Raum der Lebensfreude, die ein Leben bereichert und kreativ anfüllt und alle Möglichkeiten ausschöpft, die sich der Liebe bieten. Die Vibrationen der Liebe sind stark und die Gegner fliehen vor dieser Allmacht, weil sie um ihre Selbstvernichtung wissen, auch wenn sie es nicht wahrhaben wollen. Ermächtigt euch, Liebe zu sein, als ein wahrhaftiger Ausdruck des „Ich bin“.

Atlantis

Macht euch bewusst, dass ihr heute noch die Attribute von Atlantis lebt, denn es ist immer noch existent und wurde von den Invasoren aufrechterhalten. Das könnt ihr daran erkennen, dass das damalige Thema der Lüge und des Machtmissbrauchs noch heute euer Alltag ist. Die Angst und der Schock des damaligen Frequenzabfalls haben euch geprägt und sind als Informationen noch immer in euren Zellen vorhanden. Die Staatsstrukturen der Kontrolle habt ihr übernommen, und das damalige Hauptproblem war euer Kopf, der dachte, dass er sich gegen fremde Mächte nicht wehren könnte. Sich zu wehren, bedeutet Kampf, und den führt ihr täglich, meist sogar gegen euch selbst. Hättet ihr damals euer Herz befragt, wüsstet ihr, was man Invasoren entgegenzusetzen hat. Sie waren technisch versierter als ihr, aber um vieles primitiver. Deshalb wurdet ihr in dieser primitiven Schablone festgehalten. Und wenn ihr euch verletzt fühlt, zieht ihr euch zurück in die Verstecke eures Bewusstseins oder greift an. Beide Varianten dienen den Besatzern, denn sie geben euch nicht, was ihr wollt, nämlich die Freiheit und Entfaltung eures Seins. Es sind die Ping-Pong-Spiele zweier Pole, in denen ihr verharrt.

Ihr seht den Wald vor lauter Bäumen nicht, denn wenn der Fall durch niedere Frequenzen entstanden ist, gibt es nur den einen leichten Weg, diese Frequenzen wieder anzuheben. Es bedarf keines Kampfes oder Rückzugs in die eigenen Gefilde. Die Anhebung der Frequenzen geschieht durch Liebe, da die Liebesfrequenz alle anderen Frequenzen überlagert. Invasoren, die nicht aus der Liebe sind, können sich in diesen Frequenzen nicht halten und müssen weiterziehen. Besucher, die die gleichen Frequenzen haben, sind aus der Liebe, und von ihnen ist kein Ungemach zu erwarten. Die Frequenzen stellt ihr auf Liebe um, indem ihr beginnt, diese Liebe bei euch selbst zu praktizieren. Behandelt euch liebevoll und hört auf, euch immer wieder wie Sklaven selbst anzutreiben. Grenzt euch ab von allen, die euch nicht liebevoll behandeln. Das Denken von Atlantis hat keine Empathie, und daher habt ihr auch in eurem eigenen Denken kein Mitgefühl mit euch selbst. Mitgefühl mit euch selbst zu haben, ist aber ein Schlüssel, der euer Herz wieder öffnet. Wenn ihr damit Probleme habt, dann lasst uns gemeinsam die Steine aus dem Weg räumen, die eurem Herzen vorgelagert sind und die Herzenstür versperren, die die Liebesfrequenz hält. Durch die Liebesfrequenz wandelt ihr das alte Atlantis in Atlantia, das eine Verbindung zum Weiblichen darstellt und ein neues Gleichgewicht fordert und die Möglichkeit zum Aufstieg auf der Basis der Liebe hat. Auf die Liebe zu euch selbst reagiert die DNS, weil eine andere Schwingung von euch ausgeht und die Liebe alles durchdringend ist. Die DNS verbindet euch mit den Energien, mit denen ihr zusammenarbeiten könnt, um eine neue, interessante Aufgabe wahrzunehmen. Euer Zellkern wird sich wandeln in einen kristallinen Zellkern und das Ebenbild der Gottesmatrix in der Natur spiegeln. Dieser Zellkern wird das originale Bild in sich tragen und in göttlichem Licht leuchten wie eine kleine Urzentralsonne, die das Herz der gesamten Schöpfung darstellt. Nun stellt euch vor, wie Milliarden von Zellen das göttliche Licht ausstrahlen.

In der Zeit der ägyptischen Hochkultur war man streng darauf bedacht, das ewige Leben zu erlangen. Im Prinzip geht es in der Hauptsache darum. Eure Geschwister, die es geschafft haben, traten in Ägypten auf einer Barke die Reise zu den Sternen an. Der Bau der Pyramiden ist dergestalt, dass sie die Planeten Sirius und Orion verbinden und auf den Bereich hinweisen, wo die physische und spirituelle Seinsebene miteinander verbunden ist. Dieser Bereich ist ein ewiger Bereich, in dem die großen Wesen des Lichts wohnen. Daher sind die Lichtbereiche von Orion für euch besonders wichtig, weil er zum einen ein Kommandostützpunkt ist und er euch zum anderen den Zutritt zum ewigen Sein und den Kontakt mit der Lichtbruderschaft vermitteln kann, die hier angesiedelt ist. Ihr seht hier, wie wichtig Licht und Spiritualität sind, wenn man die höheren und höchsten Gewölbe erklimmen will.

Es ist die Aufgabe der Seele, das Göttliche Selbst zu verwirklichen. Daran habt ihr die Seele bewusst oder unbewusst gehindert, meist mit Gegenargumenten des Kopfes. Geht mal in eure eigenen Frequenzen hinein und macht euch klar, wie ihr euch fühlt. Der Kopf kann das Göttliche Selbst nicht verwirklichen. Also geht aus eurem Kopf heraus und gebt eurer Seele endlich eine Chance.

Aufgabe der Seele

Macht euch bewusst, dass alles Frequenzen sind. Eure Farben, das Licht, jede Bewegung, jede Vibration, jeder Gedanke usw. sind alles Frequenzen, die Töne von sich geben und Botschaften versenden. Diese Botschaften beeinträchtigen das kristalline Gitter. Das Übertreten der göttlichen Gebote verursacht eine Information im kristallinen Gitter, wo alles gespeichert wird. Wir geben hier nur wenige Beispiele, die eurer Seele bewusst sind, weil sie Bewusstsein trägt. Euer Kopf dagegen denkt und begreift. Seine Fähigkeiten sind auch von der DNS abhängig. Wenn ihr weiter eure Seele unterdrückt oder misshandelt, verwehrt ihr der Seele die Erfüllung ihrer Aufgabe und euch selbst ein Sein im Licht. Jede Unterdrückung der Seele ist ein innerer Kampf, den ihr gegen sie führt. Euer Seelenkind ist euch fremd, weil ihr keinen Bezug zu ihm habt und die Wirkung der Unterdrückung oft nicht sofort erkennt. Alles das macht euch zu Tätern und Opfern zugleich, in erster Linie als Regisseur eurer eigenen Aufführungen. Beginnt damit, euch so anzunehmen, wie ihr seid in diesem Augenblick. Akzeptiert die Erfahrungen, die ihr machen wolltet, und dann lasst das Alte los, denn ständige Wiederholungen benötigt ihr nicht. Bittet um die Vereinigung mit „ihm“ und seht vor euch einen lichtvollen Weg, den ihr beschreitet. Lasst euch durch nichts aufhalten oder zurückhalten. Schaut in den Himmel und sucht das Sternbild des Orion. Stellt euch einen brüderlichen Austausch vor mit der Region des Lichts, wo Lichtwesen beheimatet sind. Seht über der Welt eine Welt des Lichts, die das Neue Jerusalem ist und im Kontakt auch zur Erde steht, wo Lichtwesen ein- und ausgehen. Sucht die Basen des Lichts im gesamten Raum und verbindet euch mit ihnen. Nehmt ihr Licht auf und leitet es in die Erde. Seht, wie die Erde sich verändert. Sie lässt von innen her ihr Licht im gesamten Raum erstrahlen und wird selbst zu einer Lichtakademie des Universums. Atlantis wird zu Altantia und wendet sich dem Frieden zu, denn die Taube will sich niederlassen. Zu diesem Zeitpunkt wird man die Ankunft verhindern wollen und einen Krieg mit dem Himmel beginnen. Vorher wird einer aufstehen und sich heilig geben und mit Sanftmut zu den Völkern der Erde sprechen. Viele werden ihn für einen Messias halten und nicht erkennen, dass er das Pferd des Untergangs reitet. Seine Schale des Zorns wird die bitterste sein. Sollte dieser Angriff auf die Taube stattfinden, werden die Überlebenden an der Seite des Falschen nur noch die Bitterkeit aufnehmen. Das Ungemach wird nicht von ihnen weichen. Doch vorher wird das Licht kommen und die Kinder des Lichts aufnehmen, das Volk, das „sein" Volk ist, und erneut herausführen aus dem Ort des Widersachers. Die Maske der Sanftmut wird vom Widersacher abfallen und seinen Aufschrei wird jeder hören können. Das Tier wird rasend werden vor Wut und alles vernichten wollen, was sich ihm in den Weg stellt. Das Licht kommt dennoch. Die Zeichen des Himmels sind unverkennbar und die Wolken werden sich öffnen. Und während ein Stöhnen durch die Menschheit geht, werden seine Kinder „Hosianna" rufen und ihn willkommen heißen. Er wird wieder übernehmen, was sein ist. Es ist an euch, die Macht des Lichts zu ergreifen, die Gottesmatrix zu aktivieren und den Seelenauftrag der Menschheit zu erfüllen. Setzt euer Ebenbild frei und lasst Gott gewähren. Bekennt euch zu seinen Kindern, die in den Wohnungen seines Hauses leben und die sich zusammenschließen zu einem Licht, um die schönsten neuen Universen zu erschaffen, die ebenfalls im Licht erstrahlen. Seine Kinder halten das Licht, führen den goldenen Stab und tragen das Lamm. Sie haben hart dafür gearbeitet und viel an Demütigungen einstecken müssen. Die Belohnung sei eure. Vergeudet euer Leben nicht mehr mit dem Warten auf irgendwen oder irgendwas, sondern ermächtigt euch, das zu sein, was in eurer Gottesmatrix lodert, nämlich die Lichtsaat, die gekommen ist zur rechten Zeit. Die Zeit ist jetzt und die Lichtsaat seid ihr. Ihr seid es.

Das Programm der Schöpfung ist zugleich das Programm der Gottesmatrix und eure Mission, nämlich die Evolution der Menschheit und zugleich die Evolution des Planeten Erde. Beides ist nicht voneinander zu trennen, denn ihr seid aus Erde gemacht. Sie ist eure Mutter und nährt euch und ihr Stoff ist euer Stoff. Die Evolution beinhaltet ein Voranschreiten, ein Sich-Weiterentwickeln im Bewusstsein der Schöpfung. Das, was für euch heute selbstverständlich ist, war euch vor Jahren noch erheblich fremder und neu. Euer Bewusstsein verändert sich genauso wie euer Körper und die Natur. Alles arbeitet zusammen. In der Zeit, in der ihr lebt, habt ihr die wichtigste Mission überhaupt, weil euch die Zeichen und Möglichkeiten Tür und Tor dafür öffnen. Ihr habt die Möglichkeit des Bewusstseinssprunges, der euch sozusagen in den Schoß gelegt wird. Ein Bewusstseinssprung ist eine Veränderung des Bewusstseins von einem Moment zum anderen, in ein umfassenderes Bewusstsein hinein, das sich aus einer kleinen Schachtel in den großen Raum bewegt. Das beinhaltet, ein neues Verständnis von allem, was ist, zu erlangen und einen übergeordneten Blickwinkel einzunehmen. Es bietet die Möglichkeit, einen hohen Sprung zu vollziehen, der eine Wiedervereinigung ermöglicht. Die Wiedervereinigung der Lichtfamilie. Hier liegt euer gesamtes Potenzial. Diese Wiedervereinigung kann nur auf der lichtvollen Ebene stattfinden, die diese Vereinigung ermöglicht. Niedere, trennende Ebenen gestatten diesen Vorzug nicht, denn sie bewegen sich ausschließlich zwischen den beiden Polen und in der Dunkelheit. Die Wiedervereinigung ist Baustein der Gottesmatrix, die niemanden hinaussendet in den Raum, um ihn dort dem Untergang zu überlassen. Im Gegenteil, denn durch die Gottesmatrix bist du ausgestattet mit allem, was du benötigst an Verbindungen und Fähigkeiten und einer Landkarte, die dich immer mit dem Urprinzip, also dem Urschöpfer, verbindet und dir den Weg zeigt. Ein Bewusstseinssprung ist immer ein Sprung in die Liebe hinein, die dir bewusst macht, dass du auf einer Reise zu dir selbst bist. Du reist zu dir selbst, weil du von dir ausgezogen bist und auf deiner Pilgerreise immer dich selbst wieder triffst, auch wenn du ein anderes Gewand trägst, denn dein Kern bleibt immer derselbe. Dein lichtvoller, klarer, reiner Kern ist in der Gottesmatrix verankert, die nicht zu verunreinigen ist, denn sie wird nur in der Reinheit freigesetzt. Deine Reinheit ist die Klarheit, mit der du erkennst, dass alles nur eine Rolle ist, die du zeitlich übernommen hast und die sich besonders ist dieser Zeit sehr schnell wieder ändert, weil das neue Bewusstsein den Auftrag erfüllt, die Evolution voranzutreiben. Die Liebe sehnt sich nach der Liebe und lässt sich nicht mehr aufhalten. Die Befreiung des „Ich bin" hat Vorrang vor allem anderen. Das „Ich bin" beinhaltet alle Möglichkeiten der Vergangenheit, Gegenwart und Zukunft. Es legt nicht fest, was es ist, daher sind alle Möglichkeiten offen, die ein freier Wille gebären kann. Nutzt diesen freien Willen für euer Schöpfertum. Liebt euch, wenn ihr euch begegnet, und seid dankbar für die Weisheiten, die ihr erlangt. Die Spiritualität ist Bestandteil der DNS und birgt noch einige Geheimnisse, denen ihr auf den Grund gehen solltet. Sie ist machtvoll und erhebend im Licht. Diese Verbindungen beginnen mit dem Dritten Auge und dem achten Chakra, als Tor zum Universum, denn eine Reise setzt man fort und verbleibt nicht an einem Ort, sonst ist es ein Niederlassen und das Ende der Reise eines Bewusstseins. Alles ist Bewusstsein, wenn auch in unterschiedlicher Form, Farbe oder Schattierung. Bewusstsein ist nicht trennbar, nur veränderbar. Wenn ihr euer eigenes Bewusstsein verändert, ändert sich das kollektive Bewusstsein der Menschheit. Darum zieht das Licht unermüdlich und unaufhörlich zu euch. Die Gottesmatrix ist eine Gottesgabe, mit der Gott einen Teil seiner selbst gegeben hat in seiner unermesslichen Liebe. Er selbst hat sich hingegeben, damit es euch wohlergeht und ihr eben niemals von ihm getrennt sein könnt, außer ihr weist ihn von euch. Somit beginnt die Mission Erde in euch und mit euch als Leuchtfeuer der Erkenntnis eures Schöpfertums, das gelebt sein will. Ihr seid der Baum des Lebens, der wieder einen Garten Eden bauen kann. Wenn ihr selbst ein Baum des Lebens seid, worauf wartet ihr? Nährt euch von diesem Baum, um das Leben zu erhalten, das euch zusteht. Lasst wieder die Quelle des Lebens aus euch heraussprudeln und teilt euer Sein mit der Bruderschaft des Lichts. Nichts wird euch verwehrt, außer ihr verwehrt es euch selbst. Die Gottesmatrix beinhaltet die Christusmatrix, die euch die Erlösung bringt. Wartet nicht im Außen auf Wesen, die euch erlösen sollen, denn ihr selbst seid der Erlöser, indem ihr das Alte loslasst und ohne Last das Herzenstor des Christus betretet. Er ist in euch, wie ihr seid ihn ihm. Bittet ihn um Erlösung und dass ihr euren Weg durch sein Herz fortsetzen könnt. Dies ist der Weg des Lichts, den ihr gehen sollt und der euch zur Wiedervereinigung bringt. Da alles aus seinem Geist entstanden ist, sind auch die Veränderungen nur mit seinem Geist durchführbar. Daher seht und erkennt ihn in allen Brüdern und Schwestern und erkennt euch wieder selbst.

Schließt eure Augen und bittet den Christus, euch das Ebenbild eurer selbst zu zeigen, ***Jetzt!*** Erkennt, dass ihr es seid in all eurer Herrlichkeit.

Eure Mission

Eure Mission ist, das Erbe wieder anzunehmen, das immer für euch bereitsteht. Das Erbe ist Wahrheit, die immer über allem steht als göttlicher Baustein der Gottesmatrix. Dieses Erbe ermöglicht euch, wieder die kristallinen Kinder zu werden und das „Ich bin" zu leben. Geht in eure Heiligkeit und umhüllt mit dieser Heiligkeit alles, was ist. Dann segnet es und lasst los. Verhaltet euch wie ein Schöpfer, der das Wort Gottes hinausträgt und die Macht des Segens lebt. Beginnt und bittet um die Lichtsaatatome, die eure Beschleunigercodes enthalten. Alles ist in euch, daher folgt dem inneren Weg und lasst euer Höheres Selbst voranschreiten. Strebt die Vereinigung mit dem Höheren Selbst an, das euch in den höheren Kreislauf des Lebens bringt. Schreitet mutig und unaufhaltsam voran, immer mit dem Ziel vor Augen, die Gottesmatrix zu aktivieren. Macht euch auf den Weg zum geistigen Notar, von dem ihr euer Erbe fordert. Weist dabei alles andere von euch, was euch von diesem Erbe abhalten will. Besteht auf eurem Erbe, das euch von Anbeginn zugedacht ist.

Das Erbe ist Liebe und Wiedervereinigung.

Bitte umblättern...

Lesen Sie auch die ersten Bände
von P'taahs Büchern:

Greift nach den Sternen!
Die Worte des P'taah zum Aufstieg 2012

ISBN 978-3-89568-230-8

Was ihr wissen solltet!
Aktuelles zum Aufstieg

ISBN 978-3-89568-233-9

Es ist soweit!
Die Öffnung des Sternentores

ISBN 978-3-89568-238-4

Bücher, die uns in die Neue Zeit begleiten

Von Herz zu Herz auf der Neuen Erde
ISBN 978-3-89568-226-1

In die Neue Zeit – Liebe in Bewegung
ISBN 978-3-89568-228-5

Die Intergalaktische Friedensmission 2012 – Bd. 1 & 2
ISBN 978-3-89568-222-3 & 978-3-89568-229-2

Atlantis – Geschichte, Absicht und Auswirkung auf die menschliche Rasse
ISBN 978-3-89568-227-8

Die Seele in den Meisterjahren
ISBN 978-3-89568-127-1

Die Weisheit des Saturn
ISBN 978-3-89568-235-3

2012 und danach
ISBN 978-3-89568-211-7

Die Gesellschaft 2015
ISBN 978-3-89568-216-2

Radio Equon
Sendungen aus dem Goldenen Licht
ISBN 978-3-89568-241-4

ICH BIN die offene Tür
Reden der Aufgestiegenen Meister über den Gott im Inneren
ISBN 978-3-89568-240-7

ch. falk-verlag